教师教育系列教材

心理学基础
(微课版)(思政版)

李淑莲　主　编
张文霞　徐华丽　夏凤琴　副主编

清华大学出版社
北京

内容简介

本书是依据《普通高等学校师范类专业认证实施办法(暂行)》《中共中央国务院关于全面深化新时代教师队伍建设改革的意见》《教师教育振兴行动计划(2018—2022年)》等文件精神编写的。本书针对心理学公共课教学内容,以普通心理学基本理论为基础,整合了教育心理学、发展心理学、社会心理学等有关知识。在本书的编写过程中,我们力求做到理论联系实践,增加了实践方面的内容,在研究介绍心理学基础知识的同时,又列举了大量的教育教学实例,增强了实用性。

本书既可以作为高等师范类院校公共课的教学用书,也可以作为国家教师资格证考试的辅导用书,还可以作为中小学一线教师、相关从业人员及心理学爱好者的参考用书。

本书封面贴有清华大学出版社防伪标签,无标签者不得销售。
版权所有,侵权必究。举报:010-62782989,beiqinquan@tup.tsinghua.edu.cn。

图书在版编目(CIP)数据

心理学基础:微课版:思政版/李淑莲主编. —北京:清华大学出版社,2023.5(2024.2重印)
教师教育系列教材
ISBN 978-7-302-63526-0

Ⅰ.①心… Ⅱ.①李… Ⅲ.①心理学—师范大学—教材 Ⅳ.①B84

中国国家版本馆CIP数据核字(2023)第087084号

责任编辑:陈冬梅
封面设计:刘孝琼
责任校对:么丽娟
责任印制:沈 露

出版发行:清华大学出版社
    网　　址:https://www.tup.com.cn,https://www.wqxuetang.com
    地　　址:北京清华大学学研大厦A座　邮　编:100084
    社 总 机:010-83470000　邮　购:010-62786544
    投稿与读者服务:010-62776969,c-service@tup.tsinghua.edu.cn
    质量反馈:010-62772015,zhiliang@tup.tsinghua.edu.cn
    课件下载:https://www.tup.com.cn,010-62791865
印 装 者:三河市东方印刷有限公司
经　　销:全国新华书店
开　　本:185mm×260mm　印　张:15.75　字　数:386千字
版　　次:2023年6月第1版　印　次:2024年2月第3次印刷
定　　价:48.00元

产品编号:097765-01

前　言

习近平总书记在中国共产党第二十次全国代表大会上的报告中明确指出："我们要办好人民满意的教育，全面贯彻党的教育方针，落实立德树人根本任务，培养德智体美劳全面发展的社会主义建设者和接班人，加快建设高质量教育体系，发展素质教育，促进教育公平。"本书在编写过程中深刻领会党对高校教育工作的指导意见，认真履行党对高校人才培养的具体要求。

心理学课程是高等师范类院校的必修课程，其课程目标是通过对心理学课程的学习，使学生对教育过程中教与学的基本心理活动有初步了解，为他们工作后尽快适应教育教学工作打下良好的基础。

以往的公共心理学教材，多数是以普通心理学体系为主，抽象的名词、概念较多，缺少对教育教学心理活动的研究，学生有"学而无用"之感。针对此类情况，为了增强公共心理学教学效果，我们组织编写了这本心理学教材。它可作为高等师范类院校的公共心理学教材，也可作为广大教育工作者的学习参考用书。本书的主要特点有以下几点。

1. 体例新

本书突破了传统的普通心理学体系，紧紧围绕教育过程中的"教""学""育"三条主线，选取有关各方面的心理学知识。"教"即教师的教。"学"即学生的学，在教学与学习心理方面，我们研究介绍了学习动机、知识获得、问题解决能力与创造性思维、技能学习等心理学有关知识。"育"即德育心理，这方面介绍了个性差异与教育、心理咨询与辅导等内容。

2. 实用性强

本书在编写过程中，力求做到理论联系实践，增加了实践方面的内容，在研究介绍心理学基础知识的同时，又列举了大量的教育教学实例，增强了本书的实用性。在章节的选择与安排上，选取的都是学生毕业之后在工作实践中会遇到的一些问题。

3. 内容新

在心理学理论知识的选择上，我们本着与时俱进的精神，尽可能地吸收国内外心理学研究的最新成果。

本书由吉林师范大学教育科学学院李淑莲副教授组织编写，并由其担任主编，负责全书的结构和章节设定。副主编为张文霞、徐华丽、夏凤琴。具体分工：李淑莲负责撰写第一章至第六章，长春光华学院教育学院夏凤琴负责撰写第七章，徐华丽负责撰写第八章、第九章，张文霞负责撰写第十章、第十一章。

在编写过程中，我们参考并引用了一些国内外的心理学教材、专著和研究成果。本书得到了吉林师范大学教育科学学院、教务处、科研处等有关部门领导的大力支持，同时得到清华大学出版社尹飒爽编辑的大力支持，在此一并表示衷心的感谢。

本书是吉林师范大学2022年校级教材出版基金资助立项项目。

由于编者水平有限，本书难免存在不足和疏漏之处，敬请广大读者批评指正。

编　者

目　录

第一章　心理学概述 1

第一节　心理学的研究对象 2
- 一、个体行为 2
- 二、心理现象 2
- 三、心理的实质 5

第二节　心理学的产生和发展 8
- 一、心理学的产生 8
- 二、19世纪末20世纪初西方心理学的理论流派 8
- 三、当代心理学的研究取向 10

第三节　心理学的分支 12
- 一、基础心理学 12
- 二、应用心理学 13

第四节　心理学的研究方法 14
- 一、心理学研究的基本原则 14
- 二、心理学的具体研究方法 15

第五节　心理学研究的意义 21
- 一、心理学研究的理论意义 21
- 二、心理学研究的实践意义 21

思考题 23

第二章　注意与教学 24

第一节　注意概述 25
- 一、注意的内涵 25
- 二、注意的功能 26
- 三、注意在人的实践活动中的作用 26
- 四、注意的表现 27

第二节　注意的种类和品质 28
- 一、注意的种类 28
- 二、注意的品质 31

第三节　注意的规律及其运用 35
- 一、中学生注意的特点 35
- 二、无意注意的规律在教学中的运用 ... 37
- 三、有意注意的规律在教学中的运用 ... 39
- 四、两种注意转化规律在教学中的运用 ... 40
- 五、正确处理课堂上学生注意力分散的问题 41

思考题 42

第三章　学生记忆的发展 43

第一节　记忆的一般概念 43
- 一、记忆的内涵 43
- 二、记忆的作用 44
- 三、记忆的分类 44
- 四、记忆的品质 47

第二节　记忆过程分析 48
- 一、识记 48
- 二、保持与遗忘 50
- 三、再认与回忆 54

第三节　中学生记忆能力的培养 56
- 一、明确记忆的目的和任务，不断提高记忆的自觉性 56
- 二、识记材料的数量要适当 56
- 三、加强对识记材料的理解 56
- 四、掌握正确的识记方法 56
- 五、利用记忆规律正确组织复习 58

思考题 60

第四章　学生的需要与学习动机 61

第一节　需要及学习需要 62
- 一、需要 62
- 二、学习需要 62
- 三、马斯洛的需要层次理论 63
- 四、学习需要的种类 64

第二节　学习兴趣及培养 65
- 一、兴趣 65

二、兴趣的品质 66
三、学习兴趣及分类 68
四、学习兴趣的培养 68
第三节 学习动机的培养与激发 70
一、动机与学习动机概述 70
二、学习动机的具体内容 72
思考题 76

第五章 学习与学习理论 77

第一节 学生的学习 78
一、学习概述 78
二、学习的作用 79
三、学习的特点 81
四、学习的分类 81
第二节 行为主义学习理论与认知主义
学习理论 83
一、行为主义学习理论 84
二、认知主义学习理论 90
第三节 建构主义学习理论与人本主义
学习理论 96
一、建构主义学习理论 96
二、人本主义学习理论 99
第四节 展望：教育神经科学
与脑科学 102
一、教育神经科学 103
二、脑与学习 105
思考题 106

第六章 知识获得 107

第一节 知识获得概述 108
一、知识与知识获得 108
二、知识的种类 108
三、知识获得的一般条件 109
四、知识获得的几种方式 110
五、知识的构建与组织原则 111
第二节 直观教学与知识感知 111
一、直观教学与知识感知的类型与
特点 111
二、提高教材直观与知识感知效果的
方法 113

第三节 思维与知识的理解 115
一、思维 115
二、知识的理解 118
思考题 121

第七章 学习策略 122

第一节 学习策略的定义及特征 123
一、学习策略概述 123
二、学习策略的特征 124
三、研究学习策略的意义 125
第二节 学习策略的分类 126
一、认知策略 126
二、元认知策略 132
三、资源管理策略 134
第三节 学习策略的教学与训练 139
一、学习策略教学概述 139
二、学习策略教学的内容 140
三、学习策略的教学与训练的
途径 142
四、学习策略的教学课程 144
思考题 145

第八章 问题解决能力与创造性
思维的培养 146

第一节 问题解决能力概述 147
一、问题解决概述 147
二、问题解决的阶段 150
第二节 问题解决能力的培养策略 151
一、问题解决的策略 151
二、问题解决的影响因素 154
三、问题解决能力的训练 156
第三节 创造性思维概述 158
一、创造性思维的概念 158
二、创造性思维的特点 159
三、创造性思维的基本过程 159
第四节 创造性思维的培养策略 160
一、影响创造性思维发展的因素 160
二、创造性思维的培养方法 162
思考题 164

第九章　技能的学习 165

第一节　技能概述 166
一、技能的内涵 166
二、技能、知识与能力三者之间的关系 166
三、熟练和习惯 167

第二节　动作技能的形成 168
一、动作技能的概念 168
二、运动、动作与活动三者之间的关系 168
三、动作技能的分析 169
四、动作技能的种类 170
五、动作技能形成的阶段和特点 171
六、影响动作技能形成的因素 173

第三节　认知技能的形成 179
一、认知技能的概念 179
二、认知技能的种类 179
三、认知技能和动作技能的关系 179
四、认知技能形成的阶段 180

思考题 181

第十章　个性差异与教育 182

第一节　智力与教育 183
一、智力概述 183
二、智力测验 183
三、智力形成的原因和条件 186
四、智力的差异与教育 189

第二节　气质与教育 191
一、气质的概念 191
二、气质的类型 192
三、气质的生理基础 193
四、结合学生的气质特点进行个性教育 194

第三节　性格差异与教育 196
一、性格的概念 196
二、性格与智力、气质 197
三、性格特征的分析 198
四、性格的类型及其鉴定 201
五、性格的形成与发展 203

思考题 205

第十一章　青少年发展性心理咨询与辅导 206

第一节　青少年学习心理咨询与辅导 207
一、考试焦虑 207
二、学校恐怖症 210
三、马虎 211
四、注意力分散 213
五、正确使用学习方法 215

第二节　青少年交往心理的咨询与辅导 217
一、异性交往 217
二、师生交往 220
三、友谊挫折 222
四、代沟 223
五、说话紧张胆怯 225

第三节　青少年恋爱与性心理的咨询与辅导 226
一、青少年恋爱心理咨询与辅导 226
二、青少年性心理咨询与辅导 232

第四节　青少年网络心理问题咨询与辅导 237
一、青少年网络心理问题表现 237
二、青少年网络心理问题产生的原因 239
三、青少年网络心理问题干预策略 240

思考题 241

参考文献 242

第一章　心理学概述

本章学习目标

- 掌握心理学的研究对象。
- 理解心理现象的结构和内容。
- 掌握心理学诞生的年代和奠基人。
- 掌握各种心理学流派的基本观点、代表人物。
- 了解当代心理学的主要研究取向。
- 了解心理学的主要分支。
- 掌握学习心理学的意义。
- 了解心理学研究的原则，掌握心理学各种研究方法的优、缺点。

重点与难点

重点： 掌握各种心理学流派的基本观点、代表人物。
难点： 掌握学习心理学的意义。

引导案例

菲尼亚斯·盖奇不是晓喻世界的科学家，也不是著名的政治人物，他只是一个再普通不过的建筑工人。但他25岁时发生的一件事，让他从此在科学界成为一位无人不知的"明星人物"。原来，他在参加工地的岩石爆破时，意外引爆了炸药，导致他手中的铁锹从他的左颧骨下方穿入头部，然后从眉骨上方出去。因此，他的颅骨左前部几乎完全被损毁了。这么可怕的事情，对一般人来说都难以接受，幸运的是，他没有失去知觉，并且顺利康复了。几个月后，盖奇出院了，他回到工地继续工作。工友们发现他不仅可以正常交流，而且思维也没有出现什么问题，都为他感到高兴。但很快，他们就发现盖奇的行为和性格发生了巨大的改变。他原本待人十分和善，思维也很灵活，但在这件事以后，他就像变了个人，变得喜怒无常而且缺乏耐心，对人十分粗鲁。或许有人会开玩笑地说："他的灵魂换人了！"后来，人们发现，是这个意外事故导致他的部分脑区受损。盖奇丧失了部分脑区的功能后，他难以抑制冲动，对事情的理解也发生了变化。这种性格的变化，是生理上的改变造成的。

【问题思考】

脑是心理活动的器官，没有脑的心理或者没有脑的思维是不存在的。正常发育的大脑为心理的发展提供了物质的基础。现在，这一论断得到了人们生活的经验、临床的事实以及生理研究的大量证明，以至今天"心理是脑的功能"这一论断对大家来说已经是常识性的知识了，盖奇的例子很好地诠释了这一点。

(资料来源：意外事故使他大脑受伤，侥幸活下来以后，他却性格大变！[EB/OL]. (2022-07-14) [2022-12-02]. https://www.sohu.com/a/567202025_121149441?_trans_=000019_wzwza.)

在信息如此发达的时代，心理学渗透生活的方方面面。教育教学、外交谈判、经济合作、企事业管理等，凡是有人存在的地方就有心理学。正因如此，人们对心理学的认识由陌生变得熟悉起来。

第一节　心理学的研究对象

"心理学"一词的英文"psychology"是由两个希腊单词"psyche"和"logos"组成的。前者的含义是"心灵"，后者的含义是"讲述"或"解说"。两个单词合起来就是"对心灵或灵魂的解说"，即最早的心理学定义。

但是由于心理学研究对象的复杂性，其定义长期处于争论之中，直到20世纪80年代，大多数人才对心理学的定义有了一个基本的共识，即认为："心理学是研究心理现象的科学。"它以自己特有的研究对象与其他学科区别开来。心理学既研究动物的心理现象，也研究人的心理现象，而以人的心理现象为主。

心理学的研究对象.mp4

一、个体行为

行为是有机体的反应系统。它由一系列反应动作和活动构成。有的行为很简单，只包含个别或少数几种反应，如光线刺激眼睛引起眼睑闭合、食物刺激口腔引起唾液分泌、肠胃因饥饿而加快蠕动等。有的行为则很复杂，包含较复杂的反应，如写字、做体操、驾驶飞机等。这些行为由一系列的反应动作组成，成为各种特定的反应系统。

个体行为.mp4

行为大多是在一定的刺激情境下产生的。引起行为的内、外因素叫作刺激，强烈的光线是使眼睑闭合的刺激，饥饿是使肠胃蠕动加快的刺激。在人类行为中，语言刺激具有重要的意义。用语言发布命令，既可以支配别人的行为，也可以进行自我调节，使行为服从预定的目的。

我们常常把心理学叫作"研究行为和心理过程的科学"(Coon & Mitterer, 2007)，即通过对行为的客观记录、分析和测量来揭示人的心理过程的规律。

二、心理现象

心理现象主要包括个体心理和社会心理。

(一)个体心理

人首先是作为个体存在的，个体具有的心理现象称个体心理。个体心理是十分复杂的。人的眼睛可以看到五彩缤纷的世界，人的耳朵可以聆听优美动听的音乐，人的大脑可以储存丰富的知识，即使已经时过境迁也能记忆犹新。人是万物之灵，能用自己的智慧去探索未知世界并改造世界。此外，人有七情六欲、意志和个性。总之，人的心理是五光十色、复杂万千的。在心理学上，一般把个体心理现象分为心理过程和个性心理两大类。

1. 心理过程

心理过程是指人的心理活动过程，它是人的心理活动的基本形式，也是人的心理现象的重要组成部分。由于心理过程的性质和表现形态不同，心理过程又分为认识过程、情感过程和意志过程三部分。

(1) 认识过程是人对客观世界各种信息的接收、储存、加工和输出的过程，也是人的大脑对客观事物的现象和本质的反映过程。感觉、知觉、记忆、思维、想象、注意都是人认识事物时产生的心理活动过程。

感觉是人的大脑对直接作用于感觉器官的客观事物的个别属性的反映。人在认识事物时，用眼睛看东西的大小、形状和颜色，用耳朵听不同的声音，用鼻子嗅各种气味，用舌头品尝食物的味道，用手触摸物体的软硬或温度，等等，从而产生视觉、听觉、嗅觉、味觉、触觉等感觉。

知觉是人对直接作用于感觉器官的客观事物整体的反映。客观事物是具有许多属性的综合体。人在认识事物时，不只停留在对事物的个别属性的认识上，还要认识事物的许多属性。如当我们吃苹果时，不仅尝到了它的味道，还看到了它的形状、颜色和大小，闻到了它的香味，摸到了它的光滑度和温度等多种属性，形成对苹果各种属性的整体认知，这就是知觉。

人不只能反映当前的事物，而且对过去感知过的事物、思考过的问题、体验过的情感和从事过的活动，总是会在头脑中留下一定的痕迹，并且根据需要能把它们再现出来。这种人的大脑对过去经历过的事物的反映就是记忆。

人在实践活动中，为了完成任务，需要解决许多问题。例如，解一道数学题，构思一篇文章，医生对病情的诊断，气象工作者对未来天气的预测，等等，都要在已有知识的基础上对事物进行综合分析，通过思考得出结论。这些综合分析的过程就是思维过程。思维是人的大脑对客观事物的本质属性和规律间接概括的反映。

人反映客观事物时，还可以在感觉、知觉、记忆、思维的基础上创造出事物的新形象。例如，青少年对未来的幻想，建筑工程师构思的新建筑物的形象，等等，这些在人的大脑中创造事物新形象的过程就是想象。

人在认识事物时，心理活动总是指向和集中在某些对象上，如用心听讲，认真看书，细心观察，其中"用心""认真""细心"等心理现象都是注意。注意是认识的开端，认识过程只在注意的参加下才能顺利地进行。注意没有独立的反映对象，它是伴随着认识过程而存在的心理特性。

(2) 人在认识事物的过程中，不是无动于衷的，常对各种事物持不同态度，产生各种主观的态度体验。如热爱祖国，憎恨敌人，喜欢天真活泼的儿童，因事业的成功而高兴，为朋友的不幸而难过，这些爱、恨、喜欢、高兴、难过等，都是人对各种事物产生的主观的态度体验，是心理活动的情感过程。

(3) 人在认识客观世界、改造客观世界的过程中，总会遇到这样或那样的困难，要想完成任务，达到预期的目的，必须克服各种困难。这种自觉地确定行动目的并根据目的支配和调节自己的行动、克服各种困难以实现预定目标的心理过程就是意志过程。

认识过程、情感过程和意志过程是既有区别又密切联系的心理过程，是同一心理过程的不同方面。认识是情感和意志产生的基础，人对事物的认识态度取决于人对事物的认识程度，人的意志行动是在认识的基础上、在情感的推动下产生的。情感是认识和意志的动力，意志对认识和情感又起控制和调节作用。只有有热烈的情感和坚强的意志才能积极而深刻地认识事物。常言道："知之深，爱之切，行之坚。"情感和意志也是衡量人认识水平的重要标志。所以，各种心理过程及其相互关系是心理学研究的一个重要内容。

心理活动是人所共有的，有其共同的规律。由于每个人先天素质不同，社会生活条件、教育条件和所从事的实践活动也不同，心理活动表现在每个人身上的特点也不同，因此构成人的个性差异或个性心理。

2. 个性心理

个性心理，也是人心理活动的基本形式。它是个体在一定的社会生活条件下形成的带有倾向性的、本质的和稳定的心理特征的总和，它反映着人与人之间整个精神面貌的差异。个性心理主要包括个性倾向性和个性特征两个方面。

(1) 个性倾向性。个性倾向性也称个性的动力结构，是指一个人具有的意识倾向。它包括需要、动机、兴趣、理想、信念和世界观等心理成分。这些成分彼此联系，互相影响，制约着人全部心理活动的方向和行为的社会价值，是人从事活动的基本动力。世界观在个性动力结构的诸成分中居最高层次，决定着人的总意识倾向。

(2) 个性特征。个性特征是指一个人身上经常表现出来的本质的、稳定的心理特点。它包括能力、气质、性格等方面的特征。如有的人思维敏捷，有的人能歌善舞，有的人擅长体育，有的人工于书法，这些特征表现了人能力的差异。能力是直接影响人顺利完成某种活动的个性心理特征。有的人热情直爽、精力充沛，有的人活泼好动、反应迅速，有的人安静稳重、善于忍耐，有的人行动迟缓、孤僻缄默，这些能力体现了人气质的差异。气质是心理活动和行为方面的动力特点。有的人大公无私、舍己为人，有的人自私自利、损人利己；有的人认真踏实，有的人轻率马虎；有的人敢于创新，有的人墨守成规；有的人勤奋，有的人懒惰；有的人谦虚，有的人骄傲。这都体现了人性格的差异。性格是人对现实的稳定态度和习惯化的行为方式。

心理过程和个性心理是密切联系和相互制约的。一方面，心理过程是个性心理形成的基础。个性心理差异通过心理过程形成，并且在心理过程中表现出来。没有对客观现实的认识，没有对现实事物的情感体验，没有对现实的积极改造的意志行动，个性心理是难以形成的。另一方面，已经形成的个性心理又制约着心理过程的进行。例如，人的兴趣和能力影响人认识的广度、深度和效率，气质影响人的情绪和情感，性格影响人的认识、情感和意志行动。在对心理现象进行研究时，要考虑心理活动的整体性。

人的个体心理现象如图1-1所示。

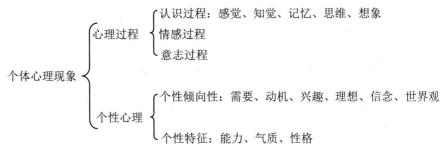

图 1-1　个体心理现象

(二)社会心理

人既是独立的个体，又是社会实体，人作为一个社会成员，总是生活在各种社会群体中，与他人形成各种各样的关系，如同学关系、师生关系、朋友关系、亲戚关系等。社会团体的客观存在，促使团体心理或社会心理的产生。所以心理研究既要研究个体心理，又要研究人际关系、人际影响、群体的形成规律、社会知觉等社会心理内容。

综上所述，心理学研究的具体内容包括个体行为、个体心理和社会心理发生发展的规律；个体心理和个体行为的相互关系；个体心理和群体心理的相互关系。

三、心理的实质

前文介绍了心理现象的内容，下面一起来看看心理现象是怎样产生的，即心理的实质是什么。这是一个长期争论的问题。在心理学史上有两种根本对立的看法，即唯心主义和唯物主义。

心理实质.mp4

唯心主义认为，心理现象是与身体无关的"心"的活动，或灵魂、宇宙精神的表现。例如，我国南宋的陆九渊认为"宇宙便是吾心，吾心即是宇宙"，明代的王守仁说"天下无心外之物"，英国的乔治·贝克莱(George Berkeley)主教说"存在就是被感知"。在他们看来，只有被感知的事物才是存在的，事物存在于思维中或在人体之外还存在着某种精神实体，它是心理的源泉等。由此可见，唯心主义同科学的心理学是不相容的。

唯物主义则对心理现象予以科学说明。在唯物主义看来，心理现象是自然界发展到高级形态的属性，是人身体特殊部位的活动结果。但在唯物主义的发展史上，旧唯物主义即朴素的或形而上学的唯物主义还不能完全正确地阐明心理现象的实质，如形而上学的唯物主义者常常把人的心理比作机器的功能，认为心理现象像照镜子，是人脑对客观现实的机械反映，或者把人和动物等同起来，忽视人的社会性本质。真正对心理现象作出正确回答的是辩证唯物主义。

马克思主义的辩证唯物主义对心理的本质做了科学的规定，认为人的心理是脑的机能，是脑对客观现实的反映，具有社会制约性。下面我们就从三个方面加以剖析。

(一)心理是脑的功能，脑是心理活动的器官

心理是脑的功能，脑是心理活动的器官。没有脑的心理，或者说没有脑的思维是不存在的。正常发育的大脑为心理的发展提供了物质基础。

心理现象是随着神经系统的产生而出现的，并随着神经系统的发展而完善，由初级阶段向高级阶段不断发展。无机物和植物没有心理，没有神经系统的动物也没有心理，只有有了神经系统的动物才有心理。

无脊椎动物的神经系统非常简单，如环节动物，只有一条简单的神经索，它们只具有感觉的心理现象，只能认识事物的个别属性。脊椎动物有脊髓和大脑，便有了知觉的心理现象，能够对事物外部的整体加以认识；灵长类动物，如猩猩、猴子，大脑有了相当高度的发展，它们能够认识事物的外部联系，有了思维的萌芽，但是还不能认识到事物的本质和事物之间的内部联系。

只有到了人类，才有了思维，有了意识。人的心理是心理发展的最高阶段，因为人的大脑是最复杂的物质，是神经系统发展的最高产物。因此，从心理现象的产生和发展的过程来看，心理是神经系统，特别是大脑活动的结果。换言之，神经系统特别是大脑才是从事心理活动的器官。

"脑是心理活动的器官"，人们获得这一正确认识经历了几千年。现在，这一论断得到了人们的生活经验、临床事实以及大量的生理研究证明，以至于"心理是脑的功能"这一论断对大家来说已经成为常识了。

(二)心理是脑对客观现实的反映

健全的大脑为心理现象的产生提供了物质基础，但是，大脑只是从事心理活动的器官，有反映外界事物并产生心理的机能，心理并不是它所固有的。心理现象是客观事物作用于人的感觉器官，通过大脑活动而产生的，所以客观现实是心理的源泉和内容。离开客观现实来考察人的心理，心理就变成了无源之水、无本之木。对人来说，客观现实既包括自然界，也包括人类社会。

20世纪20年代印度发现两个"狼孩"，她们虽然有健全的人的大脑，但由于她们自小脱离人类社会，在狼群里长大，她们保留了很多狼的本性，从而不具备人的心理。所以，心理也是社会的产物，离开了人类社会，即使有人的大脑，也不能自发地产生人的心理。

心理对客观现实的反映，不是像人照镜子那样消极地、被动地反映客观现实，而是在实践中积极地、能动地反映客观现实。人在反映客观现实的过程中，逐渐形成具有丰富内容的主观世界(知识、经验、思想、观念等)和不同的心理状态(动机和需要、兴趣和爱好、理想和信念、情感和意志、气质和性格以及能力等)。反过来，这些心理内容、状态和特点又影响和调节主体对现实的反映，从而表现出人的心理的主观性特点。每个人的知识经验、目的动机、兴趣爱好、态度体验不同，对现实的反映也不一样。不同的人对同样的事物，以及同一个人在不同的条件下，或者在不同时间、不同阶段对同一事物的反映也不一样。所以，我们称人对现实的反映为主观映象。

心理活动不仅能认识事物的外部现象，还能认识事物的本质和事物之间的内在联系，并用这种认识来指导人的实践活动，从而改造客观世界。心理是大脑活动的结果，却不是大脑活动的产品，因为心理是一种主观映象，这种主观映象可以是事物的形象，也可以是概念，甚至可以是体验。它是主观的而不是物质的。从这个角度来说，应该把心理和物质对立起来，不能混淆，否则便会犯唯心主义或机械唯物主义的错误。

知识链接 1-1

印度"狼孩"的故事

1920年9月19日，在印度加尔各答西面约1000千米的丛林中，发现两个由狼哺育的女孩。年长的约8岁，年幼的约1岁半，她们大概都是出生后半年被狼叼去的。两人回到人类社会后，被养育在孤儿院里，分别取名为卡玛拉与阿玛拉。从她们的言语、动作姿势、情绪反应等方面都能看出很明显的狼的生活痕迹。她们不会说话，发音独特，发出的不是人的声音。她们不会用手，也不会直立行走，只能依靠两手、两脚或两膝爬行。她们惧怕人，对于狗、猫似乎特别有亲近感。白天她们一动不动，一到夜间，就到处乱窜，像狼那样嚎叫，人的行为和习惯几乎没有，而具有不完全的狼的习性。

这两个狼孩回到人类社会以后，辛格牧师夫妇俩为使两个狼孩能转变为人，做出了各种各样的尝试，但没有充分的计划性。阿玛拉到第二个月，可以发出"波、波"的音，诉说饥饿或口渴了。遗憾的是，回归社会不到一年，阿玛拉就死去了。卡玛拉在两年后，才会发两种音（"波、波"和叫牧师夫人"妈"），4年后掌握了6个单词，第7年学会了45个单词。而且她的动作姿势的变化也很缓慢，1年4个月时，只会使用两膝步行；1年7个月后，可以靠支撑两脚站起来；不用支撑地站立，是在2年7个月后；到两脚步行，竟花了5年的时间，但快跑时又要用四肢。经过5年，她就能照料孤儿院的幼小儿童了。她会为用腿跑受到赞扬而高兴，为自己想做的事情（例如解纽扣儿）做不好而哭泣。这些行为表明，卡玛拉正在改变狼孩的习性，显示出获得了人的感情和需要后进步的样子。卡玛拉一直活到17岁。但她直到死时还没真正学会说话，智力只相当于三四岁的孩子。中国也有类似狼孩、猪孩的报道，结果和印度狼孩大致相似。

在大脑结构上，狼孩和同龄人没有太大差别。一个10岁儿童的大脑在重量和容量上已达到成人的95%，脑细胞间的神经纤维发育也几乎完成。只是因为狼孩长期脱离人类社会，大脑的功能得不到开发，智力也就低下。从狼孩的故事可以看出，一个人的智力高低，并不完全取决于大脑的生理状态，而是更多地受到后来成长环境的影响。

(资料来源：莫雷. 教育心理学[M]. 北京：教育科学出版社，2007: 285.)

(三) 心理具有社会制约性

心理具有社会制约性，表现在以下3个方面。

1. 表现为人区别于动物的共同特性

人区别于动物的共同特性包括言语、劳动、抽象思维、社会交往等方面，脱离这些共同的社会特性，就不称其为人。

2. 表现为人与人相区别的个性方面

每个人都不是抽象的个体，而是具有鲜明个性特点的人，脱离人的个性，也不称其为人。正是这些共性与个性，人的心理才形成鲜明的社会性特征。

3. 表现为人的心理具有自我意识的特点

自我意识也是社会性特点的具体表现。人本身不仅是客体，也是认识的主体。人既能认识客观世界，也能认识自身。人能够认识自我，区别主客体关系；能够自我判断和评估，辨别自己的行为正确与否；能自我体验自尊、自信、自喜等感受；能够自我实现，有目的、有计划、有方向地改变现实；还能自觉地进行自我锻炼和改造，有自我意向(包括自我要求、监督、反省、批评、控制等)，在实践中不断提高自己的认识能力和心理水平。

第二节　心理学的产生和发展

一、心理学的产生

心理学是一门既古老又年轻的科学。说它古老，是因为心理学的思想源远流长；说它年轻，是因为心理学只有 140 多年的短暂独立史。

心理学的研究始于原始社会末期，在那时，人们就注意到在人的物质实体之外，还有一种非物质现象的存在，即"灵魂"。"灵魂"到底是什么？早先是在哲学中讨论这个问题。由于当时受科学发展的制约，没能得到正确的解答，因此就有了各种设想、假说。

精神分析心理学.mp4

德谟克利特(Democritus，公元前 460 年—前 370 年)认为人的灵魂是由不可分的原子构成的，可以四面滚动。他强调了灵魂的物质性。而柏拉图(Plato，公元前 427 年—前 347 年)认为"灵魂是最初的东西，是先于一切形体的，是形体的变化和移动的主要发动者"。这是一种唯心主义思想。亚里士多德(Aristotle，公元前 384 年—前 322 年)的《灵魂论》中的心理学思想更加丰富，因此被认为是心理学方面最早的著作。

随着科学的发展和社会的需要，人类越来越重视自身的研究，心理学理论不断丰富。到了 19 世纪中后期，自然科学飞速发展，尤其心理学的基础学科——生理解剖学的迅速发展，为心理学的独立奠定了基础。

冯特(Wundt，1832—1920)通过总结前人的经验，1879 年在德国莱比锡大学创建了世界上第一个实验室。这标志着心理学脱离了哲学母体成为一门独立的科学，因此，冯特被誉为"实验心理学之父"。

二、19 世纪末 20 世纪初西方心理学的理论流派

心理学独立后，由于每位心理学家所生活的社会，其文化环境不同、哲学观点不同、自然科学基础和视野不同，因此对心理现象研究的出发点及解释也就不同。这就在心理学的发展史上形成许多学派。

(一)构造主义学派

构造主义心理学是心理学史上的第一个学派，其创始人是冯特，著名的代表人物还有他的弟子铁钦纳(Titchener，1867—1927)。他们从心理化学的观点出发，坚决主张心理学的唯一任务就是分析研究各种所谓心理组合体的构造，也就是分析心理组合体的元素(因此也被称为元素主义心理学)，以及各种心理元素构成各种心理的复合体的方式和规律。例如，

冯特认为意识经验是由感觉、意象和情感三个基本元素构成的，主张用内省法研究心理学。

(二) 机能主义学派

美国著名心理学家詹姆斯(James，1842—1910)，是机能心理学的创始人。其代表人物还有杜威(Dewey，1859—1952)、安吉尔(Angell，1869—1949)。机能主义认为，意识是一种川流不息的过程，而不是个别心理元素的集合，因此不能分解。所以机能主义坚决反对构造主义。如果说构造主义强调意识的结构，那么机能主义更重视意识的机能和功用的研究。例如，构造主义主要关心什么是思维，机能主义则主要关心思维在人类行为中的重要作用。机能主义的这一主张推动了心理学面向实际生活的进程。

(三) 行为主义学派

行为主义心理学是由美国心理学家华生(Watson，1878—1958)创立的。19 世纪末 20 世纪初，正当构造主义和机能主义在一系列问题方面争执不下时，美国心理学界出现了一种新的思潮——行为主义。

1913 年华生发表了《行为主义者眼光中的心理学》，宣告了行为主义的诞生。行为主义坚决反对心理学研究意识，反对内省法，主张用实验方法研究能看得见、摸得着的行为，提出刺激——反应(S—R)的公式，认为心理学就是探索人的行为规律，并以此来预测和控制人的行为。行为主义坚决主张研究可以观察的行为，对心理学走上客观研究的道路有积极作用，但是它过于极端，不研究心理和意识现象是错误的。

为了纠正早期行为主义的缺点，又出现了托尔曼(Tolman，1886—1959)的新行为主义。他把早期行为主义的公式修改为 S—O—R。试图用 S 和 R 之间的 O(有机体)的内部变化来解释 S—R 公式不能解释的事实。此外，还有 B. F. 斯金纳(B. F. Skinner，1904—1990)的操作行为主义的内容。

(四) 格式塔学派

格式塔心理学又称完形心理学，是由德国心理学家韦特海默(Wertheimer，1880—1943)首创，代表人物还有 K. 考夫卡(K. Koffka，1886—1941)、苛勒(W. Kohler，1887—1967)，这一学派形成于德国，后来在美国得到广泛传播。后期代表有 K. 勒温(K. Lewin，1890—1947)。

格式塔(Gestalt)在德文中的意思是"完形""整体"。所以这一学派十分强调整体的作用，反对元素分析，认为部分之和不等于整体，知觉绝不等于感觉相加的总和。整体不能还原为各个部分、各种元素的总和。例如，一首乐曲包含许多音符，但它不是各个音符的简单结合，因为一些相同的音符可以组成不同的乐曲，甚至噪声。受物理学中"场的理论"的影响，该学派认为人的心内存在着一种"完形"或"心理场"。"心理场"的情况，决定着个人对客观世界的知觉。格式塔学派很重视心理学实验，他们在知觉、学习、思维等方面的研究，至今仍有很大的影响力。

(五) 精神分析学派

精神分析学派是由奥地利维也纳精神病医生弗洛伊德(Freud，1856—1939)创立的。它的理论主要来源于治疗精神病的临床经验。通过临床分析，弗洛伊德认为，人的某种欲望或动机，特别是性欲的冲动受到压抑，是引起精神病的重要原因。精神分析，就是指通过释梦、自由联想、催眠等手段，研究发现病人被压抑下去的冲动和欲望，并使用某种方法使其得到宣泄，从而达到治疗疾病的目的。

精神分析学派的理论体系十分庞杂，对文化、艺术等社会科学领域都有较大影响。重视无意识和动机的研究以及在心理治疗方面的研究对心理学发展有积极作用。但是弗洛伊德过分夸大无意识的作用以及泛性主义的观点是错误的。后来他的弟子修正了他的错误，重视和研究人格发展过程中的社会文化因素的影响。这就形成新精神分析学派。

三、当代心理学的研究取向

心理学成为独立的科学以后，学派纷争的时间并不长。铁钦纳去世后，从20世纪30年代以后，各学派出现了相互吸收、日趋综合的局面。第二次世界大战以后，心理学得到了迅速发展，出现了许多小型理论和思潮，但是这些理论和思潮不是以学派的形式出现的，而是作为一种范式、一种潮流、一种发展方向去影响心理学的各个领域。心理学家把这种能影响学科发展方向的研究范式称为研究取向(research approach)。当代心理学主要有以下五种研究取向。

(一)生理心理学的研究取向

用生理心理学的观点和方法研究心理现象和行为，是当代心理学的一个重要研究取向。采取这种取向的心理学家注重心理与行为的生物学基础的研究。用心理学与神经心理学的知识解释个体的心理和行为的过程。他们研究的主要课题如下。

(1) 脑的功能定位。即不同的心理功能是由哪些脑区来完成的，它们之间是什么关系？
(2) 心理免疫学。即人的思想和情感与身体健康的关系。
(3) 遗传在行为中的作用。
(4) 生理心理学研究的具体问题有：身心发展、学习、感觉、动机、情绪、行为异常等各方面的研究与应用。

(二)行为主义心理学的研究取向

20世纪50年代以后，行为主义作为一个学派已接近销声匿迹，但是，作为一种研究取向，它在心理学的某些应用领域研究中仍有很大的影响。当代行为主义心理学的主要研究领域有学习、动机、社会行为以及行为异常等方面的研究与应用。例如，斯金纳的程序教学；A. 班杜拉(A. Bandura，1925—2021)的社会学习理论；行为治疗和生物反馈等理论与技术。

(三)精神分析心理学的研究取向

早期的精神分析理论过分强调本能的作用，因此遭到各方面的批评，但是精神分析的研究取向在心理学的某些研究领域仍然存在。例如，安娜·弗洛伊德(Anna Freud，1895—1982)、埃里克森(Erikson，1902—1994)和霍妮(Horney，1885—1952)等将精神分析的理论应用于动机、人格、自我的研究和神经症的治疗中。

(四)认知心理学的研究取向

认知心理学于 20 世纪 50 年代后期产生于美国,20 世纪 60 年代蓬勃发展,是现代心理学的新运动和新方向。创始人是纽厄尔、西蒙和奈瑟,主张从信息加工的角度解释人的心理现象。主要是研究人的认知过程,认为人的认知过程与计算机的程序过程类似,也是一种信息的输入、编码、提取、加工决策等过程,而忽视情感的研究。近年来,认知心理学与神经科学的结合产生了认知神经科学,它主要是研究认知功能的脑机制、学习训练与脑的可塑性、脑发育与认知功能的发展等。有人预测在 21 世纪,认知神经科学的研究有望成为心理学发展的主流。

(五)人本主义心理学的研究取向

人本主义心理学产生于 20 世纪 50 年代末 60 年代初,创始人是马斯洛(Maslow,1908—1970),主要代表有罗杰斯。他们反对贬低人性的生物还原论和机械决定论,反对把在动物身上做的实验移植到人身上。主张心理学必须说明人的本质,研究人的尊严、价值、创造力和自我实现。人本主义心理学偏重学习、动机、人格发展、心理咨询与辅导以及心理治疗等方面的研究与应用。人本主义是继精神分析学说和行为主义学说之后在心理学史上兴起的第三势力(亦称第三思潮)。

> **知识链接 1-2**
>
> **中国心理学部分大事件(1985~2014 年)**
>
> 1985 年 3 月中国心理卫生协会召开首届全国代表大会。
>
> 1987 年 7 月 21—24 日在北京科学会堂、中国心理学会发展心理学专业委员会和中国国际科技会议中心的协助下,组织召开国际行为发展研究学会中国学术讨论会,这是在我国举行的第一次国际性学术会议。
>
> 1995 年 4—5 月第一届华人心理学家学术研讨会在台湾大学举办。
>
> 1995 年 8 月 27—30 日国际心理科学联合会亚太地区心理学大会在广州召开。
>
> 1995 年 10 月中国神经科学学会第一届代表大会暨学术会议在上海举办。
>
> 2000 年 5 月 25 日定为全国大学生心理健康日。
>
> 2004 年 8 月 8—13 日第 28 届国际心理学大会在北京举办。
>
> 2008 年 7 月 8—10 日第二届中国心理学家大会在北京隆重开幕。
>
> 2010 年 11 月 20—21 日由中国心理学会主办,上海师范大学承办的主题为"走向世界、服务社会"的第 13 届全国心理学学术大会在上海师范大学隆重召开。
>
> 2013 年 8 月 26—28 日华人心理学学术研讨会在北京师范大学召开。会议主题为"心理学研究的中国化:迈向心理学学术自主的新纪元",来自全国 400 多名华人心理学家出席会议。
>
> 2014 年 1 月 23—24 日《当代中国心理科学文库》第三次工作会议在北京召开,来自全国各地约 30 位编委、作者及出版社相关负责人出席了本次会议。
>
> (资料来源:霍涌泉等. 新中国心理学发展史研究[M]. 北京:科学出版社,2015: 330-338.)

第三节　心理学的分支

心理学在服务各个实践领域的过程中，也形成自己的专门研究领域，产生了许多心理学分支，主要分为以下两大类。

心理学的基本任务.mp4

一、基础心理学

1. 普通心理学

普通心理学是科学心理学的基础，主要研究心理现象产生和发展的一般规律，如感知觉、记忆、思维的一般规律；人的情绪、意志、需要、动机以及各种心理现象的一般规律；等等。还研究心理学中的基本理论问题，如心理与客观现实的关系、心理与脑的关系、各种心理现象之间的相互联系及其在人的整个心理结构中的地位与作用、心理学的一般研究方法等。

2. 发展心理学

发展心理学研究个体生命全程中身心变化与其年龄之间的关系，主要探究各个年龄阶段的心理特征，揭示个体心理从一个年龄阶段发展到另一个年龄阶段的规律。具体包括婴幼儿心理学、儿童心理学、少年心理学、青年心理学、中年心理学和老年心理学。

3. 社会心理学

社会心理学是研究个体和群体在特定的社会环境下心理活动发生、发展变化规律的科学。典型的研究课题有社会认知、亲密关系、态度的形成和变化、偏见、顺从、攻击行为以及集体行为等。

4. 实验心理学

实验心理学是通过科学的实验研究方法，研究人类及动物的各种行为及各种心理变化的规律。其主要研究感觉、知觉、学习、动机和情绪等方面的问题。

5. 生理心理学

生理心理学研究个体行为及其心理过程与其身体及生理功能的关系，主要包括各种感官的机制、神经系统特别是脑的机制、内分泌系统对行为的调节机制、遗传在行为中的作用等。其具体研究方法是在脑的各种不同形态和功能下观察人的行为或心理活动的变化。例如，刺激人脑皮层的某个部位使人回忆起童年的事情等，或者在人从事某种行为或心理活动时观察其脑内的神经活动过程和方式。

6. 认知心理学

认知心理学运用信息加工方法研究人的高级心理过程，如注意、记忆、想象、推理、语言、问题解决、决策以及创造性活动等。

7. 人格心理学

人格心理学研究个人独特稳定的心理特征和行为，同时也探讨人格形成的影响因素，研究介绍人格理论，并对人格特征进行测量和评估。

8. 变态心理学

变态心理学研究心理与行为异常的类别和成因，从而建立系统理论，作为心理诊断和治疗的依据。

9. 动物心理学

动物心理学研究动物行为变化的规律，以建立可解释动物行为的系统理论，并根据动物行为研究所得出的结果，进行推论、推认、解释人的行为。

10. 心理测量学

心理测量学研究心理测验的理论、心理测量的方法，编制心理测量工具，包括心理测量和心理统计两个部分。

二、应用心理学

1. 教育心理学

教育心理学是应用心理学出现最早的学科。它研究在教育情境中学生学习与教师教学的交互过程的规律，以便解决教学中的实际问题。它具体涉及学习心理、品德心理、教学心理、教师心理、课堂管理心理、教学评定等内容。与教育心理学相关的还有学校心理学、学习心理学、智育心理学、教师心理学等内容。

2. 管理心理学

管理心理学研究团体组织中的人事问题，包括人员的个别差异、人际关系与团体效能、领导的素质等理论和实践问题，目的是促进组织发展，提高工作绩效。

3. 咨询心理学

咨询心理学帮助具有轻度心理异常和问题的人了解自己、认识环境、澄清观念、解除困惑，进而消除不良习惯，重建积极的人生观。对职业、家庭、教育等方面问题也给予帮助。

4. 工业心理学

工业心理学研究工作人员的士气、选拔训练与升迁，工作环境的改善，劳资双方的协调，等等。其中，人事心理学研究如何安置合适的人合适地工作；工程心理学研究人与机器的关系，使之协调、有效。

5. 临床心理学

临床心理学对具有心理障碍的人进行评估、诊断和治疗，同时也对轻度的行为和情绪问题予以解决，主要工作方式包括与病人谈话、实施心理测验和提供集体或个人的心理治疗。

6. 广告心理学

广告心理学研究如何将产品的信息提供给社会大众，劝导消费者依从，激发消费者的购买意愿和行为。

7. 消费心理学

消费心理学研究社会大众消费行为的规律，主要探究消费动机、购买行为、消费信息来源以及影响消费决策的因素等。

8. 环境心理学

环境心理学研究环境对行为的影响，包括气候、生态、噪声、拥挤等对个人感受、行动甚至健康可能产生的影响。

9. 法律心理学

法律心理学探究与法律相关的各种心理问题，如犯罪动机、犯罪人格、审判心理。

第四节　心理学的研究方法

心理学具体的研究方法总是在一定的原则指导下进行的，因此，这里首先介绍心理学研究应遵循的原则。

一、心理学研究的基本原则

(一)客观性原则

客观性原则就是坚持实事求是的态度，按照事物的本来情况反映事物。这是一切科学研究都必须遵循的基本原则。心理学坚持客观性原则就是要用客观的态度对待教学中所产生的各种问题和现象，要采用客观的研究方法，要避免个人的主观臆想和任何虚构，要从某一心理现象产生的客观条件及其内部的生理过程变化的事实来揭示心理变化规律。贯彻客观性原则，要注意以下几点。

(1) 研究计划的制订或实验设计要从客观实际出发，坚持实事求是的态度。

(2) 对实验所获得的各种材料要如实记录，不要用主观经验篡改观察到的事实。

(3) 下结论时，要对所获得的全部事实，包括相互矛盾的事实，进行全面的分析和讨论，做到有根有据，实事求是。

(二)系统性原则

系统性原则就是用系统论的方法来研究心理现象，把人的心理作为一个开放的、动态的、整体的系统加以考察。

系统性原则.mp4

1. **心理学研究遵循系统性原则的原因**

第一，人的心理是一个开放的、复合的、动态的、有层次的系统，人并不是孤立的，而是具有各种机能的有机体，每种心理现象的产生，都是生理、环境刺激、行为活动、神经系统等多种因素相互作用和影响的结果。因此，心理学的研究既要对心理进行多层次、多水平、多测度的系统分析，又要对各种心理现象及其影响因素之间相互作用的关系进行整体的研究。

第二，教学是一个开放的、复杂的、动态的大系统，教师、学生、教材、教学环境等因素在教学过程中相互联系、相互制约，牵一发而动全身。因此，我们在教育背景下研究心理学要坚持系统性原则，对某一心理问题，要从多角度、多层次、多侧面加以考察和研究。

2. **心理学研究遵循系统性原则的注意事项**

第一，把因素分析和整体研究统一起来，既要看到外部的宏观因素对心理的影响，又要研究内部的微观(生理)因素对心理的影响，用整体、系统的观点加以综合分析。

第二，把纵向研究和横向研究统一起来，既要揭示个体发展的年龄特征，又要对不同的个体进行比较研究，既要研究个体内部的心理因素，也要研究外部的环境因素。

第三，把理论研究和实践研究统一起来，对心理学的研究既要坚持理论联系实践，又要尽力避免纯理论研究，研究的课题要把理论意义和实践意义统一起来，既能丰富心理学理论，又对实践有指导意义。

(三)教育性原则

教育性原则是在教育教学过程中研究学生的心理必须遵循的原则。它是指在心理学的研究过程中，采用的实验方法和手段应能促进学生心理的健康发展，并具有教育意义。

贯彻教育性原则应注意以下两点。

第一，课题的选择、研究方案的设计都要考虑教育意义，使教育成果有助于教育教学质量的提高，有助于学生良好品德的培养。

第二，在研究过程中，要考虑对学生的教育影响，不能有损于学生的身心健康。在教育心理学的研究中，有时为了获得被试的真实心理反应，需要采取一定的实验技术和手段，有时甚至"欺骗"被试，这是为了获得真实的反应结果，是无可厚非的。但是要把握好度，一定要避免伤害学生的身心健康。

二、心理学的具体研究方法

心理学的研究方法有很多，下面介绍几种常用的方法。

(一)观察法

观察法就是有目的、有计划地通过对被试在一定环境下的言行举止进行系统观察、记录来分析与判断其心理活动规律的方法。观察法是心理学的重要研究方法之一，它的适用范围较广。在日常生活中，我们可以通过一个人的言行举止来了解他的心理活动特点。

知识链接1-3

非言语交际(如何观察他人)

(一)服装

服装是人类的"第二皮肤",在人际交往中,首先映入眼帘的便是人的穿着打扮,而人的穿着打扮会反映一个人的性格、风格和态度。英罗曾写过《为成功而打扮》和《女性的成功打扮》两本书,就服装而言,有以下几点值得研究者注意。

(1) 穿违反社会习俗的服装,是怀有强烈优越感的表现。

(2) 穿比自己身体尺寸大一号服装的人,具有强烈的自我显示欲,好出风头。

(3) 非常爱穿华丽服装的人,具有强烈的自我显示欲和金钱欲,多半具有歇斯底里的性格。

(4) 爱穿朴素服装的人,缺乏主动性、怯懦。

(5) 爱穿流行服装的人,缺乏自信心,故要借流行的样式来掩饰自己的自卑和虚荣。

(6) 穿着朴素但又对穿着特别讲究的人,存在着矛盾与冲突的心理,多半集自傲与自卑于一身。

(7) 突然改变装饰的人,表明其心情发生了突变,如一个平时穿着朴素的人,在失志后一反常态,就会穿华丽或流行的服装。

(二)视线

眼睛是心灵的窗户,"含情脉脉""暗送秋波"都表明视线或眼神能表达一定的意义。在交际中要注意以下几点。

(1) 被别人注视而将视线突然移开的人,大多怀相形见绌之感,有很强的自卑感。

(2) 对异性只看一眼就故意将视线移开的人,恰恰表明其渴望与异性交往,这就是反向作用的典型表现。

(3) 无法将视线集中在对方身上,并很快收回视线的人,多半具有内向性格。

(4) 仰视对方怀尊敬或信任之意,俯视对方是有意要保持自己的尊严。

(5) 视线活动频繁且很有规则,表明其在思考问题。

(6) 听别人讲话时,只点头却不将视线集中在谈话者身上,表明对对方所谈的话不感兴趣。

(7) 说话时,将视线集中在你身上的人,表明其渴望得到你的理解。

(8) 凡是目不转睛地注视对方,而不将视线随意移开的女性,其内心似乎隐藏着什么秘密。

(三)坐姿

坐姿可以说是千姿百态,典型而又常见的坐姿有以下几种。

(1) 坐得越近越亲密,谁都不会和自己不喜欢或不感兴趣的人坐到一起,而且相邻而坐比面对面坐更亲密。笔者曾在某些餐厅发现,恋爱的男女都是相邻而坐而非面对面而坐,尽管面对面的相对而坐便于交谈,但相邻而坐意味着双方已融为一体。

(2) 在椅子深坐且双手合在一起呈尖塔状的人,表明此时十分悠闲、安宁、信心十足。

(3) 在椅子上浅坐或坐在椅子的边沿并将双手搁在膝盖上的人,表示对对方的恭敬,也表明对对方的谈话感兴趣。

(4) 坐在房间的最里边，并注视房间入口的人多半怀有强烈的权力欲；背对入口处而坐或坐在边角位置上的人，一般较自卑；居中而坐则是有自信心的表现。

(5) 双手抱着脑袋斜靠在椅子上的人，表明其对所谈的话题已感厌烦。

(四) 握手

握手是见面打招呼的常见礼仪，握手也能反映一个人的性格。一般而言，有以下几种情况。

(1) 用劲而有力地握对方手的人，具有主动、进取的性格特点，有一定的自信心。

(2) 无力握住对方手的人，具有被动、脆弱的性格特点。

(3) 握手时手心冒汗的人，大多数是情绪激动、内心失去平衡所致。

(资料来源：《大众心理学》，1989年第3期，第8页。略有改动.)

1. 观察法的具体实施

1) 观察计划的制订

观察法不同于日常生活和教学过程中的一般性的观察，它带着一种研究目的观察。因此，使用观察法必须制订周密的观察计划，这个计划应包括：研究的目的，根据研究目的决定应观察哪些行为，观察时间，在什么情境下观察，采用什么记录方式，应注意的问题，等等。

2) 做好观察记录

观察法必须做详尽的记录，记录形式可分为以下两大类。

(1) 文字记录。即使用文字把被试的言行记录下来。文字记录灵活方便，但要注意记录的真实性、准确性和全面性。

(2) 音像记录。就是采用现代的录音、录像的方法对被试的言行进行记录。音像记录具有真实、精确的特点，但是它不如文字记录方便灵活，使用时也要注意避免对被试构成新异刺激，破坏自然环境，影响被试的正常行为表现。

3) 观察材料的分析处理

观察材料的分析处理是观察法的最后步骤。通过一定时间的观察可获得大量的感性材料，只有对这些材料进行分析、综合、抽象、概括，才能找出心理发展的规律。在进行分析处理时，要注意定性分析与定量分析相结合；注意主观和客观相结合，既要分析个体的主观行为，也要分析产生行为的客观环境。

2. 观察法的优点和缺点

1) 观察法的主要优点

(1) 适用面广。

(2) 可以观察到被试在自然状态下的行为表现，获得的材料比较真实。

(3) 可以实地观察到行为的发生发展，能够把握当时的全面情况、特殊的气氛和情境。

2) 观察法的主要缺点

(1) 研究者处于被动地位，往往难以观察到研究所需要的行为。

(2) 收集资料较费时费力。

(3) 因果关系难以确定，观察的只是个体的外部行为，而对于产生这种行为的内部原因需做进一步研究。

(二)实验法

实验法是指实验者有意控制和创设某些条件，以引起被试的某种心理现象，从而进行研究的方法。根据实验的条件不同，又把实验法分为实验室实验法和自然实验法两种。

1. 实验室实验法

实验室实验法是在特设的实验室内，借助专门的实验仪器来研究心理现象的方法。例如，对记忆、技能、字词的识别等心理反应的研究多采用实验室实验法。

实验室实验法的主要优点：实验条件控制严格，实验结果可靠，实验的内在效度高。

实验室实验法的主要局限性：在人为的实验条件下，被试的心理反应与在日常生活和教学条件下有较大差距，实验结果有一定的局限性，把心理现象简单化了。所以在心理学研究中，还需采用自然实验法。

2. 自然实验法

自然实验法是指既控制一定的条件，又在日常生活、实践、教育和学习环境中进行心理发展研究的方法。

自然实验的主要特点有两个。

一是具有主动性的特点。研究者可按照研究目的有意控制或变化某些条件，以引起特定的心理现象，再对其进行研究。

二是具有自然性的特点。被试是处在日常生活、学习环境中，并且实验者也尽量不让被试觉察到实验意图和自己是实验对象。

自然实验法的这两个特点，使其兼有观察法和实验法的优点，因此在心理学研究中被广泛应用。

(三)问卷法

问卷法是通过由一系列问题构成的调查表收集资料以研究学生心理发展规律的方法。问卷法在教育心理学研究中应用十分广泛，比较受广大教育工作者和研究者的重视，但是问卷法的效果受问卷的编制水平制约。

1. 一般问卷的来源

一般问卷有以下两种来源。

一种是现成的量表(问卷)。它是由专家编制好的，并且多数具有常模，时效度、信度较高。

另一种是自编问卷。现成的量表数量有限，因此有许多研究需要自编问卷，下面介绍一下自编问卷的形式及问卷的编制问题。

2. 自编问卷的形式

1) 自由叙述式

不给被试任何答案，让其用文字自由地问答。例如，你为什么要上学？怎样才能学习好？你的理想是什么？等等。让被试根据自己的想法和情况自由回答。自由叙述式问卷可使被试自由充分地表达自己的看法、意见、态度、兴趣、情感和理想等，但结果统计分析较难。

2) 多重选择式

让被试从提供的互不矛盾的答案中选出一个或几个。

例如，你为什么好好学习？在下列答案中选择最适合你的 3 条。

(1) 对学习本身感兴趣。
(2) 为了获得更多的知识。
(3) 为了报答教师和父母的关怀。
(4) 为了得到同学、教师和父母的好评。
(5) 迫于教师和家长的压力。

多重选择式问卷易统计，但反映情况不全面。

3) 是否式

让被试以"是"或"否"二选一的方法回答。例如，某同学值周不负责任，老师批评他是对还是不对？再如，测量小学儿童道德情感的发展。下列符合你情况的在"是"上打"√"，不符合的在"否"上打"√"，如表 1-1 所示。

表 1-1 是否式问卷举例

序 号	内 容	选 项	
1	别人有困难时你乐于帮助吗	是	否
2	你值周时很负责吗	是	否
3	你爱劳动吗	是	否

是否式问卷，统计方便，但忽视了居中反映程度的情况。

4) 评定量表式

让被试按规定的一个标准对提供的问题进行评价。评价的等级可根据研究目的的需要确定。一般分 3~7 个等级。例如，调查小学生对公共道德规范的看法：在公园内有下面行为好不好？你的看法是什么？用五等级评定，在你认为合适的等级上打"√"，如表 1-2 所示。

表 1-2 评定量表式问卷举例

序 号	内 容	非 常 坏	坏	有 点 坏	不怎么坏	不 坏
1	折花草树木	5	4	3	2	1
2	随地扔瓜果皮核	5	4	3	2	1
3	破坏文物	5	4	3	2	1
4	乱打动物	5	4	3	2	1
5	随地吐痰	5	4	3	2	1

评定量表式问卷能够测量出不同程度的反映情况，但评定的准确程度依赖儿童对评定标准的理解程度。而小学生，尤其低年级小学生是很难理解评定标准的，因此要慎用。

5) 确定顺序式

要求被试对提供的几个答案按一定的标准(好恶或赞同与否等)进行顺序排列。认为最符合(或最不符合)你的想法或最重要的(或最不重要的)等排在前头，并用 1、2、3……标出顺序。

上述五种问卷形式各有优点、缺点，要根据研究的目的、任务和不同的被试特点选择使用。

3. 问卷编制的注意事项

问卷的编制是一项极其复杂而艰巨的工作，下面简单介绍几个编制问卷应注意的问题。

(1) 问卷试题要有足够的数量，并且要紧紧围绕研究的主题编制。
(2) 要求文字浅显易懂，题意清楚，适合被试的年龄特点。
(3) 试题的设计要避免社会认可性。
(4) 问卷中适当设有检查测验有效性的项目。
(5) 答案要求尽可能简单，以便于统计处理。
(6) 问卷编制好后要进行一定的测试，以检验问卷的内容、形式等的可行性。经测试修正后，才能正式测试。
(7) 要编制问卷使用说明，包括怎样施测、使用时应注意的事项等。

4. 问卷法的优点

(1) 能在短时间内获得大量材料，省时、省力。
(2) 直截了当，针对性强，能获得第一手生动资料。
(3) 能测试出被试的内心状况，同质被试可重复测验。

5. 问卷法的局限性

(1) 需要有被试的真诚合作，否则测验不可能真实。
(2) 需要被试有自我意识能力和文字能力。
(3) 由于受被试自卫心理(不愿暴露自己内心世界)的影响，也可能测试结果不真实。
(4) 受社会认可性的影响，被试回答问题可能偏向社会认可的或希望的方向。
(5) 问卷设计较难。

总之，问卷法既有其优点，也有其局限性。所以在使用时要谨慎考虑，不要什么问题都用问卷法去研究。

(四)个案法

个案法是一种较古老的方法，它最早起源于医疗实践中的问诊方法。个案法，是指通过某个体进行详细的观察与研究，以便发现影响某种行为和心理发生发展的因素。个案法较多地用于发展心理方面的研究和特殊儿童的研究。

由于个案法是对少数案例的研究，它可能只适合解释个别情况，因此，在推广运用这些成果或做出更概括的结论时，必须持慎重的态度。

以上只介绍了心理学的主要研究方法，其他还有数理统计分析法、相关研究方法等。

第五节　心理学研究的意义

心理学既是一门理论性很强的基础科学，也是一门具有广泛实用价值的应用科学，学习和研究心理学具有重大的理论意义和广泛的实践意义。

一、心理学研究的理论意义

(一)为马克思主义的辩证唯物论和历史唯物论提供了科学的依据

心理学揭示了心理的实质、心理和脑的关系、心理对客观现实的依存关系，科学地论证了马克思主义强调的物质第一性、意识第二性。

心理学是关于认识过程的研究，阐明了人认识的产生与发展规律及人脑反映客观现实的各种形式，进一步丰富和发展了马克思主义认识论，促使认识论更加科学化。

心理学关于环境和教育对人心理的发展和个性的形成影响作用的研究，证明了外部条件和心理现象间的因果制约性，把辩证唯物主义因果关系原理具体化。

心理学关于个性形成的社会历史制约性的研究，丰富了社会存在决定意识的历史唯物主义原理。列宁在《哲学笔记》中对心理学的作用给予充分肯定，指出心理学是构成认识论和辩证法的基础科学之一。

(二)心理学的研究和学习有助于科学精神的树立

心理学提出的一系列科学事实，对神秘主义、宗教、迷信等唯心主义是一个有力的抨击。科学的心理学是精神领域中纠正偏见、破除迷信、反对神秘主义的有力的理论武器。研究心理学会使我们更加相信科学。正如列宁所说："心理学提供的一些原理已使人们不得不拒绝唯心主义而接受唯物主义。"

二、心理学研究的实践意义

心理学研究的实践意义.mp4

所有的实践活动都是由人从事的，在实践活动中，如果能遵循人的心理活动规律，按照人的心理活动规律去组织实践活动，就会提高活动效率。从这个意义上讲，心理学对所有的实践领域都有着广泛的指导意义。它能服务于劳动、医疗、教育等各个实践领域。

知识链接 1-4

心理学作为一种职业

作为大学的一个学科，心理学的"声望"正稳步提高。具有心理学学位的毕业生能够从众多的职业中进行选择。

临床心理学家——从与学习困难儿童打交道到对艾滋病患者的咨询，临床心理学家运用各种技术手段对情绪和行为问题进行诊断和治疗。这通常是社区医生或医疗部门工作的一部分。

咨询心理学家——可能与个人或团体打交道。他们运用心理学理论帮助人们克服自己的问题和控制自己的生活。他们可能受雇于一般的医疗从业机构、大型组织或企业，也可能自己开业。

教育心理学家——受聘于学校、医院、幼儿园和其他单位，诊断和解决学习困难以及社会情绪问题。他们或独立工作，或在当地机构工作。

健康心理学家——应用心理学原理促进人们更健康地生活。受聘于医院、健康研究机构、主管健康的当局和大学的院系。

职业或工业心理学家——在产业内工作，帮助选拔合适的应聘人员，开发培训项目，研究功效学，开发健康与安全策略及程序。

(资料来源：[英]M. 艾森克. 心理学——一条整合的途径[M]. 阎巩固，译. 上海：华东师范大学出版社，2000.)

(一)学习研究心理学有助于现代化生产的组织

大多数的生产劳动都是由人来从事的，所以生产劳动的组织、人才的选拔、工艺的改革等都必须遵循人的心理活动规律。例如，心理学向人们提供感觉、知觉、注意和思维、记忆等方面的规律性知识，能够促进劳动者掌握劳动工具，改进操作方法，完善劳动技能，防止事故发生，从而提高劳动生产效率。

在现代化生产中，人的因素的作用更加重要了。在"以人为本"思想的冲击下，如何尊重人的尊严和价值？发挥人的因素的作用尤其重要。如今世界各国，即使是发展中国家，都积极广泛地把心理学应用于工业劳动生产的各个方面。

(二)心理学有助于医疗

人的心理因素是致病和防病的重要因素之一。现代心理学的许多研究都表明，有些心理因素就是某些疾病的致病原因。例如，神经衰弱之类的病许多是工作、学习过度紧张，或者遭遇重大不幸造成的；也确有不少是个人的多疑、孤僻、急躁、任性、心胸狭隘、好生闷气、多愁善感、抑郁等性格造成的。

有些身体疾病，如高血压、心脏病，甚至月经失调等也与心理因素(特别是情绪不佳)有关。我国古代的医学家对此早有论述：怒伤肝，喜伤心，忧伤肺，思伤脾，恐伤肾。而且提出，凡治病之术，不先致其所欲，正其所念，去其所恶，损其所恐，未有能愈者也。

当代医学表明，心理因素同威胁人类生命最重要的疾病之一——癌症也有密切关系。从20世纪60年代开始，就有研究发现情绪忧伤会促进癌症的发生、发展。到20世纪80年代西德专家在谈到心理因素与癌症的关系时，他们认为心理冲突不仅对癌症的突然发生起决定作用，而且对癌症的发展时间也起决定作用。

改善社会生活环境，创造良好的人际关系，则能有力地预防癌症。事实上，心理治疗，如介绍有关疾病的知识、教以战胜疾病的方法、消除疑虑、增强同疾病斗争的勇气和信心，都有助于一切疾病的预防和消除。心理因素在防病、诊断、治疗以及卫生保健方面的意义，正在日益广泛地被人们认识并予以重视。

(三)心理学有助于教育

1. 有助于教师树立正确的世界观和教育观

如前文所述，科学心理学为辩证唯物主义提供了依据，它是精神领域纠正偏见、破除迷信、反对神秘主义的有力武器。心理学的研究揭示了遗传、环境、教育和实践同人的心理发展的关系。所有这些，都将促进教育工作者树立正确的世界观和教育观。

2. 为教育实践提供了理论依据

心理学揭示了人们学习活动的心理特点和规律，揭示了教学活动的心理规律。这就为教学目的、教学内容、教学方法和教学计划的确定、选择和制订提供了科学的依据。

3. 有助于教师因材施教

因材施教是教育工作的普遍性原则。要因材施教，首先必须了解学生的差异，只有了解学生的差异，才能在教育、教学工作中"对症下药"，做到"长善救失"，从而提高教育教学质量。

4. 促进教育改革的深入发展

教育改革是当今教育的潮流，目前我国的教育也正处在由应试教育向素质教育转轨的改革时期。怎样改革，这既是一个深刻的理论问题，也是一个广泛的实践问题。心理学的学习和研究有助于解决教育改革中的各种问题，如怎样培养学生的创新能力、怎样教会学生学习等问题，心理学中都要进行一定的研究和解答。同时通过学习和研究也一定能够提高教师的教育经验总结能力和教育科研能力以及创新能力。这就为教育改革的深入发展奠定了理论基础和实践基础。

5. 有利于教师的自身建设和发展

传统的观点认为"传道、授业、解惑"是教师的主要职能。然而在当代社会，随着科学技术的飞速发展与社会的急剧变革，特别是知识经济的发展，教学目标、教学内容、教学方法等都发生了巨大变化。这就使教师的角色发生了重大变化。现代教育对教师的要求更高。所以教师必须不断地进行自身建设、自我教育，与时俱进，不断提高自身的各种能力、水平和素质。心理学告诉我们怎样进行知识传授，现代教师有哪些角色，应具备哪些品质，怎样才能成为一名有威信的教师，等等。这些理论知识是教师自我教育和发展必须学习和研究的。

思考题

1. 什么是心理？心理现象包括哪些？
2. 简述各个心理学派的基本观点和主要代表人物。
3. 现代心理学有哪些研究取向。
4. 心理学的研究有哪些原则。
5. 心理学有哪些主要研究方法。各有什么优、缺点？
6. 学习心理学有什么意义？
7. 联系实际谈谈你现在对心理学的认识。

第二章　注意与教学

本章学习目标

- 理解并掌握注意的概念、注意的功能。
- 理解并掌握注意的表现以及无意注意、有意注意和有意后注意三者的关系。
- 理解并掌握注意的规律。
- 理解并运用注意在人的实践活动中所起的作用。
- 理解并运用注意的品质特性进行实践教学。
- 理解并运用注意的规律进行实践教学。

重点与难点

重点： 运用注意的品质特性进行实践教学。
难点： 运用注意的规律进行实践教学。

引导案例

张强是一个性格倔强的初一男孩，他不善言辞，没有纪律观念，比较敏感，脾气急躁，争强好胜。上课的时候，他常常坐立不安，注意力无法集中。小动作多，不是玩玩手指头、动动铅笔就是不时地跟同学交头接耳，即使是在有很多老师听课时，也没办法控制自己。张强做事时难以集中精力，学习、做事粗心大意，写作业的持续时间很短，写了一小会儿，就不耐烦了，注意力很容易转移，后来经过老师反复教育，他好动的情况有所好转，但是老师提问时，他经常答非所问。这种现象每天都在重复上演，各科教师都很头疼。

【问题思考】

保持良好的注意力，是大脑进行感知、记忆、思维等认识活动的基本条件。注意保持在某种事物或某种活动上的时间越长，注意的稳定性就越高。

注意的稳定性，并不意味着注意总是指向一个对象，而是指活动的总方向始终不变，行动所接触的对象和行动本身可以变化。案例中的张强就是因为无法长时间地将注意力集中到学习任务中才会影响其学业表现。良好的注意力会提高我们工作与学习的效率。因此，针对张强的情况，应该努力提高他的注意力，使他能自觉地将注意力集中到学习过程中，提高他的学习效率。

（资料来源：本书作者整理编写。）

第一节 注意概述

一、注意的内涵

(一)注意的概念

注意是心理活动对一定对象的指向和集中。例如,人们专心地听、仔细地看、聚精会神地思考等。

注意的内涵.mp4

注意并不是一种独立的心理过程,而是各种心理过程的一种伴随状态。通过之前的学习我们知道,人的心理过程包括认知过程(人对客观世界各种信息的接收、储存、加工和输出的过程,包含感觉、知觉、记忆、思维、想象等)、意志过程(人们自觉地确定行动目的,并根据目的支配和调节自己的行动来克服各种困难以实现预定目标的过程)和情感过程(人们对各种事物产生的主观态度体验)。

注意不仅伴随着认识过程,而且伴随着情感过程和意志过程。

人们不能离开引起某种情感的对象或活动中所要克服的困难而单独去注意。任何心理过程的开始,总是表现为注意指向某一心理过程所反映的对象。当心理过程开始之后,注意并不消失,它始终伴随心理过程的顺利进行而不断深入。没有注意的参加,无论哪种心理过程都不可能发生、发展和完成。

应当注意的是,注意并不反映心理过程所指向的对象,它不揭露事物的意义和作用。注意仅仅是所有心理过程共同具有的一种特性,故又称注意为心理特性。

(二)注意的特征

注意有两个特征:指向性和集中性。

1. 指向性

指向性是指在同一时间人的心理活动选择了某一对象,而离开了另外一些对象。例如,一个人在剧院里看戏,他的心理活动选择了舞台上演员的表演,而离开了剧场里的观众,对前者他看得清、记得牢,而对后者只留下非常模糊的印象,甚至看完了戏,还不知道与他邻座的观众是个什么样的人,其原因在于注意指向了不同的对象。可见,注意的指向性主要是指心理活动的取向或选择的活动内容。

2. 集中性

集中性是指心理活动反映事物达到一定的清晰和完善程度。当人集中注意力于某一事物时,心理活动会离开一切无关的事物,并且抑制多余的活动,从而保障对事物的认知清晰、完善和深刻。例如,医生在做复杂的外科手术时,他的各种心理活动高度集中在病人的病患部位和自己的手术动作上,而不会分散在与手术无关的人或物上。与此同时,注意的高度集中往往会使人消耗大量的体力和精力。

3. 注意的指向性和集中性的关系

注意的指向性是指心理活动朝向哪个对象，它表明反映的对象和范围。注意的集中性是指对选定的事物产生明晰、完整和深刻的反映，它表明反映的程度。

注意的指向性和注意的集中性是紧密联系的。当人的心理活动指向某一对象时，同时也集中在这一对象上。没有指向性就没有集中性，而指向性又是在集中性中表现出来的。

二、注意的功能

注意是人的整个心理活动的组织者和调节者，在人的心理活动中具有重要的地位和作用。它的功能主要有以下三个。

(一)注意的选择功能

注意的选择功能是指注意能够使人选择那些有意义的、必要的、与当前活动相关的对象。在纷繁复杂的大千世界中，每个瞬间都有无数的刺激作用在人的身上，如果人对每个刺激都做出反应，那就一定会六神无主，最终慌乱于招架不住的环境之中。

注意的选择功能让人有选择地指向某些对象，使人的大脑不必对所有刺激都做出同等的反应。注意使心理活动能够选择合乎需要的、与当前活动相关的、有一定意义的信息，同时排除其他与当前活动矛盾的、带有干扰作用的各种影响，使认识对象更加明确，如果没有注意的选择，心理活动便难以正常进行。

(二)注意的保持功能

注意的保持功能是指注意能够使心理活动始终稳定在选定的对象上，直至达到认识活动或行为动作的目的为止。当我们的某一心理活动集中到所选择的那种事物上时，我们就会更少地察觉到我们周围的其他事物，甚至对周围的其他事物"视而不见""触而不觉"。

(三)注意的调节和监督功能

注意的调节和监督功能是指在人集中注意力时，可以排除来自内部或外部的干扰，控制心理活动向着既定的方向和目标发展。

注意能够促进个体从多方面进行调整，从而使心理活动处于一种积极的状态。注意能使人调节其心理状态去集中心思克服困难并监督他继续坚持到底，达到预定的目标，尤其是当外界情境与本身状态或所遇对象发生变化时。

三、注意在人的实践活动中的作用

(一)注意是有效完成学习活动的必要前提条件

人在没有注意或注意出现障碍时，学习活动就很难开始和进行。

注意是从事学习活动唯一的"门"，只有受到注意的信息才能进入我们的头脑。例如"弈秋诲二人弈"。他们两人学习结果不同，主要是因为他们一个注意(专心致志)，一个不注意(不专心致志)。为此，孟轲以下棋作比喻，揭示"不专心致志，则不得也"的道理。所以注意是心灵的窗户，如果没有它，知识的阳光就照不进来。

(二)注意帮助人适应环境

注意还能使人更好地适应周围的环境，保障行动的安全。例如，高层建筑物顶端夜里亮红灯，按汽车喇叭，家用液化气中混入少量有恶臭味的硫醇或硫醚类化合物……这些都是为了引起人们的注意，进而保障人们的安全。

(三)注意对教学活动起重要作用

宋代著名思想家、教育家朱熹倡导的"居敬持志"的学习方法，含有必须集中注意的意思。正如他所说："今日学者不长进，只是心不在焉。""大凡学者须是收拾此心，令专静纯一，日用动静间都无驰走散乱，方始看得文字精审"。

学习要取得效果，不能心不在焉，而应该专静纯一。只有这样，才能避免学习中的"不长进"，把文字看得"精准"。

另外，从人生哲理上看，一个人一定要有所不为，才能有所为。世界管理学大师史蒂芬·柯维在人生成功的七个原则中指出，"把我们的注意力放在人生最重要的事情上，处处注意掌握重点，这是我们人生成功的关键之处，也是世界上一切成功人士的智慧所在"。

四、注意的表现

注意是一种比较清晰、紧张的内部心理状态，它是通过外部行为表现出来的。人在注意时，一般都伴随着一些特有的生理变化和表情动作，这被称为注意的表现。注意的表现主要有以下几种情况。

(一)适应性的运动

人在集中注意力时，会有适应性运动。他们的感觉器官常常朝向所注意的对象，以便得到最清晰的印象，如侧耳倾听、目不转睛；也可能伴随某些特殊的表情动作，如沉浸于思考问题或想象某一事物的时候，常表现出眉头紧皱、两眼呆视、握拳或托住下巴等。

(二)无关运动的停止

当人在注意的时候，常常表现为无关运动的停止。例如，学生注意听课的时候，会一动不动地望着老师，甚至忘记平时听课时转笔或者抖腿的动作。

(三)呼吸的变化

人在集中注意力时，呼吸会变得轻微而缓慢(一般吸得更短促，呼得更绵长)，头部血管扩张，肢体血管收缩。当注意达到高峰的时候，全身的肌肉都会紧张起来，一切多余的运动都会停止，甚至连呼吸也会出现暂时停止的情况，即"屏住呼吸"现象。同时心跳加速，牙关紧咬，握紧拳头，等等。

注意的外部表现可以作为注意的客观指标。例如，有经验的老师可以从学生的坐姿和表情中，从听课时是否符合教学节拍，尤其是从学生的眼神中基本上能断定学生是否专注于学习。

当然，注意的外部表现与内部状态并不完全一致，如有的学生上课时眼睛虽然盯着黑板，但其心思早已飞向了别的事物。因此，教师应该善于分析、判断学生的主要状态，对那些注意力分散的学生，及时采取措施，使其把注意集中到学习上来，以保障课堂教学的顺利进行和预定教学目标的实现。

第二节　注意的种类和品质

一、注意的种类

人对事物的注意，有时是自然而然地发生的，不需要任何意志努力；有时是有目的的，且需要一定意志努力。根据引起和维持注意时的无目的性和意志努力程度的不同，人们把注意分为无意注意、有意注意和有意后注意三种。

(一)无意注意

1. 无意注意的概念

无意注意是指事先没有预定目的，也不需要意志努力的注意，或称不随意注意。例如，学生正在上课，突然有人敲门，大家都不由自主地把脸转向教室的门口，以求了解是什么人来了和来做什么，这是无意注意。

无意注意的产生和维持不需要个体的意志努力，而是个体不由自主地对那些强烈的、新颖的和感兴趣的事物所表现的心理活动的指向和集中。它往往是由周围环境发生变化引起的。

无意注意的实质是一种定向反射，是有机体以自己的相应的感受器朝向新异的刺激物，以力求探索其究竟的反射活动。借助这种反射活动，有机体才有可能弄清楚新异刺激物的意义和作用。动物也有无意注意，它是注意的一种初级表现形式。

2. 引起无意注意的原因

在实际生活中，引起无意注意的原因是经常综合在一起的。下面分开进行阐述，只是为了分析的方便。引起无意注意的原因可分为两个方面：刺激物的特点和人的内部状态。

1) 刺激物的特点

(1) 刺激物的强度。

刺激物的强度是引起无意注意的重要原因之一。例如，一声巨响、一道强光、一种浓烈的气味、一次猛烈的碰撞，都能引起个体不由自主地注意刺激源。

对无意注意起决定作用的往往不是刺激的绝对强度，而是刺激的相对强度，即刺激物的强度与周围环境刺激强度的对比。在夜深人静时，室内时钟的嘀嗒声、邻居房内的踱步声，都能引起人们的注意；而在白天周围环境噪声的掩盖下，这些微弱的声音就不为人们所注意。因此，刺激物的强度是引起无意注意的一个条件，但不是唯一的条件。

(2) 刺激物之间的对比关系。

当刺激物在强度、大小、颜色和持续时间等方面与其他刺激物存在显著差别时，易于引起人们的无意注意。例如，"鹤立鸡群""万绿丛中一点红"及许多短促声音中的一个长声音等，都容易引起人们的无意注意。

(3) 刺激物的运动和变化。

运动的、变化的刺激物，容易引起人们的无意注意。例如，眼前飞过一只小鸟，迎面扔来一块石头，微风吹动着树叶，夜空中一颗划过的流星，街道一明一暗的霓虹灯，等等，都会吸引我们注意。相反，不运动的、无变化的刺激物，不易引起人们的注意。

(4) 刺激物的新异性。

刺激物具有异乎寻常的特性，与人们已有经验不一致时，容易引起人们的无意注意。例如，蛇长脚、鱼长翅膀、猪下蛋、赤道附近下雪等。而千篇一律的、刻板的、公式化的事物，由于人们对它们已经习以为常，故不易引起人们的注意。

刺激物的新异性，可以分为绝对新异性(该刺激物在人们的经验中从未出现过)和相对新异性(是各种已熟知的刺激物的不寻常的结合)。研究表明，相对新异性更易引起人们的无意注意。

2) 人的内部状态

无意注意既可以帮助人们对新异事物进行定向，使人们获得对事物的清晰认识，也可以使人们被无关事物吸引，干扰他们正在从事的活动。因而具有积极和消极两方面的作用。

无意注意虽然主要由外界刺激物的特点引起，但也取决于人的内部状态。可能引起一些人的注意的刺激，并不会引起另一些人的注意。一个人的内部状态在无意注意中起着重要作用。

引起无意注意的主观原因，主要有以下几种。

(1) 需要和兴趣。

凡是能够满足人们的需要和引起人们的兴趣(尤其是对事物或活动本身的兴趣，即直接兴趣)的事物，都会使人产生期待的心情和积极的态度，从而易于引起人们的无意注意。人们常常会被感兴趣的事物吸引，不自觉地注意。一般来说，凡是与一个人已有知识有联系并能增进新知识的事物都容易引起无意注意。

(2) 情绪状态。

人的情绪状态在很大程度上影响着无意注意。如果一个人心情愉快，平时不大容易引起注意的事物，这时也很容易引起他的注意。一个人心情忧郁时，即使是平时容易引起无意注意的事物，这时也不易引起他的注意。

此外，凡是与人有着特殊感情的人和事，都容易引起他的注意。研究表明，易于唤起情绪的阅读材料，读起来较快。这是因为这些材料充满吸引力，使人易于注意和阅读。动画片、故事等之所以能吸引儿童的注意，是因为它们能够唤起情绪反应。教师在课堂上也可以运用这一特点唤起学生的注意。

(3) 知识经验。

已有的知识经验影响着无意注意的保持，因为新异刺激物固然能够引起人们的无意注意，但如果人对它一点也不理解，即使能一时引起无意注意，也会很快失效。如果人对新异的刺激物有一些理解，但又不完全理解，为了得到进一步的理解，就会产生长时间的注意。

因此，知识经验的影响主要表现在刺激物的意义上。例如，旧体小说中的作者或说书人在描写到或说到紧张的情节时，会突然停止，并照例添上一句结束语"欲知后事如何，请听下回分解",目的就是引起人们对新章(回)的期待,吸引人们的注意。

(二)有意注意

1. 有意注意的概念

有意注意是指有预定目的、需要做出一定意志努力的注意,或称随意注意。

有意注意是一种主动地服从于一定的活动任务的注意,它受人的意识的自觉调节和支配。有意注意的指向和集中,不是取决于客观刺激物本身的特点,而是取决于人已经确定了的一种活动的目的和任务。

有意注意是人的意识支配的注意,它充分地体现了人的意识的能动作用。有意注意是人从事学习、工作和一切劳动所不可缺少的条件。有意注意是注意的高级形式,是人所特有的。

有意注意的保持,还需要人做出一定的意志努力,如此才能避免被周围环境中那些新异的、强烈的刺激物吸引。例如,某学生正在读一部生动有趣的小说,上课时间到了,这时虽然他的思想被小说中的紧张情节吸引,但他往往给自己提出"必须好好学习"的要求,便立即放下小说,把注意转移到听课上来。在这个过程中,他要排除小说中有趣内容的干扰,要克制自己不耐烦的情感的波动,要努力坚持自己的注意,以保证良好的听课效果。

2. 引起和保持有意注意的条件和方法

在教学工作中发展和培养学生的有意注意是一项重要任务。学习是一项艰苦的智力活动。在学习过程中,仅仅重视利用无意注意的规律是远远不够的,为了使学生牢固地掌握知识和技能,应该帮助学生树立明确的学习目的,发展多方面的兴趣与爱好,并且培养良好的意志品质。这样才能使学生克服学习过程中遇到的各种困难,坚持不懈地努力学习。

引起和保持有意注意的条件和方法主要有以下几点。

1) 明确活动的目的与任务

人们对活动的目的、任务的重要意义理解得越清楚、越深刻,对完成任务的愿望越强烈,与完成任务有关的一切事物也就越能引起和保持人的有意注意。例如,有经验的老师常常要求学生上课前进行预习,事先了解一节课要讲的内容,知道哪些地方自己没有理解,这样学生有比较明确而具体的听课目的,就能更有效地从课堂上选择信息。

2) 合理地组织活动

在明确活动目的、任务的前提下,合理地组织活动有助于保持有意注意。

(1) 适时地提出自我要求。

根据任务的需要,提出一定的自我要求,经常提醒自己保持注意。特别是在要求加强注意的紧要关头,向自己提出"必须注意"的提醒尤其重要,这样可以起到集中注意的作用。

(2) 提出问题。

在活动中,个体围绕所要达到的活动目的,提出问题,有利于加强有意注意。人们为了回答问题,必然注意相关事物。在教学过程中向学生提问,不仅可以检查学生的知识掌握度、努力程度,而且有利于有意注意的保持。

(3) 智力活动与实际操作相结合。

课堂教学中要求学生记笔记，做一些小实验，用铅笔尖指着地图上的山脉、河流、铁路和公路等，其效果要比教师自始至终地讲解的效果要好。应该把注意的对象作为实际的对象，这样实际行动本身就要求注意参与，以保障活动顺利进行。

3) 培养稳定的间接兴趣

在有意注意中，人的兴趣起着重要作用。不过，这种兴趣主要是对活动目的和结果的兴趣，并不是受活动本身的吸引，因而具有间接性。例如，初学外语的人，一般都对单词拼写和语法规则感到乏味，毫无兴趣。但是，他们一旦认识到学好外语的重要性，便对外语学习产生间接兴趣，就能够克服困难，刻苦攻读，专心致志地学习外语。对活动目的、结果的兴趣越强烈、越稳定，有意注意就越集中、越持久。因此，稳定的间接兴趣，是引起和保持有意注意的重要条件。

4) 培养良好的意志品质

有意注意需要人做出一定的意志努力，去排除干扰。干扰可能是外部的刺激物(如无关的声音、光线等)，也可能是内部的某些生理状态(如疾病、疲倦等)或无关的思想或情绪(如急躁)等。一般来说，排除内部干扰比排除外部干扰更需要意志上的努力。在学习过程中，应尽可能采取一些切实可行的措施，以降低或消除无关刺激的影响。例如，在熟悉的学习环境下学习，设置必备的学习用品，清理一切妨碍学习的物品，等等。对不可能完全消除的干扰因素，就需要用意志努力保持有意注意。因此，有意注意体现着人的意志特点和个性特征。具有良好的意志品质和坚毅性格的人，能够排除内外干扰，从而使自己的活动服从于当前的目的、任务，保持有意注意。

(三)有意后注意

有意后注意是指事先有预定的目的，但不需要意志努力的注意，也叫随意后注意。它是在有意注意的基础上发展起来的一种特殊的注意。例如，儿童在最初学写字时的注意是有意注意，而在其掌握了写字技巧以后，在做听课记笔记时，原来的有意注意也就转化为有意后注意了。

经常依靠意志努力来保持的注意，会产生很大的心理压力，而且会非常疲倦。有意后注意既服从于当前的活动目的与任务，又不需要意志努力，因而对完成长期、持续的任务特别有利，如学习外语。有意后注意的培养关键在于发展对活动本身的直接兴趣。当我们完成各种复杂的智力活动或动作技能的时候，要设法增进对这种活动的了解，让自己逐渐喜爱它，并且自然而然地沉浸在这种活动中，这样才能形成有意后注意，使活动能长久地开展下去，并取得良好的成效。因此，注意的相互转换是保证人们顺利完成学习任务和从事一切创造性活动的必要条件。

二、注意的品质

注意的品质包括注意的广度、注意的稳定性、注意的转移、注意的分配四种品质。

(一)注意的广度

注意的广度也叫注意的范围，是指个体在同一时间内所能注意到的对象的数量。

人在同一时间内不能注意到所有对象，只能注意到少数对象。一个人注意到某些对象的同时，便离开了其他的对象。集中注意的对象是注意的中心，其余的对象有的处于注意的边缘，多数处于注意的范围之外。在同一时间内，人能清楚地看到或听到的东西，其数量是很有限的。实验表明，成人一般能够注意到5～9个对象。

注意的范围受注意对象特点的影响，也与个人的活动任务和知识经验有关。

一般来说，注意的对象越集中，排列得越有规律，越能成为相互联系的整体，注意的范围也就越大。注意的范围也因活动任务的不同而有所不同，活动任务越复杂，注意范围越小。注意范围与人的知识经验有关，人的知识越广泛，经验越丰富，注意的范围也就越大。例如，阅读文章时，成人注意到的字的数量要比儿童注意到的字的数量多得多。

扩大注意的范围，可以提高学习和工作效率。在学习过程中，注意范围大，标志着在同样的时间内输入更多的信息。如果能"一目十行"，阅读的速度就快。教学工作也要求教师具有较大的注意范围，这样既可以满足学生获得关注的期望，也可以获得更多的反馈信息。

1871年，心理学家杰文斯(Jevons)最早用实验研究了视觉的注意广度。他抓一把黑豆粒撒在一个有黑色背景的白盘子中，但只有一部分豆粒落到盘子中，其余豆粒却滚到黑色背景里去了，待白盘子中的豆粒刚一稳定下来，便立即报告所看的盘子中的豆粒数量。这样实验重复了1000多次。心理学家又用速视器研究注意的广度，共同的结论是，在1/10秒内，成人一般能把握到8～9个黑色圆点，把握4～6个不相联系的外文字母。刺激物数量越多，判断的错误越多，而且越趋向于对刺激物数量的低估。

在学习中，注意范围越大，阅读速度就越快；打字人员，汽车、火车、飞机驾驶员，球类裁判员注意的范围都对职业有重要的意义。扩大注意范围，可以提高学习和工作的效率。

(二)注意的稳定性

注意的稳定性，是指人在一定的事物上注意所能持续的时间。注意的稳定性代表的是注意在时间上的特征。人的注意保持在某种事物或某种活动上的时间越长，注意的稳定性越高。

1. 保持稳定性的方法

1) 明确工作要完成的总任务内容

因为在头脑中经常考虑如何实现活动任务，从前一步想到后一步，积极地思考，所以注意才能坚持下来。

2) 要求活动多样化

如不断提出新问题，不断出现新内容，不同活动交替进行，把内心注意和外部的实际活动结合起来。

3) 维持个体良好的身体状况

注意的稳定性与人的身体状况有关：当人失眠、疲劳、生病时，人的注意力就不稳定；如果人身体健康、精力充沛，人的注意力就能持久稳定。

注意的稳定性并不意味着注意总是指向一个对象，而是指活动的总方向始终不变，行动所接触的对象和行动本身可以变化。

2. 注意的起伏

人在集中注意感知某一事物时，很难长时间地保持不变。把一只手表放在离开被试耳朵一定的距离上，使他刚刚能听到表的嘀嗒声。这时，被试者时而听到表的声音，时而听不到，或者感到表的声音时强时弱，注意的这种周期性的加强或减弱，叫作注意的起伏现象。在观察知觉"双关"图形时，也可以明显地看出存在着间歇性的波动起伏，如图 2-1 所示。

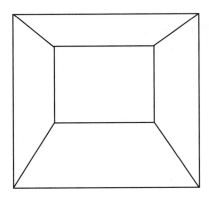

图 2-1　知觉"双关"图形

请你聚精会神地看图 2-1 中图形的变化，并一边注视图形，一边把它想象成一个空房间，三面是墙，上面是天花板，下面是地板，小四方形是凹进去的。你也可以把它想象成一个方形的碗，小的方形是碗底，你会发现：一会碗口向上，一会碗口向下。注意的起伏是没办法避免的。

3. 注意的分散

与注意的稳定性相反的是注意的分散。例如，一个非常好动且易受外界影响的学生，在上课时总是动来动去，并不断看其他学生，不听讲课。另外一个学生则沉思他最近读过的一本书，也不听讲。他们的行为都是注意的分散。注意的分散是指人的注意力离开当前任务而被无关刺激影响。但是他俩是彼此不同的心不在焉现象，前者是一种不稳定的和指向外部的不随意注意，而且是容易转移的注意，这主要是儿童的特点；后者是指向内部而又很不容易转移的，它的特点是非常强烈和稳定。许多科学家把注意集中于他们自己的思想上的表现，正是表明了这种"心不在焉"。牛顿就把"天才"解说成持续不断的注意。当然这种"心不在焉"如果发生在学生身上，会学无所成；发生在汽车司机、飞行员、机器操控者身上，不仅会产生误差，而且可能造成事故。

(三)注意的转移

注意的转移，是指人有意识地根据任务的需要，主动地把注意从一个对象转移到另一个对象。注意转移的快慢与难易，主要由对原来注意对象的兴趣及原来注意的紧张度决定。原来注意紧张性强，兴趣又浓，就难以转移；原来注意紧张性差，又少有兴趣，则易于转移。对后来的注意对象的兴趣与转移的难易、快慢也有关系。

注意的转移是注意的灵活性的表现。注意转移的快慢和难易，主要取决于两个因素。

一是注意的转移取决于先后活动紧张度的对比，如果新的活动比原来的活动更有趣、更激烈，则注意容易转移；反之，注意的转移就比较困难。二是注意的转移也与人的主观努力有关，如果人们的意志坚强，对需要转移活动的意义理解深刻，那么，即使原来的活动吸引力强，也能顺利实现注意的转移。

注意的转移与注意的分散是不同的。虽然两者都存在注意从一个对象到另一个对象的转移，但前者是主动的、有目的的，是根据活动需要而转移的，后者是被动的、没有目的的，是被无关事物吸引的。

有些工作要求迅速及时地转移注意。例如，飞行员、汽车司机和火车司机等，一个合格的飞行员，在起飞和降落的5～6分钟，注意的转移200多次，如果注意的转移不及时，其后果是不堪设想的。对于学生来说，具有注意转移的能力也是非常重要的。一个学生每天要学习几门不同的课程，还要完成课外作业、体育锻炼、其他工作等，这就要求有灵活的注意转移能力。如果一个学生在每次上课时，总是想着前一节课的内容或上课前所发生的事情，那么他的学习就必然会受到严重的影响。

(四) 注意的分配

注意的分配是指个体在同一时间对两种或两种以上的刺激进行注意，或将注意分配到不同的活动中。例如：学生在课堂上一边听讲一边记笔记；汽车司机在驾驶汽车时要同时做到手扶方向盘、脚踩油门、眼睛注意路标和行人等。

注意的分配是完成复杂工作任务的重要条件。如果一个汽车司机不能同时把注意分配在不同的工作任务上，就不能成为一个合格的司机。有些交通事故正是司机没有很好地分配注意造成的。对教师来说，注意的分配也是很重要的。有经验的教师在讲课的同时，能很好地照顾全班学生的活动：谁开小差了，谁在向邻座的同学递纸条，谁在偷看课外书籍，等等，教师都知道得一清二楚。因此，教师注意的分配直接关系到课堂教学组织的好坏。

注意分配是有条件的，具体应满足以下两个基本条件。

第一，在同时进行的两种或几种活动中，至多有一种是不熟练的，而其他几种活动是相当熟练、自动化的。这样在进行活动时，就不需要对熟练的、自动化的活动给予太多注意，从而把大部分注意集中到比较生疏的活动上，使注意的分配成为可能。因此，只有个人熟练地掌握了某些活动，才能进行注意分配。例如，只有熟练地驾驶自行车，才能做到既安全行车，又能与同行人交谈。初学自行车的人，往往顾了手扶车把，就顾不了脚蹬车，更不用说与他人交谈。

第二，同时进行的几种活动之间具有一定的内在联系。如果同时进行的几种活动彼此不相联系，那它们就很难同时进行。例如，一边弹一边唱同一首歌曲很容易，弹一支歌曲的同时很难唱另外一首歌曲。

注意的分配能力是人们从事多种复杂学习和工作的重要条件。因此，注意培养和训练自己分配注意的能力，是十分必要的。教师应有意识地通过各种活动培养学生注意的分配能力。善于分配自己注意的学生既能把注意集中在主要的学习任务上，又能注意到任务的次要方面。

应当指出，注意的上述四种品质是密切联系的。一个人注意力的好坏，不仅取决于注意品质的个别特点，而且取决于这几种品质的相互搭配和有机结合的程度。虽然注意的个别差异也与一个人的神经机能状态有关，但主要是在不同的生活实践、教育和训练中养成的。所以，注意的不同品质是可以通过实践活动的锻炼、教育和训练而改善的。

知识链接 2-1

怎样知道自己注意力的好坏

仔细阅读下面的问题，认为符合自己情况的，在表格内画"○"，不符合的打"×"。

序号	问题	是否符合
1	听别人说话时，常常心不在焉	
2	学习时，往往急于想做另外的一项工作	
3	一有担心的事，便终日萦绕在心	
4	学习时，常常想起毫无关联的其他事情	
5	学习时，总觉得时间过得太慢	
6	被别人指责时的情景始终不会忘记	
7	有时忙这忙那，什么事情都想做地度过一天	
8	想做的事情很多，却不能专心于一件事情	
9	听课时常哈欠连天	
10	说话时，有时会毫无意识地说出其他事情	
11	在等人时，感到时间长得难熬	
12	对刚看完的笔记会重新阅读好几遍	
13	读书不能坚持两个小时以上	
14	一件事做得时间太长，就会急躁地希望早点结束	
15	学习时，对周围人的说话声音听得很清楚	

注：把打"×"的问题相加记分，每个"×"为1分。0～3分为注意力差；4～7分为注意力稍差；8～11分为注意力一般；12～13分为注意力好；14～15分为注意力很好。

第三节　注意的规律及其运用

一、中学生注意的特点

(一)中学生注意发展的一般规律

注意的发展始于无意注意。通过之前的学习我们知道，无意注意的产生最初主要靠外部刺激物的作用，随着儿童自身兴趣的逐步稳定，无意注意的产生主要受兴趣的影响，这是无意注意发展和深化的具体表现。

中学生注意的特点.mp4

青少年在初二以前，无意注意的发展随年龄增长而递增，至初二达到顶峰，之后出现缓慢下降的趋势。在无意注意逐渐深化的同时，有意注意也得到发展，并且逐渐取代无意注意的优势地位,具体表现为学生在学习活动中的目的性、自觉性和计划性得以加强,注意逐渐具有自我组织、自我调节、自我控制的性质,注意的稳定性和集中性有了长足的发展。随着有意注意的逐步稳定,还出现了更加高级的注意形态——有意后注意。

(二)注意的品质得以全面发展

注意的稳定性不良在年龄较小的学生中是比较普遍的。这是由于他们的注意不够内化,容易受外界刺激和自身兴趣左右。随着意志力的发展,青少年控制自己注意力的能力显著增强,注意的稳定性得以迅速增强。虽然注意的稳定性随着年龄的增长在不断发展,但发展的速度不尽相同,小学阶段发展速度较快,幼儿阶段和中学阶段发展速度相对较慢。

注意的广度除了与知觉对象的特点和性质有关,还与个人的知识经验有关。青少年时期是知识、经验迅速积累的时期,因此注意的广度也在不断扩大。13岁中学生的注意广度已经接近成年人的水平。

个体的注意分配能力发生较早但发展较为缓慢。最初学生只能在那些关系密切、形式相近的动作之间进行注意的分配,稍不留心还会出现顾此失彼的情况。只有在各种技能逐渐熟练并加以严格训练之后,他们才能在比较复杂的动作之间建立反应系统,使注意进行合理的分配,而这种技能熟练化和协调化的发展进程是比较缓慢的。基于对学生注意分配能力的考虑,教师对年龄较小的学生不提记笔记的要求,对高中生只要求记录讲课要点,对大学生则要求记录详细的课堂笔记。

注意转移的能力是随着个体大脑神经系统的内抑制能力、第二信号系统的发展而迅速发展的。研究表明,注意转移发展的趋势是,小学二年级至初中二年级是迅速增长期,初中三年级至高中二年级是停滞期,高中三年级到大学二年级是缓慢增长期。

总体来看,高中阶段的学生由于大脑神经系统功能已基本发育成熟,内抑制能力加强,兴奋—抑制之间的相互转换能主动灵活地调节,因此,可以说注意转移能力已基本具备。实际上,学生在注意转移方面表现出的个体差异较大:有的学生在注意转移方面表现得主动及时,而有的学生在教学活动中不够自觉,不能及时转移注意力,具体表现为思想开小差,或还记着前一项活动,从而跟不上教学的节奏。

(三)中学生注意力分散的表现

教师应当根据教学的具体情况,灵活地运用注意规律,消除引起学生注意力分散的因素,使学生集中注意于教学活动。利用注意规律组织好学生的注意是教学成功的一个重要条件。要在教学活动中组织好学生的注意,需掌握学生在课堂上注意力分散的主要表现。

一般来说,初中生已能够自主地调节和控制自己的注意。但是在教学过程中,有些学生对学习不能集中注意力。学生注意力的分散可能是偶发性的,也可能是经常性的。课堂上学生注意力分散的原因是多方面的,它可能受家庭或社会的影响,也可能受学生身体疾病的影响,还可能受教学中某些因素的影响。教学的原因使注意力分散的主要表现有以下几种。

1. 厌烦

教材内容过深或过浅,教师语言贫乏或冗长,教学方式古板单调,学生感到索然无味进而产生厌烦,从而使注意力分散。

2. 反抗和冷漠

如果教师处理问题不公平，就会导致师生关系紧张，受不公平待遇的学生可能把不满情绪迁移到教师讲课上，以不听课或捣乱的方式加以反抗。有的学生或因学业屡遭失败，或其他原因屡受挫折，这类挫折一旦超过学生的容忍度就可能导致他对学业的反抗或冷漠。

3. 情绪急剧波动

教师不恰当的表扬或批评以及一上课就分发上次考试卷子或宣布考试成绩等，都会引起学生情绪的急剧波动，从而使学生难以将注意及时转移到课堂教学上来。

4. 寻求注意和承认

有些学业成绩或品德、能力欠佳的学生，由于长期受到教师和同学的冷落，他们当中的某些人在上课时可能会故意恶作剧以获得教师或同学的注意和承认。

当教师发现学生上课注意力分散时，应当寻找其注意力分散原因，针对具体情况采取措施。例如：如果学生注意力分散是因为教师教学方法不当，则应改革教学方法；如果学生注意力分散是由于长期难以承受挫折，则应设法消除这种挫折，并向他指明个人的前景；等等。这样就可以使学生把注意力集中到课堂中来。

二、无意注意的规律在教学中的运用

无意注意是由刺激物本身的特点和人的主体状态引起的。刺激物的特点和人的主体状态既可以引起学生学习上的注意分散，也可以借助它顺利地进行教学。为此，教师在教学过程中，应尽量避免那些分散学生注意因素的出现，紧紧地把握住那些吸引学生对教学内容产生注意的因素，从而有效地进行教学活动。

(一)创设良好的教学环境

教学环境是教师从事教学活动的基本前提条件，是课堂教学顺利进行的重要保障。教学环境良好，学生在学习中就会减少注意分散。

一般来说，保持良好的教学环境，要注意防止和避免与教学无关的刺激因素的出现，教室周围的环境应保持安静，防止有人大声喧哗。教室所在地应当与操场、马路、音乐教室及其他分散学生注意的事物的距离远一些。

教学楼应设在远离闹市、公路、铁路、工厂、商店的地方，以防止较强噪声刺激的干扰。教室内的布置要简朴，不要过多地装饰，以免引起学生上课时的无意注意。同时，还要保持教室内空气清新，光线充足，桌凳清洁，防止学生情绪受到不良影响。此外，课桌的高矮应符合学生身体发育状况，学生座次的安排应兼顾其身高与视力情况，防止由于安排不当而影响学生注意的稳定。

(二)运用生动的语言和表情

注意规律表明，凡是符合人的需要和兴趣的事物，都容易引起人们的注意。教师教学通常是凭借生动的语言来集中学生注意的。为此，教师在教学中应运用生动、形象、简洁、准确、精练、严密、通俗、富有趣味性的语言来组织教学，使学生产生兴趣，引起无意注意。如果教师的语言单调、乏味、有气无力，或含糊不清，或累赘冗长，都难以集中学生的无意注意。因为这些都会产生学生难以理解又超出学生注意范围的刺激，容易导致学生的疲劳和厌烦，使学生注意分散。要使学生在课堂学习中保持良好的注意状态，教师应根据学生听课的情态，随时调整自己的语调、语速、音高，以及必要的停顿等，并以适当的表情和必要的手势，以强化语言的感染力，提高学生的注意程度。同时，教师还应把丰富的感情投入到学生身上，引起学生情感上的共鸣，达到和谐共振。

在教学中，教师应注意随时可能出现的不利的刺激因素。例如，教师讲话时带有的口头语，"这个""那个""依呀""啊""反正"等，如果这些口头语过多、过繁，势必形成不良的语言刺激，使学生注意分散。如果教师刚刚烫完一个新发型，刚换一件新衣服，都需注意在上课前主动和学生接触一下，避免新异刺激使学生上课时注意分散。另外，教师在讲课中手势过繁或表情过于丰富，演戏般地变换表情，也容易使学生形成无益的无意注意，影响学习效果。

(三)尽量使用现代化教学手段并提高板书技巧

教师在教学中，要采用录音、录像、电影、电视、幻灯片等现代化直观教学工具教学，以生动形象和新颖的内容，引起学生的无意注意。在教学中，教师要以适当的语言指导，使学生注意的目标更明确、更集中。

教学中使用的图表要力求简明、清晰、准确、色彩鲜明、大小适宜，以引起学生的注意和形成良好的第一印象。教师的板书是教学中的一个重要环节，是牵引学生学习注意的重要手段。教师要在教学中保持学生良好的注意状态，板书要做到条理清晰，纲目分明有序，重点、难点突出，结构合理得当，布局新颖独特，颜色搭配适宜，使学生一目了然。这样不仅能使学生保持良好的注意状态，也有助于加强学生的理解和记忆。在板书设计中，还应体现教师独特的教学风格和技巧。良好的板书是增强学生注意力，提高教学效果不可忽视的重要手段。

(四)丰富教学内容

教学内容是整个教学的关键环节，是维系教学的主坐标，也是影响学生注意的核心因素。心理学研究表明，注意维持在单调贫乏的内容上的时间是短暂的，且需要较大的意志力，而对丰富、充实、新颖、有趣的内容，能保持相当长久的注意。因此，教师在教学内容的选择上，既要注重体现教材的科学性、思想性，又要注重其新颖性、开创性、趣味性。

在突出主题、明确重点的前提下，尽可能做到举一反三，丰富讲授内容，同时要深入浅出，有主有次。这样才能使学生保持长久的注意。教师为了更好地吸引学生的注意，还要不断更新教学内容，注入新的知识，使学生的知识体系能满足时代发展的需要，对相关知识也产生较好的注意。

教师讲授内容的难易程度应适应学生的心理发展特点和原来的知识基础，不可过深或过浅。如果内容过深，使学生摸不到根底，即使教师讲得头头是道，也不能引起学生的兴趣和注意；如果内容过浅，缺乏新奇感，学生则感到"老生常谈"，索然无味，同样不能引起兴趣和注意。心理学研究表明，最能引起兴趣和注意的是那些使人既感到熟悉又感到陌生的内容。此外，教师在传授新知识时，还要和学生已有的知识联系起来，这也是引起和保持学生注意的重要因素。

(五)运用灵活多样的教学方法

教学方法是教学过程中的一个重要环节。好的教学方法是维持学生良好课堂注意状态的关键。为了使学生课堂学习保持最佳注意状态，教师应采取灵活多样的教学方法，适当地利用刺激物的新异变化和强度对比等来吸引学生的注意。防止使用单一、呆板的教学方法，避免学生长时间在一种状态，否则将容易使学生的大脑皮层产生抑制情绪，使之疲劳并分散注意。教学方法多样化，时而讲解，时而叙述，时而提问，时而讨论分析，使学生处于多维度的学习过程之中，就可保持良好的注意状态。同时，教师变换教学模式，可采用模型、图表、画片、幻灯片等多种直观教具，再配合老师的讲述、提问、练习、实验演示等方法，就可以使学生拥有持久的和良好的注意状态，使教学效果大大提高。这是符合注意的变化刺激规律的。

(六)维持良好的课堂纪律

课堂纪律是教师进行课堂教学活动的重要保障，是保持学生注意、防止注意力分散的先决条件。教师要组织好课堂教学纪律，维持正常的教学秩序，就必须运用无意注意的规律，善于妥善处理一些分散学生注意的偶发事件。例如，偶然碰到课堂秩序混乱时，教师如果立刻停止讲课，把视线指向有关的学生，这种突然发生的变化就能引起学生的无意注意，提醒学生有所意识，使课堂秩序恢复。又如，偶然碰到个别学生在上课时故意捣乱或闹纠纷，分散了其他学生的注意，在一般情况下，教师不宜把课停下来立刻处理，更不要与学生"顶牛"或发脾气或将该学生轰出教室。这样不仅分散了学生的注意，使学生的注意很快从课堂教学上转入该项事端，而且会使事情闹僵，难以收场。

较好的做法是使课堂安静下来，或者用暗示的语言、严厉的目光传输批评的信号，或者将闹事者暂换座位，等下课后处理。这种"冷处理"的效果比"热处理"的效果要好得多，因为是在不牵动全局注意的情况下，只做了局部调整，所以仍然能较快地恢复课堂注意的局面。

三、有意注意的规律在教学中的运用

学习是一种紧张、艰苦和持久的活动。学生要搞好学习不能只凭兴趣，要学习那些自己不感兴趣，但又必须学习和掌握的知识。因此，教师在教学中要遵循有意注意的规律去组织教学。

(一)帮助学生树立明确的学习目的

注意的规律表明，注意的目的和任务越明确，学习的自觉性越高，就越能引起有意注意。为了使学生牢固地掌握知识和技能，教师在教学中应帮助学生树立明确的学习目的，使其深刻了解学习的意义和重要作用，发展学生多方面的学习兴趣和爱好，促使学生掌握良好的学习方法和学习技巧。同时要培养学生良好的性格和意志品质，使其善于调节自己在学习中的情绪，主动排除各种干扰，养成良好的学习习惯。这样学生才能保持高度、持久的注意状态，顺利完成学习任务。

(二)引导学生积极思考

良好的有意注意是伴随着积极的思维活动进行的。要使学生保持较好的有意注意状态，教师必须善于启发学生进入积极的思考状态，用新颖、独特、有创见的问题紧紧吸引学生的注意，引导其用脑思考；同时应引导学生自觉发现问题、观察事物、寻找解决问题的途径。这样就可以使学生的注意始终保持着思考状态而集中。在教学中，教师还应多设一些带有思考性和一定难度的问题，让学生在解决问题的同时培养自己的注意品质和思维能力，促进智力的发展。

(三)强化课堂调控手段

课堂调控手段，是有效防止课堂上学生分散注意现象的有力措施。一般表现为以下几个方面。①信号控制。课堂上教师可以采用举目凝视、变化表情、变换语调和语气等方式，或做出特定手势，或暂时停止语言活动等示意信号，向开始注意力分散的学生发出信号控制的信息，以便及时制止课堂学生注意力分散情况的出现，同时也不影响教学进程。②邻近控制。为使信号更加强烈，教师可以一边凝视学生，一边走近他身边，站立其旁，进行暗示，或轻轻碰一下他的书本，或轻轻拍拍他的后背，或轻声说句警语，以唤起注意，使其尽快进入学习状态。这种控制法既纠正了注意力分散者，也不影响其他人的听课学习。③问题控制。教师的提问能引起学生的有意注意，当发现学生上课分心时，可结合教学内容机智灵活地提出一些问题，以唤起学生的注意。一般提问时应面向全班，先提问题后指名学生回答。提出的问题应有启发性，防止提出不用动脑就能回答的简单问题。④表扬与批评控制。教师为了维持课堂秩序可以表扬专注者，批评不注意听课者，使不注意听讲的学生产生警觉，使专注者受到鼓励。教师在批评时应力求客观准确，简明扼要，点到为止。批评指责要公正，不得侮辱学生。

(四)把智力活动和实际操作结合起来

实际操作过程离不开有意注意，操作难度越大，对有意注意的要求越高。为此，在教学过程中，要有计划地提高学生动手动脑的能力。如课堂实验、课堂练习、课堂讨论、课堂记笔记、做摘要、编提纲等，多进行这些操作活动，就会增强和保持学生的有意注意。

四、两种注意转化规律在教学中的运用

无意注意与有意注意是两种不同性质的注意，但在学习和各种实践活动中是互相联系的，同时又是互相转化和交替的。两种注意的相互交替，使注意能长时间保持集中。

在教学中，学生完全依靠有意注意来学习，大脑皮层长时间处于兴奋状态，容易产生疲劳和注意的分散。如果没有无意注意参加，学生难以长时间坚持学习。但是单凭无意注意来组织，也难以维持较长时间的学习，因为任何一门学科的内容和任何一位教师的讲授，都不可能完全具备吸引人的趣味性，也不是轻而易举就可以学会并掌握的。这就必须通过

有意志努力的有意注意地参加，才能完成学习任务。

在教学过程中，教师要善于引导学生的两种注意有节奏地交替轮换。就一堂课来说，上课之初，学生的注意还可能停留在上一节课或课间活动的有趣对象上，这就要通过组织教学来引起学生对本节课的有意注意，强调本节课的基本内容和学习纪律。一旦本节课要求的注意稳定了，教师就应通过生动的语言、直观教具、演示实验和图片、图表等引导学生对教材产生浓厚兴趣，从而引起无意注意。随后，教师要根据由近及远、由浅入深、由具体到抽象的原则进行教学，让学生掌握教材的重点、难点。这样就使学生的无意注意转为有意注意。在紧张的有意注意之后，又要通过教学方式的改变，或用新的课题、新的内容、新的教具及更有趣的讲授来引起学生的无意注意。这样，既能使学生保持长时间的稳定注意，又减少了学生学习时的疲劳，增强了学习的效果。教师应当根据教学内容和学生的实际情况灵活地交替使用无意注意和有意注意的规律，不断培养学生抗干扰的能力，使注意的品质得到锻炼和培养。

五、正确处理课堂上学生注意力分散的问题

学生注意力分散的原因是多方面的，教师应当针对不同的原因采取不同的措施。当学生在课堂上出现注意力分散时，教师可以通过以下几种手段予以制止。

(一)给予信号

当学生注意力开始分散时，教师及时给予信号，能有效地加以制止。主要信号有：凝视开始做小动作的学生，讲课中突然停顿或忽然提高讲课音量等。

(二)邻近控制

为使信号更加强烈，教师可以一边凝视学生，一边走近他。教师走近学生并站立在他身旁，若加以提醒(如轻拍其背等)，效果会更佳。

(三)提出问题

教师的提问能引起学生的有意注意。提问应面向全班，然后要让不注意听讲的学生回答。提出的问题应与进行的教学活动有关，以激发学生听课的积极性，切忌提不动脑筋的问题(如"对不对""是不是"等)或"招供式"的问题(如"你在干啥"等)。

(四)特殊安排

教师在面向全班进行教学的同时，还要顾及"吃不饱"和"吃不了"的学生。"吃不饱"的学生会因为授课内容太容易而分散注意力；"吃不了"的学生则会因为授课内容太难而丧失信心，分散注意力。对"吃不饱"的学生，教师要提出更高的要求，而对"吃不了"的学生，教师要使他们从容易的问题入手等，这些都能够维持他们的注意力。

另外，对学生特殊座次的安排也可以防止一些学生上课时注意力分散。一般来说，每个班都会有两三个比较调皮的学生，如果让他们凑在一起，就会搞乱课堂秩序。如果让他们分布在比较安静的学生中间，即使他们有时也会调皮，但多次得不到周围的回应时，他

们便会慢慢安分下来。

(五)提出批评

对于经常不注意听讲、不遵守纪律的学生，教师也要予以严肃的批评。但批评最好在课下进行，以免分散其他学生的注意力。

总之，只要教师根据学生注意发展的特点，深入调查研究，设法消除注意分散的因素，巧妙地运用各种教学手段，持之以恒地对有意注意进行培养，学生良好的注意品质就可以逐渐培养起来。

思考题

1. 注意的概念是什么？
2. 简述注意的功能。
3. 试述注意的特征及其表现。
4. 引起无意注意的因素有哪些？
5. 保持有意注意的条件是什么？
6. 如何运用注意规律组织教学过程？
7. 简述无意注意、有意注意和有意后注意三者的关系。
8. 简述注意在人的实践活动中起的作用。
9. 如何运用注意的品质特性进行实践教学？

第三章　学生记忆的发展

本章学习目标

➢ 理解并掌握记忆的内涵、作用。
➢ 理解并掌握记忆的分类。
➢ 理解并掌握遗忘的定义和原因。
➢ 理解并运用遗忘规律进行有效的复习。

重点：记忆的分类，遗忘的定义和原因。
难点：运用遗忘规律进行有效的复习。

引导案例

在李老师的带领下，学生摆脱了死记硬背，对生字及其内涵都有了深刻的记忆和认识。

李老师在区别"买卖"两个字时说："多了就卖，少了就买。"学生很快记住了这两个字。还有的学生把"干燥"写成"干躁"，把"急躁"写成"急燥"，老师就教学生记住："干燥防失火，急躁必跺足。"从此以后，学生对这两个字再也不混淆了。

【问题思考】

这些教法对我们有很好的启发和借鉴作用。心理学的知识告诉我们：凡是有意义的材料，必须让学生学会积极开动脑筋，找出材料之间的联系；对无意义的材料，应尽量赋予其人为的意义，在理解的基础上进行识记，记忆效果就好。简言之，教师应教学生进行意义识记。

(资料来源：本书作者整理编写。)

第一节　记忆的一般概念

一、记忆的内涵

记忆是在头脑中积累和保存个体经验的心理过程。运用信息加工的术语讲，就是人脑对外界输入的信息进行编码、存储和提取的过程。

人们感知过的事情、思考过的问题、体验过的情感或从事过的活动，都会在人们头脑中留下不同程度的印象，其中有一部分作为经验能保留相当长的时间，在一定条件下还能恢复，这就是记忆。

记忆与感知觉不同，感知觉是人对当前直接作用于感官的事物的认知，相当于信息的输入，而记忆是对信息的编码、存储和提取。例如，分别多年的老朋友不在我们眼前时，我们仍能想起他的音容笑貌、言谈举止，当再见到他时还能认得出来。

记忆是一种积极、能动的活动。人对外界输入的信息能主动地进行编码，使其成为人脑可以接受的形式。现代心理学家认为，只有经过编码的信息才能被记住。例如，学生阅读、做习题、做实验都有编码的过程。

人们对外界信息的接收是有选择的。只有那些对人们的生活具有意义的事物，才会被有意识地进行记忆。

记忆还依赖人们已有的知识结构，只有当输入的信息以不同形式汇入人脑中已有的知识结构中时，新的信息才能在头脑中巩固下来。例如，我们要记住一个外文单词，必须将它与过去学过的单词组成词组或句子时才容易记住。信息的提取与编码的程度、信息储存的组织结构有着密切的关系。一般来说，编码较完善，组织得比较好，提取就较容易；否则，就比较困难。

二、记忆的作用

记忆作为一种基本的心理过程，是和其他心理活动密切联系着的。在知觉中，人的过去经验有重要的作用，没有记忆的参与，人就不能分辨和确认周围的事物。在解决复杂问题时，由记忆提供的知识经验起着更大的作用。

记忆在个体的心理发展中，也有重要的作用。人们要发展动作技能，如行走、奔跑和各种劳动技能，就必须保存动作的经验。人们要发展语言和思维，也必须保存词和概念。

可见没有记忆，就没有经验的积累，也就没有心理的发展。另外，一个人某种能力的出现，一种好的或坏的习惯的养成，一种良好的行为方式和人格特征的形成，也都是以记忆活动为前提的。

记忆联结着人们心理活动的过去和现在，是人们学习、工作和生活的基本技能。学生凭借记忆，能获得知识与技能，不断增长自己的才干；演员凭借记忆，能准确地表达各种情感、语言和动作，完成各种精彩的艺术表演。离开了记忆，个体就什么也学不会，他们的行为只能由本能来决定。所以，记忆对人类社会的发展也有重要的意义，在一定意义上也可以说，没有记忆和学习，就没有我们现在的人类文明。

三、记忆的分类

关于记忆的种类，目前主要有以下几种划分形式。

(一)根据记忆的内容，分为形象记忆、语言—逻辑记忆、情绪记忆、运动记忆和情景记忆

1. 形象记忆

对感知过的事物形象的记忆叫作形象记忆。形象记忆可以是视觉的、听觉的，也可以

是触觉的、嗅觉的、味觉的。一般来讲，正常人的视觉记忆和听觉记忆发展得比较好，而且在生活中起主导作用。触觉、味觉、嗅觉等记忆，虽然正常人也都有一定的发展，但从事某些特殊职业或活动的人，这些方面的记忆能力会因此得到高度发展，从而超越正常人许多倍。

2. 语言—逻辑记忆

语言—逻辑记忆是以语言所概括的逻辑思维结果为内容的记忆，是对揭示事物本质的概念、定理、公式、规律等的记忆。由于它是通过语言的作用和思维来实现的，因此有时又叫意义记忆。它是人类所特有的，具有高度理解性、逻辑性的记忆。

3. 情绪记忆

对体验过的某种情绪和情感的记忆叫作情绪记忆。它是曾经产生过的情绪体验被保持下来并重新再现的过程。这种记忆可以使一个人因某种体验经常激起或制止行为的力量或出现某种心境。一般来讲，情绪记忆比其他记忆表现得更为持久，甚至令人终生不忘。

4. 运动记忆

对过去做过的动作或运动的记忆叫作运动记忆或动作记忆。运动记忆对形成各种熟练技巧是非常重要的。在运动记忆中，大肌肉群的动作不易遗忘，小肌肉群的动作则容易遗忘。

5. 情景记忆

对亲身经历过的事件的记忆叫作情景记忆。例如，上大学报到时的情景、入党宣誓时的情景等。

(二)根据信息保持的时间，分为感觉记忆、短时记忆和长时记忆

阿特金森和谢夫林(Atkinson & Shiffrin, 1968)提出的三级记忆模型，很好地说明了三个记忆系统的关系。该模型指出，记忆由感觉记忆、短时记忆和长时记忆三个子系统组成，它们之间有着十分密切的联系。

1. 感觉记忆

感觉记忆也叫瞬时记忆，是极为短暂的记忆。当作用于感觉器官的刺激停止作用后，感觉信息会在一个极短的时间内保存下来。

感觉记忆.mp4

感觉记忆是记忆系统的开始，感觉记忆中的信息保存的时间非常短。如果没有受到注意或加工，它就会很快消失，视觉信息约在 1 秒钟衰退，听觉信息约在 4 秒钟衰退；如果受到注意，它就进入了短时记忆系统进行保存。斯柏林(Sperling)巧妙地设计了一个新的实验程序——部分报告法，考察了感觉记忆容量的大小。

感觉记忆的特点有如下几点。

(1) 时间极短：一般为 0.25～1 秒，最多 4～5 秒。

(2) 容量较大：一般来说，凡是进入感觉通道的信息都能被登记，其记忆容量很大，以图像记忆为例，记忆容量为 9～20 个比特。

(3) 形象鲜明：感觉记忆存储的信息未经任何处理，以感觉痕迹的形式存在，完全按客

观刺激的物理特性编码，并按感知的先后顺序登记，所以形象鲜明。

(4) 信息原始：记忆痕迹容易衰退。

2. 短时记忆

短时记忆又叫工作记忆，信息在头脑中储存的时间比感觉记忆长一些，但一般不会超过 1 分钟。它是感觉记忆和长时记忆的中间阶段。

在实际操作过程中产生的，保存时间在 1 分钟之内的记忆称为短时记忆。例如，我们在电话簿上查到一个需要的电话号码，立刻就能根据记忆拨号，但事后往往记不清。

短时记忆的特点有如下几点。

(1) 时间很短：不会超过 1 分钟，一般是 30 秒左右。

(2) 容量有限：一般为 7±2 个组块，平均值为 7。但是，如果对材料进行编码，形成组块，则可扩大短时记忆的容量。

(3) 意识清晰：短时记忆是服从当前任务需要，主体正在操作、使用的记忆，主体有清晰的意识。

(4) 易受干扰：信息在短时记忆中易受干扰，未经复述很容易遗忘。

3. 长时记忆

长时记忆又叫永久性记忆，是指信息在记忆中储存时间超过 1 分钟，直至几天、几周或数年，甚至终身不忘。从信息来源讲，长时记忆是对短时记忆加工复述的结果，是经过各种复杂的编码，主要是对信息进行意义的编码来实现的。

长时记忆的特点有如下几点。

(1) 信息容量大。

(2) 保持时间长。

(3) 信息是以意义的方式编码的。

信息首先进入感觉记忆，其中只有那些引起个体注意的感觉信息才会进入短时记忆，在短时记忆中存储的信息经过复述，存储到长时记忆中，而保存在长时记忆中的信息在需要时又会被提取出来，进入短时记忆中。

(三)根据记忆过程中意识参与的程度，分为内隐记忆和外显记忆

1. 内隐记忆

内隐记忆是指个体在无意识的情况下所进行的记忆，又叫自动的无意识记忆。无意识指的是信息提取过程是无意识的，并非记忆过程是无意识的。

2. 外显记忆

外显记忆是指个体在意识控制下进行的记忆，又叫受意识控制的记忆。信息提取过程是有意识的，可用语言进行准确的描述。

(四)根据材料组织的性质，分为陈述性记忆和程序性记忆

1. 陈述性记忆

陈述性记忆是指对有关事实和事件的记忆。它可以通过语言传授而一次性获得。它的

提取往往需要意识的参与。

2. 程序性记忆

程序性记忆是指如何做事情的记忆，包括对知觉技能、认知技能和运动技能的记忆。在利用这类记忆时往往不需要意识的参与。

(五)托尔文将长时记忆分为情景记忆和语义记忆

1. 情景记忆

情景记忆是指人们根据时空关系对某个事件的记忆。这种记忆与个人亲身的经历分不开，如游览某个景点的记忆。由于该记忆受一定的时间、空间的限制，信息的储存容易受到各种因素的干扰，因此不够稳定。

2. 语义记忆

语义记忆是指人们对一般知识和规律的记忆，与特殊的地点、时间无关。例如，人们对单词、符号、公式、概念、定理等的记忆。语义记忆受规则、知识、概念和词的制约，较少受外界因素的干扰，因而比较稳定。

四、记忆的品质

(一)记忆的敏捷性

记忆的敏捷性是指记忆速度的快慢和单位时间内记忆数量的多少。记忆的这种品质很重要，因为只有记得快，才有条件记得好。那么，怎样提高记忆的敏捷性呢？首先，明确记忆的目的。知道在每种场合记什么，不记什么，这样就可以避免浪费时间。其次，就是应当集中注意力。因为，在由注意引起的大脑皮层的优势兴奋中心区内，最容易形成暂时神经联系，也就最容易进行记忆。

(二)记忆的精确性

记忆的精确性是指记忆内容与原有事物相符合的程度。记忆的这种品质极为重要。培养记忆的精确性，首先必须认真地记忆，在大脑皮层建立精确的暂时神经联系；其次在复习时要把类似的材料经常加以比较，防止混淆；最后要把正确记忆的事物同仿佛记忆的东西区别开来，把所见所闻的真实材料与主观的增补臆测区别开来。

(三)保持的持久性

保持的持久性是指人们对识记材料保持的时间的长短。一般来说，记忆的敏捷性往往与保持的持久性相联系，即记得快的人，常常也是保持得持久的人。那么，如何加强保持的持久性呢？首先，要善于把记忆的材料纳入已有的知识体系中；其次，及时和经常地进行复习。

(四)记忆的准备性

记忆的准备性是指能否保证记忆内容迅速、准确地被提取出来。增强记忆的准备性，关键要使所掌握的知识系统化，这样才能做到从有条不紊的记忆仓库中，随时、迅速提取所需要的材料。

第二节　记忆过程分析

记忆是保存个体经验的形式之一，个体经验保存的形式是多种多样的。例如，书籍、雕塑、图画、建筑物等社会文化形式，都可以保存个体经验。但是，只有在人脑中保存个体经验的过程才叫记忆。

记忆是一个从"记"到"忆"的复杂的心理过程，它包括识记、保持与遗忘、再认与回忆三个基本环节。

一、识记

(一)识记的含义

识记是获得事物的映像并成为经验的过程，它是记忆的开端。在时间上，它是连续展开的过程。

(二)识记的种类

1. 根据识记有无明确的目的，分为无意识记和有意识记

1) 无意识记

无意识记是事先没有预定的目的，也不需要意志努力的识记。例如，学生看电影、听广播、听音乐时并没有记住的意图，但有不少内容自然而然地被记住了，这就是无意识记。

无意识记具有很强的选择性。一般来说，那些在一个人的生活中具有重要意义，在活动中占有重要地位，与人的需要、兴趣密切联系的内容，往往容易被无意地记住。

无意识记在人的生活、学习和工作中具有积极的意义和作用。人相当大一部分的知识、经验是通过无意识记获得的。人在生活中遇到的许多事件，所从事过的活动，看过的书报，听过的故事，等等，常常被无意地识记下来，甚至有的终生难忘，因此，我们不能忽视无意识记。

2) 有意识记

有意识记是有预定的目的，经过一定的意志努力，并运用一定的方法的识记。例如，给学生提出识记某些英语单词、历史事件以及某些定理法则的任务时，学生不仅有明确的识记目的，而且会为了达到这个目的尽可能地采取有效的方法或经过一定的努力去进行识记。

有意识记是一种复杂的智力活动和意志活动，要求有积极的思维活动与意志努力。人们掌握系统的知识，主要靠有意识记。因此，有意识记在学习和工作中占有重要的地位。

2. 根据识记时是否以理解为基础，分为机械识记和意义识记

1) 机械识记

机械识记是在对事物没有理解的情况下，依据事物的外部联系机械重复所进行的识记。

例如，人们对英语单词、历史年代、没有意义的数字、不理解的公式定理等的识记，这类识记也就是通常所说的"死记硬背"。

2) 意义识记

意义识记是在对事物理解的基础上，依据事物的内在联系所进行的识记。例如，在对某些句子的含义以及句子之间的逻辑关系充分理解的基础上背诵，就是意义识记。这种识记是通过积极的思维活动，揭露事物内在的本质联系和关系，找到新材料和已有知识的联系，并将其纳入已有知识系统中的识记，所以材料不仅容易记住，而且保持的时间也长，并易于提取。

(三)影响识记效果的条件

1. 识记的目的和任务

提出明确的识记目的和任务对识记的效果有极为重要的作用。因为有了明确的识记任务，人们就能把全部精力集中到识记的任务上，并采取各种方法实现它。所以，在其他条件相同的情况下，有意识记要比无意识记有效得多。

根据目的和任务对识记影响的这一规律，教师在教学中不仅要提出一般的识记任务，而且要向学生提出更具体的、局部的、特殊的任务；在识记时间上还要多向学生提出"长久记住"的任务，这样有利于识记效果的提高。

2. 活动的任务与性质

人对事物的识记是在他参与的活动中进行的。因此，不论是无意识记还是有意识记，很大程度上都依赖所完成的活动的性质、任务、内容以及完成这种活动的积极性与独立性。

只有识记的材料成为人活动的直接对象，识记的效果才更好；若人们所从事的活动要求积极独立地进行思维，识记的效果就更好。

根据上述规律，教师在教学中不仅要向学生提出识记的任务，而且应有效地组织学生的活动，使需要识记的材料成为学生活动的对象，并使学生在活动中充分发挥其积极性与独立性。

3. 材料的数量和性质

材料的数量和性质，对识记的效果有明显的影响。

首先，材料数量的多少对识记效果的好坏是有影响的。一般来讲，要达到同样的识记效果，材料越多，识记所用的平均时间和次数也就越多。在识记有意义的材料时，也有相同的趋势。不过，平均时间的增加不像识记无意义材料时那么显著。

其次，识记还受材料性质的影响。一般来讲，识记直观的、形象的材料的效果比识记抽象的材料的效果要好；视觉的识记效果比听觉的识记效果要好；识记课文记住的内容比识记单独的句子记住的内容多，但就逐字逐句地回忆的精确性来看，回忆单独的句子比回忆课文要好；诗篇比散文容易识记。

4. 识记的方法

首先，多采用意义识记。以理解为基础的意义识记在全面性、敏捷性、精确性和牢固性等方面都比机械识记的效果好。艾宾浩斯最早进行了这方面的实验。他的研究发现，识记 12 个无意义音节，平均需要重复 16.6 次；识记 36 个无意义音节，平均需要重复 54 次；而识记《唐璜》一书中的六首诗的 480 个音节，平均只需要重复 8 次。

意义识记效果之所以比机械识记效果好，是因为意义识记是建立在对材料的意义理解的基础上的，也就是在识记时揭露了材料的意义，把新的知识经验纳入已有的知识系统之中，使所学的东西与已有的知识联系起来。

其次，编写识记材料的提纲。对识记材料进行归类和系统化，使识记的材料在头脑中留下清晰的印象，有利于提高识记效率。

最后，尽可能使机械识记意义化，对那些没有明显意义联系的材料，人为地赋予其一定的意义，有利于识记效果的提高。例如，数字 12365，我们把这个数字理解为一年 12 个月共 365 天，就很容易记住了。

意义识记虽然是一种迅速牢固的识记，但教学中还必须把意义识记与机械识记结合起来，因为有些材料必须通过机械识记才能掌握。当然，要根据学生的年龄特点和教学任务来运用机械识记。

二、保持与遗忘

(一)保持

保持是过去经历过的事物映像在头脑中得到巩固的过程。

经验的巩固并不是机械的、重复的结果，它是对识记的材料进一步进行加工、储存的过程。但是这种储存起来的材料并不是一成不变的，它随着时间的推移和原来经验的影响等在数量和质量上会发生某些变化。

首先，储存在记忆中的内容在数量上会发生变化。一般来讲，随着时间的推移，保持量呈减少的趋势，也就是说，人对其所经历的事物总是要忘掉一些的。根据墨瑞斯的研究，复述中故事的变化主要有四种情况：一是故事的长度逐渐缩短；二是故事中的人名、地名、职务名等最易变更；三是细微的情节最先改变，而改变往往是"合乎情理"的；四是故事中的语言随复述者的语言能力而改变，即改变为复述者自己习惯的语言形式。

还有一种情况是，学习过后两天不仅没有忘记所学的内容，反而保持量比学习后立即测得的保持量要高，这种现象叫作记忆的恢复。许多研究都证实了这种现象，记忆恢复现象在儿童中比在成人中普遍；较难学习的材料比较易学习的材料更容易出现记忆恢复；学习得不够熟的比学习得纯熟的更易发生记忆恢复。这种现象的发生可能是持续的学习产生了积累的抑制，也可能是识记初期学习者对学习材料还未形成一个整体，后期逐渐才能把它构成一个整体。

关于记忆恢复现象，巴拉德用实验做了具体的说明。他让一些 12 岁左右的学生用 15 分钟学一首诗，学习后立即检查他们回忆的结果。然后再按不同的时间间隔让他们对这首诗进行延迟再现。当时直接再现测得的保持量为 100%，而测得的第二天和第三天的保持量都比直接再现的好。

其次，储存在记忆中的内容在质量上也会发生变化。有人用识记图形做实验，把回忆的图形与识记的图形相对照，发现在质的方面的变化有如下一些特点：回忆的图形比识记的图形更概括、简略；有的更完整、更合理；有的更详细、更具体；有的又突出了某些部分。另一个实验中，让许多被试阅读一篇关于印第安人和鬼打仗的故事，过了一段时间让他们把故事回忆出来。结果，经常阅读鬼怪故事的被试对鬼的内容增加了许多细节；有逻辑学训练的被试则大大删去了鬼的内容，把故事编得更合乎逻辑。

上述实验说明，保持受一个人的知识经验的影响。信息在大脑中的储存并不是简单的存放，而是一个积极创造的过程。

所以，要想保持就必须克服遗忘。因此，这里我们要重点介绍的是遗忘。

(二)遗忘

1. 遗忘的定义

对识记过的事物不能再认和重现，或者错误地再认或重现就叫遗忘。遗忘是一种普遍的现象，识记之后，遗忘即刻发生。一般来讲，某一材料进入个人活动中的机会越少，对现实生活的意义越小，遗忘过程就越明显；相反，凡是纳入个人活动当中的材料，且对人始终有意义的内容，则不易遗忘。

遗忘可能是永久性的，即不再复习时，永远不能再认和重现；遗忘也可能是暂时性的，提笔忘字，或在考场上回忆不起来的知识，一出考场就能想起来；等等。遗忘的程度不仅表现在明显的数量和质量变化上，而且表现在为了恢复所需要的复习次数和时间上。

2. 遗忘的原因

目前，对遗忘原因的解释主要有四种理论假说，即痕迹消退说、干扰说、提取失败说和压抑说。

1) 痕迹消退说

条件反射的学说认为，记忆是暂时联系的形成和留下痕迹的过程，当不再强化时，暂时联系或痕迹就逐渐削弱和消退，直至消失。遗忘就是痕迹消退的结果。消退先表现在精细分化被破坏，细节被遗忘，以后其他部分也可由消退而遗忘。

痕迹消退说的另一种解释认为，痕迹消退是细胞的新陈代谢使有机体变化的结果。也就是说，记忆痕迹随大脑皮层的代谢、神经元的更新而逐渐消退。这一假说与"日久而淡忘"常识性经验相吻合，但不能解释所有记忆的事实。例如，有时多年前的经验并不因岁月消逝、细胞的新陈代谢而消失，反而记忆犹新；有时早年的记忆反而比最近的经验印象深刻。

2) 干扰说

干扰说认为，遗忘是在学习和回忆之间受到其他刺激干扰的结果。干扰说认为，记忆痕迹本身不会变化，它之所以不能恢复活动，是由于存在着干扰，干扰一旦被排除，记忆就能恢复。

3) 提取失败说

提取失败说认为，存储在长时记忆中的信息并没有消失，遗忘是因为没有找到合适的提取线索。我们可能有过这样的体验：不能回忆起某件事，但又知道这件事是发生过的。例如：我们有时明明知道某人的姓名或某个字，可就是一时想不起来，事后却能回忆起来；学生走进考场拿到试卷的那一刻，因为紧张往往会发现前几题的答案明明知道，可就是一时想不起来，等到把后面的题目做完，再回头做前面的，发现前几题不假思索便迎刃而解。

这种明明知道某件事,但就是不能回忆起来的现象在心理学上称为"舌尖现象"或"话到嘴边现象"。这种情况说明,遗忘只是暂时的,并不是永久的,只不过是一时找不到合适的提取线索,就像有人把物品放错了地方怎么也找不到或是手上拿着某物找该物。从信息加工的观点来看,这种遗忘是一时难以提取出欲求的信息,一旦有了正确的线索,经过搜寻,所要的信息就能被提取出来。

4)压抑说

压抑说认为,遗忘是由情绪或动机的压抑作用引起的,又称为动机性遗忘或心因性遗忘。有人对生活中某一特定阶段的经历完全遗忘,通常与这一阶段发生的不愉快事件有关。这种遗忘是因为不想记住,而将一些记忆推出意识之外,回忆对他们来说太可怕、太痛苦、太有损于自我。

有一个学生小时候看到父亲虐待母亲,心里非常难受,时常想为母亲出气,但慑于父亲的压力没敢那么做。上大学后,他竟将与父亲有关的事情全部忘记了,但童年时与母亲一起生活的情景记忆犹新。这种遗忘就和情绪与动机的压抑作用有关。

精神分析学家弗洛伊德是第一个把记忆和遗忘看作个体维护自我动态过程的心理学家。他在给精神病人施行催眠术时发现,许多人能回忆起早年生活中的许多琐事,而这些事情平时是回忆不起来的。它们大多与罪恶感、羞耻感、不道德感等负面的情感相联系,因而不能为自我所接受,平时回忆不起来。可见,有的遗忘并不是记忆保持的永久消失,而是记忆被压抑。

在实际生活中,遗忘的原因有很多。上述每种假说都只能解释部分的遗忘现象而不能解释所有的遗忘现象。对于遗忘的原因,应当把上述四种假说综合起来再联系个体的具体情况加以解释。

3. 遗忘的规律

1)艾宾浩斯遗忘曲线

心理学研究证明,遗忘是有规律的。德国心理学家艾宾浩斯是心理学史上第一个对遗忘进行科学实验研究的人。为了使学习和记忆尽量避免受经验的影响,他采用无意义音节作为学习材料,以重学时所节省的时间或次数为指标,研究了遗忘的进程,其结果如表3-1所示。

遗忘的规律.mp4

表3-1 不同时间间隔后的记忆成绩

时间间隔	记忆成绩(%)
20分钟	58.2
1小时	44.2
8小时	35.8
1天	33.7
2天	27.8
6天	25.4
31天	21.1

通过这个实验可以看到:遗忘的进程是不均衡的,先快后慢。识记初期遗忘比较快,

以后逐渐减慢。

知识链接 3-1

艾宾浩斯对遗忘进程的经典研究

艾宾浩斯以自己为被试进行实验，实验中要记忆的材料是一些无意义的音节。他创造了一种测量遗忘数量的方法，即节省法，又叫重学法。

他首先将无意义音节学到恰能背诵的程度，记下学习所用的时间或次数。间隔一定时间后，由于遗忘而不能背诵，再重新学习达到背诵的程度，记下第二次学习所用的时间或次数。然后计算第二次比第一次节省的时间或次数，并计算出不同时间间隔后记忆保持的比率或遗忘的比率。实验结果表明：学习后经过 20 分钟，遗忘 41.8%；经过 1 小时，遗忘 55.8%；经过 1 天，遗忘 66.3%；经过 2 天，遗忘 72.2%；经过 31 天，遗忘 78.9%。他将上述实验结果绘成曲线图，这就是著名的艾宾浩斯遗忘曲线图。

在艾宾浩斯之后，其他人用有意义的材料和无意义的材料进行实验，所得结果和艾宾浩斯的结论大致相同。这些实验结果表明：遗忘并不是人们以前认为的是在记忆以后过了很久才开始的。事实是，学习之后遗忘就立即开始了，而且如艾宾浩斯的研究表明的：开始遗忘是很快的，而在后期遗忘是很慢的。可见，遗忘的进程是不均衡的，先快后慢是遗忘的基本规律。

(资料来源：路海东. 学校教育心理学[M]. 长春：东北师范大学出版社，2000: 8.)

2) 影响遗忘进程的因素

(1) 材料的意义影响遗忘的进程。

研究表明，首先被人遗忘的是那些对人没有重要意义、不能引起人们兴趣的，不符合人的需要的事物，即有意义的材料比无意义的材料遗忘得慢。

(2) 材料的性质影响遗忘的进程。

形象的材料比抽象的材料记忆保持的时间长；材料的细节和不熟练的动作遗忘得较快。

(3) 学习的程度影响遗忘的进程。

学习程度，是指个体对材料掌握的程度。对一种材料的学习达到恰能背诵的程度以后，如果继续学习就是过度学习。显然，过度学习要比恰能背诵保持得好、遗忘得慢。但从记忆过程的时间和效率来讲，并不是无限度地过度学习就好。一般认为，150%的过度学习量比较恰当。

(4) 材料的系列位置影响遗忘的进程。

为防止前摄抑制和倒摄抑制的产生，教学中不应把相似的课程排在一起。对类似材料要加以比较、分化，人们发现在回忆系列材料时，材料的顺序对记忆效果有重要影响。在一项实验中，实验者要求被试学习 32 个单词的词表，并在学习后要求他们进行回忆，回忆时可以不按原来的先后顺序。结果发现，最后呈现的项目最先回忆起来，其次是最先呈现的那些项目，而最后回忆起来的是词表的中间部分。在回忆的正确率上，最后呈现的单词遗忘得最少，其次是最先呈现的单词，遗忘最多的是中间部分。这种在回忆系列材料时发生的现象称为系列位置效应。具体表现为前摄抑制和倒摄抑制。

前摄抑制和倒摄抑制在学习同一系列材料时，表现出的一般规律是材料的开头部分和末尾部分识记效果好，中间部分识记效果较差。这是因为开头部分只受倒摄抑制的干扰，末尾部分只受前摄抑制的干扰，而中间部分受前摄抑制、倒摄抑制两种因素的干扰。

倒摄抑制还受前、后两种材料的相似程度、难度和巩固程度的影响。一般来讲，类似程度较高的材料干扰作用大；后学习的材料的难度越大，干扰也越大。另外，学习以后若充分休息或睡眠，倒摄抑制的干扰作用就很小。

三、再认与回忆

再认与回忆是记忆的最后一个环节。

再认.mp4

(一)再认

1. 再认的定义

对过去经历过的事物重新出现时能够识别出来，就是再认。例如我们能够认出曾经看过的诗篇、能够判断出曾听过的歌曲以及学过的各种知识等。

2. 再认的种类

根据再认水平的不同，可以把再认分为以下几种。

1) 不完全再认

不完全再认是指对当前的事物仅有熟悉之感，只知道它是以前经历过的，而不清楚它是什么；或者只知道当前的事物是什么，却不知道是否以前经历过。

2) 完全再认

完全再认是指对当前的事物能够全面再认，既了解当前的事物是什么，又确切地知道以前在什么情况下、什么时间经历过。

3) 错误再认

错误再认是指过去经历过的事物重现时进行错误的反应和判断。如张冠李戴、曲解词义等。错误再认的发生有时是因为神经联系或痕迹受到抑制或干扰；有时是因为事物间很相似，不能分清细微区别，大脑产生联系的泛化。

3. 影响再认的条件

再认的速度和确信程度往往受以下两个条件影响。

第一，对原刺激识记的精确性和巩固程度。识记时记得越精确、越巩固，再认速度就越快、越正确；反之，再认就会感到困难。

第二，以前识记的事物重新出现时与当时识记的情景、条件基本一致、变化不大，再认就容易；否则，再认就会发生困难。

根据以上两个条件可知，当再认发生困难时，应努力寻找线索。也就是努力回顾事物各部分特点之间的联系以及它们与环境条件之间的联系。这样就可以依靠或扩大线索，达到有效再认的目的。

(二)回忆

1. 回忆的定义

经历过的事物不在眼前,在一定条件下能把它重新再现出来称为回忆。

回忆是记忆的最高表现,是比再认更为困难和复杂的一种恢复经验的形式。回忆的速度和精确性主要依赖识记材料的准确性和巩固程度。如果识记材料不准确或巩固程度差,往往会产生错误的回忆。

2. 回忆的种类

(1) 根据回忆时目的明确与否和意志努力程度的不同,可分为无意回忆和有意回忆。

无意回忆是没有预定目的、没有经过特殊意志努力的回忆。无意回忆往往发生在出神或无所事事之时。因此,其回忆的内容可能很不连贯。但是,因为它总是由一定的刺激引起的,所以,它的内容又可能有指向性,既可能被过去经验所形成的联想决定,也可能受人的性格、兴趣和正在进行的活动等制约。

有意回忆是有明确目的的并需一定意志努力的回忆。例如,面临老师提出的问题学生努力回忆学过的知识经验。在日常的学习、工作和生活中,我们主要依靠有意回忆来完成各项任务。因此,有意回忆的意义和作用比无意回忆更为重大。

(2) 根据回忆时的条件和方式的不同,分为直接回忆和间接回忆。

直接回忆是当前的事物直接唤起旧经验或事物。例如,非常熟悉的乘法表、英语单词等,通常在必要时可直接回忆起来,而不需要中介性的联想。

间接回忆是通过中介性的联想所进行的回忆。例如,当回忆某物理原理时直接想不起来,可是通过对有关实验的回忆,就能想起这一原理。

(3) 根据意志努力程度分出一个特殊形式——追忆。

追忆是指必要的内容回忆不起来时,花费巨大的意志努力和积极的思维进行的回忆。学生考试时对难度较大的知识进行回忆大多数属于追忆。

追忆的效果往往取决于以下三个条件:第一,追忆的效果取决于追忆者对问题的正确理解;第二,追忆要求灵活的思维能力和一定的判断力,当遵循某一线索回忆不起来时,要能够随时加以判断,迅速灵活地找出其他线索,增加中介联想的实效;第三,追忆要求人们具有坚强的意志力,当回忆不起必要内容时,不因情绪的激动而失去信心,能随时用坚强的意志来克服急躁情绪,消除由焦急产生的抑制和其他干扰。

追忆的正确性可以利用再认和推理进行判断。追忆的困难往往在于选择了错误的线索,使联想失去正确方向。利用推理或借助再认,可以帮助我们进一步判断联想的方向是否正确。利用推理是从事物的逻辑关系上验证它们的联系是否合理;利用再认则是尽可能地列举出与追忆内容相似的东西,以便从中发现熟悉感而再认出来。

再认与回忆是信息的提取过程,它们以识记和保持为前提。因此,要进行有效的再认与回忆,必须高度重视识记和保持这两个记忆环节。

(三)再认与回忆的关系

再认与回忆都是提取信息的过程,但是两者之间的难度不同。再认与回忆相比容易,能回忆的都能再认,能再认的却不一定能回忆。一般来说,一个人认识的字比他能默写出来的字要多，即能认识的字不一定都能默写出来。因此在学习中仅仅能再认是不够的，必须达到回忆的水平，如此才能牢固地掌握所学的知识。

第三节　中学生记忆能力的培养

一、明确记忆的目的和任务，不断提高记忆的自觉性

提出明确的识记目的和任务对识记的效果有极为重要的作用。因为有了明确的识记任务，人们就能把全部精力集中到识记的任务上去，并采取各种方法去实现它。所以，在其他条件相同的情况下，有意识记要比无意识记有效得多。原苏联教育家赞科夫曾对两组被试进行实验，要求甲组被试尽可能完全地记课文，对乙组则不提出识记任务。结果甲组被试平均记住了课文中的 12.5 个句子，而乙组只记住了 8.7 个句子。这说明提出明确识记目的和任务的记忆效果更好。另外有人研究，要求两组学生记忆难度大致相同的两篇课文，告知甲组一周以后测验，告知乙组两天后测验，但实际上都在两周后同时测验，结果表明，甲组成绩明显优于乙组。这说明，记忆目标的长期性决定着记忆效果的持久性。

二、识记材料的数量要适当

材料数量的多少对识记的效果是有很大影响的。一般来讲，要达到同样的识记水平，材料越多，识记所用的平均时间和次数也就越多。实验证明，在识记 12 个音节时，平均每个音节需要 14 秒；识记 24 个音节时，平均每个音节需要 29 秒；而识记 36 个音节时，平均每个音节需要 42 秒。因此，在指导学生记忆时要使识记材料的数量适当。

三、加强对识记材料的理解

以理解为基础的意义识记在全面性、敏捷性、准确性和牢固性等方面的效果都比机械识记的效果要好。所以，在指导学生记忆时一定要对材料进行分析、归类和编码，这样才有助于提高记忆效果。

四、掌握正确的识记方法

引导学生掌握科学的记忆方法对于提高他们的记忆能力具有重要意义，常能收到事半功倍的效果。下面，介绍几种常用的记忆方法。

(一)谐音记忆法

谐音记忆法是以谐音为中介的一种记忆方法。这种方法能把无意义的材料变成有意义的材料，把生疏的材料变成熟悉的材料。

(二)位置记忆法

位置记忆法是一种传统记忆法。简单来说,位置记忆法就是将记忆项目与熟悉的地点位置相匹配,使地点位置作为恢复各个项目的线索,如按学生座位记姓名。

(三)口诀(歌诀)记忆法

学习中,如果把需要识记的材料编成合辙押韵的口诀或歌诀,能收到极好的记忆效果。比如记全国的地名用口诀"两湖两广两河山,五江云贵福吉安,四西二宁青甘陕,海内台北上重天,香港澳门和台湾,爱我祖国好河山"。在编口诀或歌诀时,最好自己动脑筋想办法,这样才能印象深刻。口诀或歌诀力求精练准确,富有韵律。

(四)形象记忆法

形象记忆法是指把抽象的材料加以直观形象化来记忆。学生在学习理性知识时,只有以相应的感性经验为支柱才能真正理解和牢固地记住。例如,幼儿常常把自己的两只鞋子穿反,幼儿园老师说:"大弯得朝里。"这样,幼儿就都穿对了。

(五)归类比较法

对那些在认识上容易混淆的相似材料,通过归类比较,分辨其思维的差别,就能保持牢固的记忆。例如,对形近而音义不同的"烧""浇""绕""侥""饶"这5个字,根据其笔画在空间上分布的情况不同,进行归类比较。同时用歌诀记忆法把它们编成"用火烧,用水浇,绞丝把圈绕,依靠别人是侥幸,丰衣足食财富饶"的顺口溜,则记得更快、更牢。

(六)逻辑记忆法

逻辑记忆法,即前面说的理解记忆法。例如,记忆数字149162536496481,可以理解为1～9的平方,找出数字之间的内在逻辑联系,则会记得更快、更准确。

(七)过度记忆法

过度记忆是指所学材料达到刚刚成诵后的附加记忆,过度记忆的量为150%效果最好。

(八)联想记忆法

联想记忆法就是利用记忆内容在时间、空间或意义上的联系建立联想来帮助记忆。例如,历史上淝水之战发生于公元383年,通过"淝"可以联想到"肥胖",由"肥胖"联想到胖娃娃,而数字8的两个圆正好是胖娃娃的头和身体,两个3则是两个耳朵,这样一想就记牢了;已知1900年八国联军侵华,通过联想,可以记住1901年《辛丑条约》签订。

(九)组块记忆法

组块(chunk)指将若干较小信息单位联合成熟悉的、有意义的、较大单位信息的加工,也指这一加工所组成的单位或结果。组块记忆法可以提高记忆的容量和效率。

(十)多感官协同活动记忆法

多感官协同活动记忆法即调动多感官进行活动，眼到、耳到、口到、手到、心到，也称"五到记忆法"。比如记英语单词，可以眼看、耳听、口说、手写，多种感官进行活动比单一感官活动记忆效果要好。

此外，还有趣味记忆法、笔记(卡片)记忆法、规律记忆法、尝试记忆法、重点记忆法、分类记忆法、特征记忆法、体验记忆法、情景记忆法、联系生活记忆法、图形记忆法、兴趣记忆法、游戏记忆法、争论记忆法、实验记忆法、实践记忆法、随时随地记忆法、有序记忆法、层次记忆法、系统记忆法、概括记忆法、知识结构图记忆法、重复记忆法、改错记忆法、背诵记忆法、限时记忆法、红色标识记忆法、首次印象记忆法、阅读记忆法、烂笔头记忆法、集中注意记忆法、自我检测法、互相检测法、整体识记和部分识记相结合记忆法、机械识记和意义识记相结合记忆法、有意识记和无意识记相结合记忆法等。

记忆的方法有很多，这里不再过多地介绍。以上介绍的记忆方法均带有一定的强化性质，我们不能把它们绝对地分开，孤立地看待，而是要与其他方法结合起来运用，如此才会收到更好的记忆效果。

五、利用记忆规律正确组织复习

(一)组织有效的复习

1. 复习要及时

识记之后不久，遗忘就迅速开始。遗忘开始的一般标志是识记的精确性降低，相似的材料在再认与回忆中容易混淆，有时也表现为只能再认而不能回忆(不完全遗忘)。所有这些都表明遗忘已经开始了。

遗忘的规律是"先快后慢""先多后少"，所以要想提高复习的效果，必须在遗忘还没有发生之前及时进行，这样才能节省学习时间。如果等大部分材料都已经遗忘之后再开始复习，则要花费更多的时间和精力。

如果学生只重视课上听讲、课后做作业，而忽略复习，就会使所学知识的系统性、完整性受到破坏，时间一长，所学的知识就会模糊、不系统、忘却，最容易忘记的是那些暂时还不理解的知识。所以，教师在教学上也要遵循"及时复习"的原则，使复习紧随课堂教学，从而提高教学效果。

2. 合理地分配复习时间

一般来讲，分散复习的效果比集中复习的效果好。原苏联心理学家沙尔达科夫做了一个实验，让五年级甲、乙两个班复习自然，甲班在期末用 5 节课集中复习，乙班则把 5 节课分为 4 个单元分散复习，最后统一测验，集中复习效果与分散复习效果比较如表 3-2 所示。

分散复习之所以优于集中复习，一方面是因为集中复习很容易疲劳，引起大脑的保护性抑制，复习越集中，抑制作用就越大，而在分散复习时，休息能使神经细胞恢复工作能力，抑制作用明显减弱。另一方面是因为每次复习的材料数量越多，越容易产生前摄抑制和倒摄抑制，干扰增强，影响复习效果。虽然分散复习优于集中复习，但在学习中如何合理地复习要根据材料的多少、难易来确定。一般来讲，复习的材料较少，复习的时间可以相对集中；最初复习时，每次复习的时间间隔可以稍短些，以后随着对材料的熟悉，每次复习的时间间隔可以逐渐加长。

表 3-2 集中复习效果与分散复习效果比较

复习方式	成绩(%)			
	劣	及 格	良 好	优 秀
集中复习	6.4	47.4	36.6	9.6
分散复习	—	31.6	36.8	31.6

知识链接 3-2

一种有效的分散复习法

因为分散复习效果比集中复习效果好，所以利用"卡片袋"进行复习是最有效的分散复习法。把卡片分为左、右两边或正、反两面，分别写上中文词和英文词，或者字母符号和字母符号的中文意义，或者公式名称和公式的字母符号表达式等。然后自制 7 个纸袋或找 7 个信封，每个纸袋内放置一周中某一天应复习的卡片。例如，某些卡片星期二复习以后，就放入星期四的袋子内，星期四复习后再放入星期日或星期一、星期二的袋子内，这样就能有规律地分散复习。复习时，用手遮住左边回忆右边，遮住右边回忆左边或者看正面回忆反面进行自我测验。每复习一次，就在卡片右下角打一个小小的"√"，"√"越多，复习的间隔时间应越长。意义性不强的学习材料有了 5 个"√"(有意义的材料只需 3～4 个"√")，就可以收起来，等到一章结束时或考前再复习一遍。

一张卡片上如果记录了多个要记的知识点，在复习时，要对回忆失败项目做上记号。下次主要复习做了记号的项目，未做记号的可复习也可不复习，以提高时间的利用效率。

(资料来源：路海东. 学校教育心理学[M]. 长春：东北师范大学出版社，2000: 30.)

3. 阅读与尝试回忆相结合

复习时单纯地一遍一遍阅读的效果并不好，应当在没有完全熟记之前就试图回忆。回忆是比阅读更为积极的过程。它要求积极地思考，发现哪些记住了，哪些没记住，使整个复习过程更有目的性。另外，尝试回忆又是一种自我检查的过程，可以集中精力掌握难点和改正回忆中的错误。

4. 注意排除前后材料的干扰

复习时要注意材料的系列位置效应，对材料的中间部分加强复习。根据遗忘的干扰理论，一个学习材料的首末内容学习会快些，记得牢一些，而中间部分的内容一般会学得慢，记得差一些。中间部分记忆效果之所以差，是因为同时受到前摄抑制和倒摄抑制双重干扰；而两端(最前部分和最后部分)的记忆之所以好，是因为仅受到前摄抑制或倒摄抑制的影响。

5. 复习次数要适量

有关研究表明，教材的保持或遗忘与复习的次数密切相关。一般来说，复习次数越多，识记和保持的效果越好；反之，遗忘越容易发生。过度学习在一定条件下是必要的。例如，背诵一篇课文，背 4 遍刚好能背下来，在能背下来之后增加的学习就是过度学习。过度学习也并不是越多越好，当学习的过度程度超过 150%时，记忆效果并不好，可能会引起疲劳、厌倦等。

(二)深度加工材料

通过注重记忆材料的细节，赋予其意义并与有关观念形成联想能够提高记忆效果。例如续写故事、补充细节、举例说明、做出推论、远距离联想、编歌诀等。研究表明，信息加工的深度不同，记忆的效果也不同。

(三)提取多种记忆线索

单调的重复容易引起学生的疲劳和厌倦情绪，并降低记忆的效果。因此，记忆必须多样化。记忆时要尽可能利用多种感官协同活动，来提高记忆的效果。也就是说，让学生在记忆时，手、脑、眼、耳并用，把机体中的多种感官的积极性调动起来帮助记忆。

在学习过程中，要注意记忆线索的储存。当学习新知识、新概念、新术语、新单词时，最好多种感官并用，这样可以记忆编码时，有目的地记住具有意义的线索，以便在需要时通过线索顺利地提取信息。教学经验也表明，各种感官的协同活动是提高记忆效果的有效条件之一。比如，学生记英语单词，常常是视、听、读、写相结合，这样可以提高词汇的记忆效果。

(四)培养学生良好的记忆品质

要培养记忆力，应在保证记忆高度精确的前提下进行，这样既识记敏捷，又保证长久，更善于根据当前要求准确及时地把所需事物提取出来解决问题，满足要求。为使记忆高度发展，培养记忆力应以记忆的基本品质为目标。教师在教学中应根据学生的记忆特点，有意识地培养学生记忆的敏捷性、精确性、准备性和保持的持久性等良好记忆品质，提高他们的记忆能力。

1. 什么是记忆？
2. 记忆的作用是什么？
3. 按照不同的划分标准，记忆可以分为哪些种类。
4. 什么是遗忘？
5. 遗忘的原因有哪些？
6. 论述如何利用记忆规律正确组织复习。
7. 中学生记忆能力培养的方法有哪些？

第四章　学生的需要与学习动机

本章学习目标

- 了解需要的基本含义，了解需要特征、分类。
- 了解学习兴趣的含义、种类和品质。
- 了解学习动机的含义、功能、分类，及其与学习效果的关系。
- 掌握学习动机的培养方法。

重点与难点

重点： 学习需要与学习动机的内涵。
难点： 学生学习动机的激发方法。

引导案例

小明(化名)，男，约12岁，小学六年级学生，跟姑姑、姑父一起生活一年。近两个月来，老师发现，小明的上课状态不好，留的作业也不认真完成。为了玩网络游戏，小明跑到附近的店铺门口蹭网，而被家长领回家的路上，他忽然跑掉。后来在6楼的楼顶被发现，小明说，要不是楼顶有花盆挡着，自己就跳下去了，而且他在五年级的时候就有过自杀的想法。他认为家长根本不理解他，感觉很孤独，而游戏里的人都理解他，跟他们在一起感觉很开心。

后经了解，小明的父母离异多年，孩子一直跟母亲生活在一起。父亲再婚，而且也有了孩子。对小明来讲，父亲就是陌生人。一年前母亲脑出血后瘫痪在床，无力抚养小明，后被姑姑接到身边照顾。

老师反映小明很聪明，学习成绩也还可以。但是忽然之间出现不爱学习的情况让家长很着急。

【问题思考】

如果你是小明的班主任，你将从哪些方面入手激发小明的学习动机呢？你认为小明的需要有没有得到满足呢？答案会在下文中出现。

(资料来源：本书作者整理编写。)

第一节　需要及学习需要

一、需要

需要是有机体缺少某些重要刺激而产生的紧张状态，是个体对生理和社会需求的反映，是个人活动的积极性源泉。对于需要的概念，我们应从以下几个方面来理解。

什么是需要.mp4

(一)需要是有机体内部的一种不平衡状态

需要是有机体内部的一种不平衡状态，这种不平衡包括生理和心理两个方面。例如，身体疲劳会产生休息的需要，惊慌恐惧会产生安全的需要，等等。如果需要得到满足，这种不平衡状态就会暂时消除或降低。当出现新的需要时，新的不平衡又会产生或增强。

(二)需要是人对某种客观要求的反应

需要是人对某种客观要求的反应，这种要求可以来自有机体的内部，也可以来自有机体的外部。例如，人饥饿了就需要吃饭，这种需要是由机体内部的要求引起的；教师对学生的要求使学生产生努力学习的需要，这种需要是由外部因素引起的。需要总是指向满足某种需要的客体或事件，即追求某种客体，并使客体得到满足。没有客体、没有对象的需要，是不存在的。

(三)需要是人活动的基本动力

需要是人活动的基本动力，是个体积极性的重要源泉。人的各种活动从日常生活到生产劳动、科学制作、发明与创造，都是在需要的推动下进行的。

(四)动物的需要与人的需要有着本质的区别

人的需要主要由人们的社会生活条件决定，具有社会性和历史性。人满足需要的手段与满足需要的内容与动物的不同，由于人有意识，人的需要受到意识的调节与控制，而动物是没有意识的，因此动物的需要一般仅限于生理与安全等较低层次的需要。

二、学习需要

学习需要是指个体在内、外因素作用下产生的对求知的需求。它是指向学习活动本体或学习内容的一种需要，是学习活动的动力源泉，个体在求知欲的驱使下或把学习当作达到某一目的的手段时就会产生对学习的需求，这种需求会推动个体积极探索和学习。而在学习和探索的过程中，这种需求得到部分或全部的满足会消除或降低由这种需求带来的紧张和不平衡。但这种消除或降低只是暂时的，当个体遇到新的问题即原有知识结构中所没有的问题时，这种平衡就会被打破，个体又必须重复上述过程以消除紧张。个体的学习就是由学习需要的产生与消除周而复始地运动来推动的。

三、马斯洛的需要层次理论

美国著名的心理学家、人本主义心理学创始人之一马斯洛，用人本主义的思想来解释人的需要并提出了需要层次理论。它既不同于行为主义的外因决定论，又不同于弗洛伊德的生物还原论，它以认知论为观点，肯定人的行为的意识性、目的性与创造性，说明人与动物的差异，注意人的价值和人的特殊性。

(一)基本内容

马斯洛将人的需要由低级到高级分成七个层次：生理需要、安全需要、归属与爱的需要、尊重的需要、求知的需要、美的需要、自我实现的需要。

1. 生理需要

生理需要，是指维持生存及延续种族的需要。这在人的所有需要中是最基本的也是最有力量的。例如，当人落水之后，为得到空气而挣扎时，就会觉得自尊与爱的需要是多么不重要了。

2. 安全需要

安全需要，是指寻求保护或免于遭到威胁从而获得安全感的需要，它表现为人们要求稳定、安全、受到保护、有秩序、能免除恐惧和焦虑等。例如，人们希望寻求一份稳定的职业，愿意参加各种保险，都表现了他们的安全需要。婴幼儿由于无力应付新环境带来的不确定因素，因此他们的安全需要就更加强烈。

3. 归属与爱的需要

归属与爱的需要，是指被接纳、爱护、关注、鼓励和支持等的需要，表现为一个人要求与其他人建立感情联系。例如交朋友、追求爱、渴望参加一个团体并在其中获得一定位置等就是归属和爱的需要。

4. 尊重的需要

尊重的需要，是指被人认可、赞许、关爱等获取并维护个人自尊心的一切需要。它包括自尊和受到别人的尊重，自尊的需要得到满足会使人增强自信并且更加富于勇气和创造性；反之，会使人感到自卑、无所作为，面对问题和困难没有足够的信心和勇气。

5. 求知的需要

求知的需要，是指探索、操作、实验、阅读、询问等个体对己、对人、对事物变化中所不理解的希望获得理解的需要，表现为对周围的一切充满好奇心，爱分析，愿把事物还原为它的基本组成部分，喜欢做实验并希望看到实验结果，愿对问题做出解释并构成某种理论或体系，等等。

6. 美的需要

美的需要，是指欣赏美好的事物的需要，表现为对符合个体美的标准的事物的偏爱与追求。

7. 自我实现的需要

自我实现的需要,是指在精神上臻于真、善、美合一的至高人生境界的需要,即个人所有理想全部实现的需要,表现为人们追求实现自己的能力或潜能,并使之完善。马斯洛认为,任何人都有可能达到自我实现,但各人的自我实现方式是不同的。一名炊事工人、一名教师甚至一名家庭主妇都有机会去完善自己的能力,满足自我实现的需要。

(二)具体主张

马斯洛又将七个层次的需要分为两大类。前四层称为基本需要,都是由生理上或心理上的缺失产生的,因此又称为缺失性需要;后三层为成长需要。基本需要一旦获得满足,其需要强度就会降低,而成长需要不但不会随其满足而减弱,反而因获得满足而增强,因此,求知、求美、追求自我实现都是永无止境的。

(1) 需要层次越低,它的力量就越强,潜力也就越大。随着需要层次的上升,需要的力量也相应减弱。

(2) 高级需要满足前必须先满足低级需要。只有在低级需要满足后或部分满足后,高级需要才可能出现。

(3) 个体发展过程中,高级需要出现得较晚。在生物进化过程中高级需要也同样出现得较晚,如所有生物都需要食物和水,而只有人类才有自我实现的需要。

(4) 高级需要比较复杂,因此,满足高级需要要求有较好的外部条件,如社会条件、经济条件和政治条件等。

四、学习需要的种类

我们从马斯洛的需要层次理论中不难看出,学习需要主要来自求知的需要。按照学习需要指向的方向不同,可把学习需要分为以下几种。

(一)指向社会交往的需要

人是社会性动物,一个人的生活必然要同其他人相联系。当今社会又是开放的社会,开放,就是相互沟通交流。社会民生的各个方面都必须相互交流、相互沟通。要参与社会生活,适应社会生活,社会成员就必须具备社会交往能力。为此,人们在面临社会交往中的问题时就会产生学习社会交往技能、适应社会交往活动并取得相应效果的需要。

(二)指向竞争与合作的需要

社会生活充满竞争与合作,要求人们具备"优胜劣汰"的能力。竞争,就是相互争胜,它对于任何人来说都是不可逃避的。只有积极参与竞争,才有可能生存并取胜。但是除了需要增强个人的竞争实力以外,善于与别人合作也是至关重要的。孤军奋战是不会在事业上有什么作为和成就的。个体从出生时就置身于充满挑战与竞争的社会中,社会的要求、时代的使命、生存和发展的需要要求人们具备正确的竞争与合作技能,以便在生活中立于不败之地。这种氛围包围着社会中的每个个体,使每个人都在这种需要推动下不断学习前进。

(三) 指向科学知识的需要

人与人之间的竞争，实际上也是文化科学素质的竞争。只有具有高度的文化科学素质才会拥有很强的竞争实力，才有可能在竞争中获胜。与此同时，人们与生俱来的好奇心和求知欲也使人们产生了探索世界、认识世界，用科学知识、科学思想武装自己的需要。当今的青少年除了学习学校的课本知识之外，在节假日或闲暇时间到图书馆查阅或上网查阅科学知识方面的资料、文献的人越来越多，这表明他们有这方面的需要。

(四) 指向创新的需要

当今世界的发展日新月异，人们都必须认清一个事实，那就是人们对创新的热衷与渴望都很强烈。各个国家和地区都把培养学生的创造能力和创新精神放在第一位，在这种大环境的作用下，每个社会成员必然会产生一种对创新的渴望及需要，并在这种需要的推动下努力提升自己的科学水平和改善自己的思维方式。

第二节 学习兴趣及培养

一、兴趣

兴趣是一个人力求认识并趋向某种客体的积极态度的个性倾向。它是人的个性动力性的具体表现，如某个人对某项活动有浓厚的兴趣，他就会奋发地学习，广泛涉猎有关的知识并废寝忘食地工作。

兴趣对个体活动有着巨大的推动作用。符合个体兴趣的活动可提高其注意力，增强其活动积极性。孔子说："知之者不如好之者，好之者不如乐之者。"爱因斯坦也说："兴趣是最好的老师。"许多科学家取得伟大成就的原因之一，就是他们对所研究的内容具有学习兴趣。诺贝尔物理学奖获得者杨振宁就曾经对记者说过，他在研究过程中从来没有感觉到辛苦，他之所以孜孜不倦地工作，就是他喜欢工作，在工作中他能享受到巨大的快乐和满足。

由此我们可以说，兴趣对智力发展起着促进作用，是开发智力的钥匙。美国教育心理学家拉扎勒研究了兴趣对学习效果的影响，他在高中语文教学中，把学生分成智能组和兴趣组。智能组学生的平均智商为120，但对语文阅读和写作均不太感兴趣；兴趣组学生的平均智商为107，但对语文阅读和写作都有浓厚的兴趣。这两组学生在一个学期中必修阅读和写作课程，并经常接受同样的测验。学期结束时进行检查，兴趣组的总成绩优于智能组。兴趣对学习效果的影响如表4-1所示。

表4-1 兴趣对学习效果的影响

组 别	平均每人阅读的书(本)	平均每人所写的文章(篇)
兴趣组	20.7	14.8
智能组	5.5	3.2
差距	15.2	11.6

上述结果表明，学生虽然有较高的智商，如果对学习没有兴趣，学习成绩只是一般；而学生智商虽然一般，但由于内在兴趣的推动，经过努力，也可以获得优异的成绩。由此可见，兴趣比智商更能促进学生勤奋学习，从而弥补智力上的差距。

二、兴趣的品质

(一)兴趣的倾向性

兴趣倾向，就是兴趣指向的具体内容和对象。在兴趣倾向上，人与人之间存在很大的差异，如有的学生喜欢语文、有的学生爱好数学、有的学生爱好文艺等。影响兴趣倾向性的因素，主要有以下几种。

1. 学生的理想

学生往往对自己所需要的知识或学科感兴趣。例如，想成为一名数学家的学生会对数学感兴趣；想成为画家的学生会对绘画感兴趣；想成为运动员的学生会对体育感兴趣。

2. 学生的学习能力

在教学实践中，可以清楚地看到，学生所喜欢的学科都是他们力所能及的学科。面对那些无论怎么努力也无法学会的课程，学生一般是不会产生兴趣的。所以学生的学习能力情况影响着他们的兴趣倾向。

3. 学生的气质和性格类型

许多研究表明，学生的学习兴趣与气质、性格密切相关。内向性格的学生大多喜欢理科，外向性格的学生大多喜欢文科。

4. 性别的影响

兴趣倾向差异是否与性别有关，学术界还存在争议，但从许多调查分析中可以看到，兴趣倾向性有受性别影响的倾向。

日本福岛对当地高中和大学中的男女学生的学习兴趣进行了调查，结果表明，女生倾向于文学，男生则比较倾向于自然科学。

我国心理学工作者对中学生学习兴趣异同的调查也表明：男生对理科的兴趣高于女生；女生对文科的兴趣又略高于男生。

还有研究表明，男、女两性由于生理上的不同以及受社会角色认同和性别角色认同的影响，他们在先天因素和后天因素的双重作用下，心理上会产生一些差异，如表 4-2 所示。

表 4-2 男、女性别的心理差异

项 目	男	女
知觉和注意	善于空间定位	能迅速转移注意，观察细心
智力测验	青春期后，赶上女孩	在中学前分数大部分女孩高于男孩
道德行为	10 岁前差别不大	10 岁后大部分女孩优于男孩

续表

项 目	男	女
情绪行为	10岁后男孩优于女孩	10岁前差别不大
擅长与倾向	机械数字与抽象关系	记忆、语言文字
文学内容爱好	打斗、冒险、旅行	爱情故事与家庭生活
职业选择	机械、计算、科学	文艺、教育、服务

5. 教师讲课水平

大多数学生都喜欢听水平高的教师讲课，对其所教的学科感兴趣。在教学中，常会听到学生说："某某学科教师讲得好，所以我喜欢这科。"为此，教师要想学生对他所教的学科感兴趣，首先必须提高自己的讲课水平和艺术性，用生动形象的语言、丰富新颖的知识激发学生的学习兴趣。

(二)兴趣的广泛性

兴趣的广泛性，是指兴趣指向对象的范围，即兴趣数量的多少。兴趣广泛的人生活往往丰富多彩，而且各种学科之间都有着或多或少的联系，兴趣广泛的人由于对各方面知识都有所了解，因此更容易发现这些联系，从而找到某一学科与其他学科之间的关系，进而推动学科的发展。人类历史上许多科学家、发明家、政治家，都是兴趣广泛的人。当今社会知识的总量在迅速增加，发展速度加快，社会对人才的要求也在发生着变化。一个人一生只从事一个职业的时代，就要一去不复返了，一个人不仅要精通一门学问而且对其他学科也要有所了解，只有这样才能在不断变化的社会中占得一席之地。但是兴趣的广泛性，易使人对什么都感兴趣，但是什么也不精，缺少专长。所以要在广泛兴趣的基础上，有一个中心兴趣，做到既博且专。

(三)兴趣的稳定性

兴趣的稳定性是针对人对某种对象的兴趣保持时间的长短而言的。保持时间长，稳定性就强；保持时间短，稳定性就差。稳定的兴趣对一个人的工作和学习都有重大意义。一个学生具有稳定的学习兴趣，他能够刻苦学习，不懈努力，有良好的学习成绩；而有些学生缺少持久的学习兴趣，常常是朝秦暮楚，今天喜欢数学，明天又爱好语文，学习上没有恒心，害怕困难，这些学生往往学习成绩较差。所以，教师要注意培养学生稳定的学习兴趣。

(四)兴趣的效能性

兴趣的效能性是指兴趣推动活动的力量。一个有稳定而持久兴趣的人会坚定地向着兴趣的方向进行探索，克服困难并寻找到最适合的方法去实现目标。所以，稳定的兴趣易使人的兴趣与行动联系起来；而不稳定的兴趣易使人受到情绪或外部因素的影响或暗示而改变兴趣的内容，因而不易使人产生实际行动和获得具体效果，有人甚至仅仅停留在口头上。所以前者效能较高，而后者效能较低。

三、学习兴趣及分类

学习兴趣是指人们对学习活动的兴趣，它对学习活动有巨大的推动作用，有时甚至超过智力因素对学习的影响。

按照学习兴趣的产生方式，其可以分为直接兴趣和间接兴趣两种。

(一)直接兴趣

直接兴趣是指兴趣指向学习活动本身。它使个体在学习过程中就能获得快乐与满足。学习活动既是要完成的任务又是对完成任务的强化物(奖励)，即动机满足在活动之内，不在活动之外，它不需要外界的诱因、惩罚来使行动指向目标，因为行为动力就是行动本身。例如，一个学生喜爱物理，他便会在课堂上认真听讲，课下刻苦钻研。

(二)间接兴趣

间接兴趣是指由活动结果及其意义所引起的兴趣。动机满足不在活动之内，而在活动之外。这时人们不是对学习本身感兴趣，而是对学习所带来的结果感兴趣。例如，有的学生学习是为了得到奖励，避免批评或取悦老师、家长等。

直接兴趣和间接兴趣都会影响学生持续掌握他们所学的知识。具有直接兴趣的学生能在学习活动中得到成就感，他们积极地参与学习过程，而且在教师评估之前能对自己的学业表现有所了解，他们具有好奇心，喜欢挑战，解决问题时具有独立性和创造性。具有间接兴趣的学生一旦达到目的，学习兴趣就会下降，而且为了达到目标，他们往往采取避免失败的做法或是选择没有挑战性的任务，或是一旦失败，便一蹶不振。所以教师应着重培养学生的直接兴趣，但间接兴趣也是不可忽视的，若学生对某些学科并没有直接兴趣，教师就可以利用间接兴趣逐渐把这些学科内化为学生的直接兴趣。

四、学习兴趣的培养

学习兴趣是学生学习的内在动力，所以，教师在教学中要注意培养和激发学生的学习兴趣。

(一)加强学习目的性教育，明确知识的社会意义

加强学习目的性教育是培养学生学习兴趣的重要手段，尤其对培养学生的间接兴趣有重大的作用。虽然学生感到有些学习活动本身枯燥无味，如果教师能使学生认识到这些知识的重要性，如通过组织"知识在生活中的作用"的班会，对学生进行当前科学技术发展形势的教育，使他们了解到将来的社会是高度发达的信息社会，没有知识将无法生存，从而使学生对知识产生需要，产生学习兴趣。同时会使学习兴趣进一步被激发出来。

(二)培养学生对每门课程的积极的学习态度

培养学生积极的学习态度有助于培养学生学习兴趣。原苏联心理学家西·索洛维契克曾做过一个实验，证明了学习的积极态度能促使学生在学习中积极思考，并从中培养起学

习兴趣。在实验中，学生根据自己的学习情况选择一门不太感兴趣的课程，每天上这门课或学习这门课之前，完成以下几项活动：①面带微笑，搓着双手，还可以哼唱自己喜欢的歌曲，总之做出摩拳擦掌、跃跃欲试的样子，而且让自己充分感觉到这一点；②脑子里不断地想，下面讲的学习内容若是我能够理解的，我将高兴地学习；③提醒自己，一定要努力地学习，要比平时更细心一些，要花更多的时间，因为细心就是对学习产生热爱的源泉。结果，实验极有效地改变了学生以前的消极学习态度，消除了原来的苦恼，并从探索知识过程中体验到了乐趣。参加这个实验的 3000 多名小学生，大多数都成功了，他们开始对原来最感到头痛的课程产生兴趣，而报告失败的信件只有几封。这个实验十分简单，而且一般只需持续 3 周左右便可奏效。

(三)创设一定的情境，引起和激发学生的学习兴趣

创设一定的情境，使学生面临一定的问题或实践任务，是引起和激发学习兴趣的重要条件。创设情境一般有两种具体作用。①在课堂上设置问题情境，以引起学生的学习兴趣。例如，一位教师在讲"压强"概念之前提出"把一块砖放在沙地上，怎样才能陷得最深"的问题，学生在寻找答案的过程中就产生了学习兴趣。②组织学生参加实践活动，让学生完成实践任务。许多研究表明，学生在解决某种实际问题时，更能有效地培养和激发其学习兴趣。在实践中进一步体会知识的实践意义，遇到问题后，会深感自己知识的不足，从而引起新的学习需要，产生学习兴趣。例如，组织学生参加课内外实践活动和学科兴趣小组，运用所学知识解决实际问题，使他们从中体验到成功的愉快和学习知识的乐趣。

(四)不断扩大学生的知识面，不断积累学生在某一领域的知识

扩大知识面是对某一具体知识领域产生稳定而浓厚兴趣的基本条件。学生在某一学科上拥有的知识越丰富，基础越扎实，学习起来就越轻松，兴趣就会越趋稳定。否则，学习起来就会索然无味。朱智贤(1982)主持的国内十省市在校青少年理想动机和兴趣调查发现，学生最不喜欢某一学科的原因中"基础不好"占 59.8%，排在第一位，所以在教学中，教师必须遵循循序渐进的原则，使学生对学科知识注意点滴积累，逐步培养学生对该学科的学习兴趣。这一观点也说明，人的兴趣不是天生的，那种认为生来就对某事物没有兴趣的观点是错误的，只要自己在某一领域或学科中积极、主动地探索、学习，随着该领域或学科经验和知识的逐步积累和丰富，就会对该领域或学科产生兴趣。

(五)不断改进教学方法，采用有趣的、互换的方式教学

教师可以运用幻灯片、电视、电影等多媒体教学手段教学，还可以通过模拟教材内容的游戏、角色扮演等方式进行教学。

(六)利用原有兴趣的迁移

在教学实践中，常常会看到有的学生虽然对学习没有兴趣，但对其他活动，如修理无线电、修理汽车等很感兴趣，在这种情况下，教师应组织他们参加这类活动，并在活动中使他们明白知识对实践的指导作用，从而把其他兴趣转移到学习上来，同时教师要以自身对所教学科的兴趣和热情给学生进行良好的示范。教师应通过言语和行动向学生传递良

好的信息，让学生知道教师喜欢所教学科、喜欢学习和钻研，并在此过程中会获得乐趣和满足，使学生受到影响，产生对该学科的学习兴趣。

第三节 学习动机的培养与激发

一、动机与学习动机概述

(一)动机

了解学习动机首先必须知道什么是动机。动机，是指直接推动人行为的内部动力。有机体的各种行为和活动都是动机所引起的。动机主要有以下三种功能。

1. 激发功能

动机使有机体进入活动状态，提高唤醒水平，促使人进行某种活动。例如，一个人渴了便会找水喝，饿了便会找食物吃。

2. 定向功能

动机将有机体的行为引向某一特定目标，有选择地进行某些活动。例如，一名大学生在考研的动机驱使下，会勤奋地学习。

3. 强化功能

活动产生以后，动机可以继续调解活动保持适当的强度，使活动进行下去，直至目标实现。而当目标达到时，动机又可以加大这种活动或行为产生的概率。

(二)学习动机

动机总是和一定的实践活动联系在一起的，它与不同实践领域的活动联系在一起会有不同的动机。因此，才会有演唱动机、表演动机、劳动动机、学习动机等。学习动机就是直接推动学生进行学习的内部动力。一个学生是否想学习，为什么而学习，喜欢学习什么，以及学习的努力程度、积极性、主动性，等等，都受学习动机的影响。

(三)学习动机的结构

学习动机是由多种心理成分构成的，它主要包括以下几点。

1. 对知识价值的认识

一个人学习动机的强弱受其对知识价值认识的影响，只有当一个人认识到知识对自己的人生和社会的价值时，才会产生较强烈的学习动机。如果他觉得知识无用，就不会努力学习。

2. 对学习的直接兴趣

对学习的直接兴趣又称求知欲，是力求认识世界、渴望获得文化科学知识、探求真理并伴随着愉快的情绪体验的认识倾向。对学习的直接兴趣是学习动机中最现实、最活跃的成分。学生有了强烈的求知欲，就会在学习中不觉苦、不知累，学习积极性就会很高。

3. 对自身学习能力的认识

学生乐于学的学科都是他们力所能及和学得较好的学科，即学生对自己认为有能力学好的学科会产生较强烈的学习动机。如果学生在某一学科陷入"习得性无助感"，他就不愿意学习这门课程。

4. 对学习成绩的归因

学生对自己学习成绩的归因也会影响学习动机。如果一个学生把自己学习的失败归因为"天资愚钝"，他将缺少学习积极性；如果归因为自己的努力程度不够，他可能会刻苦学习。可见，归因也是学习动机的重要组成成分。

(四)学习动机与学习效果的关系

学习动机的强度和性质影响着学习的方向、进程和效果。一般而言，学习动机与学习效果是统一的，表现在学习动机可以促进学习，提高成绩；而且，学习动机不同，学习效果也不一样。研究表明，学生的学习动机是存在差异的。学优生的学习动机不但内容较广，而且水平较高；学困生的学习动机不但内容较窄，而且水平较低。

学习动机与学习效果的关系.mp4

然而，在实际教学中往往会看到动机和效果不一致的情况。有时动机强度过强效果还很差，这说明动机强度与学习效率之间的关系并不是简单的直线关系。耶基斯与多德森(Yerkes & Dodson，1908)等人的研究均已表明：学习动机强度的最佳水平不是固定不变的，而是因作业的难度不同而不同。难易适中的课题，最佳水平为中等动机强度；比较容易或简单的课题，最佳水平为较高的动机强度；比较复杂或困难的课题，最佳水平为较低的动机强度。这一规律在心理学中称为耶基斯—多德森定律。在动机强度低于最佳水平时，随其强度的增加，学习效率不断提高；而动机强度超过最佳水平时，随其强度的增加，学习效率不断降低。

可见，高强度的学习动机与低强度的学习动机一样会降低学习效率。这是因为，在过分强烈的动机状态下，焦虑水平也过高。在焦虑状态下，个人的注意力和知觉范围变得很狭窄，思维效率降低，会使正常的学习活动受到限制，学习效率下降。

(五)学习动机的分类

学生的学习动机根据不同的标准划分为不同的类型。

1. 根据学习动机的社会意义不同划分

根据学习动机的社会意义不同，可以将学习动机分为正确的或高尚的学习动机和错误的或低下的学习动机。有利于社会发展和进步的动机是正确的动机；相反，阻碍社会发展和进步的动机就是错误的动机。

2. 根据学习动机起作用时间的长短不同划分

根据学习动机起作用时间的长短不同，可以将学习动机分为直接的近景性动机和间接的远景性动机。直接的近景性动机是与学习活动直接相联系的、具体的动机。它主要来源于对学习的兴趣。例如，只为了一次考试而努力学习。间接的远景性动机是与学习的社会意义和个人的远大理想相联系的动机。例如，学生为了祖国的繁荣而努力学习，为了成为一名科学家而刻苦学习。

3. 根据动机的动力来源不同划分

根据动机的动力来源不同，可以将学习动机分为外部动机和内部动机。外部动机是指将学习结果或学习活动以外的因素作为学习的目标而引发的推动学生学习的动力，学习活动只是达到目标的手段。比如，一个学生为了好的分数、班级的排名、教师的表扬或其他的各种奖赏而学习，就是外来动机的作用。内部动机是指由学习活动本身作为学习的目标而引发的推动学生学习的动力，学习者在学习活动过程中获得满足。比如，一名将学习当作一种乐趣、积极听课、看书的学生，就是受内部动机的驱动。

外部动机和内部动机在学习活动中的动力作用是不同的。外部动机是各种外部诱因引起的，如表扬、奖励、批评、惩罚、考试、评分、就业等，这些外部诱因对学习活动的推动作用可能是巨大的，也可能是容易变化和短暂的，其动力作用会随外来目标(诱因)的达成而降低。内部动机对学习的推动作用是稳定而持久的，是由学习需要、求知欲、学习兴趣而引发的学习，学习者会孜孜不倦，正所谓"知之者不如好之者，好之者不如乐之者"。在学校学习活动中，内部动机和外部动机既可以同时发挥作用，也可以交替发挥作用，二者之间还可以相互转化。教育者不仅要注意调动学生的外部动机，更应注重培养学生的内部动机。研究表明，受内部动机驱动的学生会比受外部动机支配的学生取得更高的学业成绩。

4. 奥苏伯尔的划分

奥苏伯尔(Ausubel)在《学校学习》一书中提出，学校情境中的成就动机主要有以下三种内驱力。

1) 认知内驱力

认知内驱力是以求知作为目标，即直接指向学习任务的动机。有这种动机的学生，渴望了解、掌握知识，有系统地阐述问题并解决问题的需求。它主要是由好奇心派生出来的，如儿童不断地问成人，这是什么？那是什么？这就是儿童最初的、潜在的认知内驱力，但它还没有特定内容和方向，只有在后天的不断学习中才有具体的方向。

2) 自我提高的内驱力

自我提高的内驱力是指个体要求凭借学业成就赢得相应地位的愿望。例如，学习好可以受到老师和同学的尊重；学习好可以找到好的工作。"学而优则仕"的想法是典型的自我提高的内驱力。

3) 附属内驱力

附属内驱力是学生为了得到家长、教师等长者的赞许或认可而努力学习的一种需要。这种内驱力在中小学生身上较常见，大学生有时也有这种内驱力。例如，为了得到自己所尊重老师的赞扬而努力学习他所讲授的学科。

二、学习动机的具体内容

(一)教育学生确立新的学习目标和远大理想

初中生或高中生经过努力拼搏考入了理想的学校，刚一入学的新生有许多是处于理想的暂时"空白"状态，他们可能有些不知所措。所以教师要及时指导他们确立新的学习目标，产生新的学习动机，使其早日适应和投入新的学习和生活中。在对学生进行学习目标教育时，要把近期的具体目标和长远目标或远大的理想结合起来。因为学习目标具有直接指引学习的动机作用，而长远目标的动机作用较为稳定和持久，但离开近期具体目标，其功能也是无法实现的。所以，在学习的各个环节，教师都要向学生提出明确而具体的目标要求，目标的高低要因人而异，要尽力与个人的学习能力相一致。过高的目标，与学生已有的知识和技能差距较大，学生可望而不可即；过低的目标，又缺乏挑战性。只有既在学生能力范围之内，又具有一定挑战性的目标，才能有最佳的动机激发作用。

(二)利用学习结果的反馈作用

学生及时了解学习的结果，例如，看到批改后的作业、考试的成绩等，既可及时看到自己的进步，又可通过反馈看到自己的不足，均可激发进一步努力学习的动机。关于学习结果对动机的激励作用已为许多实验证明。

布克(Book)与诺维尔(Norvell)让两组大学生以最快速度和最高正确率来做练习(减法、速定字母 a 等)，连续进行 75 次，每次 30 秒。在前 50 次练习中，甲组知道每次练习的成绩，乙组不知道。从第 50 次练习开始，两组条件对换，结果前 50 次甲组成绩比乙组的好，后 25 次甲组成绩就不好了，乙组成绩明显上升。因此，我们认为利用反馈时一定要及时、具体。

(三)正确运用奖惩

教师对学生的学习结果进行适当的评价具有强化作用。佩奇(Page)曾对 74 个班的中学生，共 2000 多人进行实验。他把每个班的学生都分成三组，给予不同评价。第一组为无评语组，只给甲、乙、丙、丁的等级；第二组为顺应评语组，即除标明等级外，还按照学生的答案给予对应的评语；第三组为特殊评语组，对甲等成绩者，评为"好，坚持下去"；对乙等成绩者，评为"良好，继续前进"；对丙等成绩者，评为"试试看，再提高点吧"。结果发现：顺应评语针对学生答案中的优点、缺点做评定，效果最好；特殊评语的内容针对性不够，虽然有激励作用，但是不如顺应评语；无评语的成绩明显低落。因此，教师对学生作业、测验等进行评价时，不仅要打分数，评等级，还应加上有针对性的评语，这样的效果会更好。

奖惩作为学习的外部诱因，能够给学生的学习活动以肯定或否定的强化，从而巩固和发展学生的学习动机。赫洛克(Hurlock)在实验中将 106 名四年级、五年级学生分成四个等组，在四种条件下做加法练习，A 组为受表扬组，B 组为受训斥组，C 组为受忽视组(旁听 A、B 两组受表扬与训斥)，D 组为控制组(单独进行，不做任何评价)。结果表明：①对学习结果进行评价，能强化学习动机，对学习起促进作用；②适当的表扬效果明显优于批评的效果；③批评的效果比不做任何评价的要好。

此外，教师的奖惩，要注意以下几个问题：①要使学生有正确的奖惩观；②奖惩一定要公平适当；③要了解学生的个别差异，因材施教。对学习成绩较差、自信心较低的学生，应以表扬鼓励为主，使其获得更多的成功机会，逐步树立起学习信心；对学习成绩较好，但有些自傲的学生，要提出更高的要求，表扬的同时还应指出其不足。

🌐 知识链接 4-1

有效的表扬

(1) 针对具体的良好行为给予表扬。
(2) 对要达到的目标进行具体的说明。
(3) 具有自然、多样以及其他一些可信的特征，对学生完成的活动给予明确的关注。
(4) 对达到某些具体标准(应该包括努力这一标准)的行为进行奖励。
(5) 给学生提供有关自身的能力以及完成任务的意义的信息。
(6) 引导学生更好地认识自己那些与任务有关的行为，引导学生对问题解决进行思考。
(7) 以学生过去的成绩为参照，来评价学生当前的成绩。
(8) 认可学生付出的艰苦努力或在困难(对该学生而言是困难的)任务上取得的成功。
(9) 将成功归因于努力和能力，这意味着将来还会获得类似的成功。
(10) 将学生的注意力集中到与任务有关的行为上。
(11) 任务完成后，对与任务有关的行为表示赞赏，并鼓励学生进行合理的归因。

(资料来源：[美]罗伯特·斯莱文. 教育心理学[M]. 姚梅林，等译. 北京：人民邮电出版社，2004：258.)

(四) 适当开展竞赛

竞赛是激发学习积极性的有效手段，这已被许多的研究证明。查普曼(Chapman)和费德(Feder)在实验中，让五年级两个组的学生进行十天(每天十分钟)的加法练习。竞赛组的成绩每天都在墙上公布，并为优胜者贴红星；无竞赛组只做练习，无任何奖励措施。结果表明，竞赛组的成绩明显优于无竞赛组。

然而，竞赛也有一定的消极作用。过于频繁的竞赛不仅会失去激励作用，反而会制造紧张气氛，加重学习负担，有损学生身心健康。学习成绩差的学生常因竞赛失败而丧失学习信心。同时，竞赛还不利于良好同学关系的形成。

因此，为使竞赛能对大多数学生起到激励作用，必须注意以下几点：①竞赛要适量；②选择竞赛的方式，使不同学生在竞赛中都有获胜的机会。例如，可以按能力分组竞赛，也可鼓励学生自己和自己竞赛。

(五) 创设问题情境，激发学生的求知欲

创设问题情境是指在教学中提出有一定难度的问题，使学生既感到熟悉又不能简单利用现有的知识和习惯的方法就能解决问题，从而激起学生求知的欲望和积极的思考。也就是使学生进入"心求通而未得，口欲言而未能"的"愤""悱"之境。孔子称它为"不愤不启，不悱不发"。这就是我们现在所说的"启发式"教学。

创设问题情境，通常可采用以下两种方法。

一是语言提问法，即在教学中，直接提出与新知识有关的问题。例如，在讲排列组合时可向学生提问：在0~9十个数字中，任意选出7个数字组成一个电话号码，共可以组成多少个？这种具有启发性的提问，有的学生会动手去排列，有的学生可能在想怎么才能尽快排出的办法，但是又难以排出。这样就会激起学生的求知欲。

二是活动法,即让学生参加实践活动,在活动中遇到问题,就会激起学生的好奇心和求知欲。这里的活动既包括课堂的活动,也包括课外活动。许多的研究都证明,学生头脑中有没有问题,对学习积极性的影响是不同的。伯莱因(Berlyne,1966)曾做过这样一项研究,让平均能力相等的两组大学生学习同一篇读物。其中一组在未学习以前经过一次预测,预测的题目与学习读物有关;另一组没有进行预测。结果前一组学生知道自己有什么问题不懂,就激发了学习积极性,学习时更有的放矢,从而在学习和记忆两个方面都产生了良好的效果;后一组的学习积极性则未被充分调动起来。

在设置问题情境时要注意:①问题要能使学生的新旧知识联系起来;②问题要新颖有趣;③要有适当的难度;④要富有启发性,真正能促进学生思维能力的发展。

(六)引导学生正确归因

归因是指对他人或自己的行为进行分析,指出其性质,推论其原因的过程。这是日常生活和实践中最常见的心理现象。例如,"这次考试为什么没及格?""这个老师今天为什么没有讲好?"这就是归因。学者对归因问题有许多的研究,也产生了很多的理论。在众多归因理论中,韦纳(Weiner)对成就行为的归因理论的研究影响最大,具有代表性。他认为,能力、努力、任务难度和运气是人们面临成功和失败时,寻求解释的四个最主要的原因。同时,他将这四个原因根据控制的位置分为内部原因和外部原因。他还提出,要增设一个"稳定性"维度,把行为的原因分为稳定的原因和不稳定的原因两种(见表4-3)。

表4-3 韦纳的归因

稳定性	控制位置	
	内部原因	外部原因
稳定的原因	能力	任务难度
不稳定的原因	努力	运气

韦纳认为,个人对成败归因如何对后来行为的动机有很大的影响。不同的归因,对学生所产生的影响是不同的。

当倾向于能力归因时,个体成功时,就会认为自己能力强而信心十足,甚至得意扬扬。当学习失败时,就认为自己天资太差,脑子笨,因而会失去信心,甚至自暴自弃。

当倾向于努力程度时,个体成功时,会认为是努力的结果,就会鼓励自己继续努力,并预期今后再次获胜。个体失败时,会认为是不努力造成的,因此,认为只要自己努力,就一定可以获得下次的成功。

当倾向于任务难度时,个体成功时,会提醒自己不要骄傲,今后可能会遇到更困难的任务。个体失败时,则会抱怨客观条件,并趋向于选择难度较小的学习任务。

当倾向于运气归因时,个体成功时,会认为只不过是自己此次侥幸,并不是自己真有本事。个体失败时,则自认倒霉,但祈求今后能降临好运气。

正是归因不同,导致学生学习积极性不同。因此,教师在教学中一定要注意引导学生进行正确归因,要通过归因,归出信心,归出力量。

知识链接 4-2

给学生提供具有激励的反馈

如果学生认为自己过去的失败是由于缺乏能力，那么，他会认为自己在其他类似的任务中也难以取得成功，因而也就不会付出太多的努力(Ethington，1991)。显然，认为自己会失败的看法就会得到某种证实。由于持这种观点，学生努力学习的动机就不会很强，而这反过来又导致再次的失败。教师由此传递给学生的最具毁灭性的评价就是"愚不可及"。虽然很少有教师直接对学生这么说，但是教师的看法会通过其他方式传递给学生。一种方式就是使用竞争性的评分制度(分数的正态分布)，使分数公开化，名次变得很重要。这种做法将学生在学业成绩上的微小差距放大了许多，使那些分数最低的学生觉得自己永远也学不好。

相反，那些淡化分数和名次的教师会向学生传递这样一种期待(这种期待通常也是正确的)：班上的所有学生都有能力学好。这样的教师更倾向于帮助学生认识到成功与否取决于自己的努力——一种内部、可变的因素，这种归因使学生产生这样的预期：如果自己尽最大努力，将来就会成功。

将成功归因于内部的稳定因素("因为我聪明，所以成功了")也不具有较强的激励作用。有能力的学生也需要认识到，成功来自努力而不是能力。如果教师强调努力是成功的主要原因，并且对学生付出的努力进行奖励，那么与只强调能力并对能力进行奖励相比，前者更有可能激发所有的学生付出最大的努力(Rosnik, 1998)。

可以应用个别化教学的方式来奖励学生的努力而不是能力。个别化教学将成功定义为学生在原有水平上的进步；可以将学生的努力作为考虑因素计入总分中，也可以对学生的努力进行单独的评分，对成绩的提高进行奖励。

(资料来源：[美]罗伯特·斯莱文. 教育心理学——理论与实践[M]. 姚梅林，等译. 北京：人民邮电出版社，2004: 245.)

思考题

1. 什么是需要？它有哪些种类？
2. 评述马斯洛的需要层次理论。
3. 兴趣的品质有哪些？怎样培养良好兴趣？
4. 什么是动机？它有什么功能？
5. 动机是由哪些成分构成的？
6. 联系实际谈谈怎样培养和激发学生的学习动机。
7. 分析自己缺少学习动力的原因。
8. 讨论知识的价值。

第五章 学习与学习理论

本章学习目标

- 理解并掌握什么是学习,学习有哪些特点,学习有哪些种类。
- 理解并掌握行为主义学习理论、认知主义学习理论、建构主义学习理论、人本主义学习理论的主要内容。
- 理解教育神经科学与脑科学的研究对当前教育的影响。
- 理解各种流派的学习理论对教育教学的指导作用。
- 理解并运用各种学习理论对现实教育教学实例进行分析。

重点与难点

重点: 行为主义学习理论、认知主义学习理论、建构主义学习理论、人本主义学习理论的主要内容。

难点: 运用各种学习理论对现实教育教学实例进行分析。

引导案例

宋老师是一位新老师,她在教学中遇到的最大困难就是管不住学生,班级秩序总是乱糟糟的。有一次,宋老师看到隔壁班的高老师笑着对一个特别捣蛋的学生说:"你这画画得真棒!"学生听了兴奋得脸都红了,还露出不好意思的表情,这是宋老师在这个孩子身上从没见过的。

宋老师也试着表扬自己班上一个总是捣乱的学生,可没想到的是,听了她的表扬,学生竟然冲她翻了个白眼,一脸不屑。

老教师私下告诉宋老师,要黑得下脸来,对几个气焰嚣张的学生要敢于"亮剑"。于是宋老师试着狠批学生,让他们罚站,甚至站到教室外面去。可是,这些都没有用。有些学生根本不害怕,越惩罚他就越和老师对着干。比如,虽然让他罚站,但是等宋老师一转过身去他就开始给班上同学做鬼脸,这反而把宋老师气得够呛。宋老师真想弄明白,对学生到底该"奖"还是该"罚",该如何运用奖励与惩罚的策略呢?

【问题思考】

宋老师的困惑或许很多老师都有,他们缺乏足够的教育心理学的理论支撑,缺乏对学生的学习过程的理解,所以不知该如何做。其实早在20世纪初,行为主义心理学家就对奖励和惩罚有过具体、深入、全面、系统的论述,发展到认知主义心理学、建构主义心理学、人本主义心理学之后,对学生的处理方式早已经超越"奖励"和"惩罚",转而关注学生获得认知结构的过程和结果，关注学生对信息的处理、加工过程，关注学生的个体构建或社会构建过程，关注学生的自我潜能是否有条件发展并得到实现。近年来，教育神经科学与脑科学的发展更为学生的学习带来了新的解释与新的观点。

(资料来源：赵希斌. 好懂好用的教育心理学[M]. 上海：华东师范大学出版社，2013：137-138.)

第一节　学生的学习

一个小孩子被邻居家的狗咬了一口，从此他看到任何狗都躲着走；当他看到另一个孩子因为某种良好行为受到夸奖的时候，他也会去模仿。雪虎是杰克·伦敦的名著《雪虎》中的一只狼犬，幼崽时期看到主人生火，它就用舌头去舔这种太阳颜色的东西，结果舌头和鼻子都被灼伤了，雪虎从此知道火是危险的东西，不可触碰；长大一些，它看到有些狗被人用枪打伤打死，当看到人类拿枪时，它知道躲到墙后藏起来。可见，无论是人类的儿童还是动物的狼犬，他们都是因为学习而发生了上述的变化。学生作为以学习为主要活动的个体，教师作为以教学为主要活动的个体，都应该更深刻地了解什么是学习，以及学习的作用、特点、分类等知识。

一、学习概述

学习概述.mp4

"学习"一词最早见于我国古代儒家名著《论语》"学而时习之，不亦说乎"。在当时，"学"与"习"两个字是分开使用和理解的。"学"是指获取知识和技能；"习"是指巩固知识和技能。而心理学中所研究的学习，尽管各位学者的观点与定义不同，但其内涵远远超过了知识和技能的学习。

学习问题非常复杂，学习的范围广泛，层次丰富，影响因素也多种多样，心理学对学习有种种界说，但较为广泛的定义是，"学习是个体在特定的情境下由于练习或反复经验而产生的行为或行为潜能的比较持久的变化"。由于学习心理学中的认知革命，目前更为广泛接受的定义是，"学习是由于经验所引起的行为或思维的比较持久的变化"。

我们可以从以下几个方面对学习这一概念进行更深入的理解。

第一，学习的发生是经验引起的。这里的"经验"与"经历"一样，即个体通过某种活动来获得经验的过程，是个体与外界信息的相互作用的过程。经验或经历越丰富，个体的学习发生得越多，从这个层面上来讲，"两耳不闻窗外事，一心只读圣贤书"是片面的学习，而"见多识广"才是全面的学习。

第二，学习的结果有可能是马上就能看到的行为变化，也有可能不是马上就能看到的行为潜能的变化，并不是所有的学习都能立竿见影。早在 1930 年，行为主义心理学家托尔曼(Tolman)就从小白鼠的身上发现了这种学习——在无奖赏时能够发生的但在有需求时才表现出来的学习过程。当然，无论是看不见的潜伏学习、思维变化，还是看得见的行为变化，都是比较持久的。

知识链接 5-1

潜伏学习的实验

1930 年，托尔曼和 C. H. 杭席克设计了一个实验，研究白鼠学习迷津过程中食物(强化物)对学习的作用。他们选用 3 组白鼠。甲组没有食物奖赏，即目标间无食物；乙组有食物奖赏，甲、乙两组均为控制组；丙组为实验组，延迟受奖，即前 10 天不给食物，从第 11 天起才能在目标间找到食物。实验组的目的在于比较乙组和丙组的成绩，从而探索动物开始几天不给食物而中途给食物对成绩的影响。结果显示：乙组较甲组更快地逐日减少错误；乙组与丙组比较，丙组从第 11 天开始给的食物，到第 12 天只喂过一次，可是乙、丙两组的错误次数几乎相似，以后丙组甚至优于乙组。托尔曼认为，丙组动物虽然开始时未受奖赏，但动物学会了迷津中的空间关系，形成了一种认知地图，"知道"迷津中的每一部分都有一端不通，另一端则有一个通向别的部分的门。当在第 11 天给丙组食物时，因为加强了其对迷津情境的认识，所以迅速减少错误，甚至比乙组学习更好。所以，这种学习是潜伏的、隐匿的。

(资料来源：潜伏学习. http://baike.baidu.com/view/2125413.htm?fr=aladdin.)

第三，不能简单地认为凡是行为的变化都是发生了学习。学习是由练习或反复经验产生的。有机体的变化可能是由学习引起的，也有可能是由本能、疲劳、适应和成熟等引起的。

第四，学习是一个广义的概念，不仅人类普遍具有，动物也存在学习。学习不仅指有组织地学习知识、技能和策略，也包括态度、行为准则等，既包括学校的学习，也包括从出生就出现的并一直持续终生的日常生活中的学习。

综上所述，我们对学习做这样的界定：学习是个体(人或动物)以自己现有的知识、技能、态度等心理结构为基础，通过与客体信息进行的双向的相互作用来形成、充实或调整自己的知识、技能和态度的过程，而这种变化会对个体以后在相关情境中的活动的水平和方式产生影响。

二、学习的作用

(一)学习是个体适应环境，与环境保持动态平衡的重要手段

人是最高等的动物，生活方式极为复杂，固定不变的本能行为最少。人类行为的绝大部分是后天习得的，因此学习的能力以及学习在人类个体生活中的作用也就必然是最大的。人类婴儿相对初生动物来说，独立能力差，天生的适应能力也差。可以说，离开父母的养育，婴儿是无法生存下去的。但人类有着动物不可比拟的学习能力，可以迅速而广泛地通过学习适应环境。人能够成为万物之灵，靠的就是学习。1972 年联合国教科文组织国际教育发展委员会发表的题为《学会生存》的研究报告，就把学习同生存直接联系在一起，可见，学习对人类生存的重要性。

(二)学习可以促进个体的成熟和生理的发展

受"用进废退"自然法则的支配，"用"即后天的学习，学习可以促进个体的生理发展，动物与人类的学习实验都证明了这一点。动物尤其是初生动物的环境丰富程度不仅可

以影响动物感官的发育，也会影响动物大脑的重量、结构和化学成分，从而影响动物智慧的发展。

知识链接 5-2

环境对大脑发育的作用的实验

克雷奇(Krech，1966)将幼鼠分成 3 组：第一组给予丰富刺激，使它们的反应越来越复杂；第二组在笼中过着正常的生活；第三组与环境刺激完全隔离。80 天之后对 3 组幼鼠进行解剖比较分析。结果发现，在大脑皮层的重量和密度方面，第一组最优，第三组最差；在与神经冲动的传递密切相关的乙酰胆碱酯酶方面，3 组之间也呈现重大差异，第一组含量最丰富，第二组次之，第三组含量最少。

怀特通过初生婴儿手眼协调动作训练的实验研究发现，经过训练的婴儿，平均在 3.5 个月时就能举手抓取到面前的物体，其手眼协调的程度相当于未训练的 5 个月的婴儿的水平。这就说明了学习、训练对成熟的促进作用，学习促进了潜能的表现和能力的提高。

(资料来源：付建中. 教育心理学[M]. 北京：清华大学出版社，2010：45—46.)

(三)学习可以提高人的素质

学习可以提高人的文化素养。人类在社会历史发展过程中创造了大量的物质文化与精神文化，特别是精神文化，如文学、艺术、教育、科学等方面的成果，尤其需要我们通过学习来获得，以提高自己的文化素养。

学习可以优化人的心理素质。一个现代社会的新型人才，应该具备诸多方面的良好素质，如高尚的品德、超凡的气质、敬业的精神以及坚韧不拔的意志等，这些都可以通过学习来获得。

(四)学习是文明延续与发展的桥梁和纽带

美国著名民族学家、原始社会史学家摩尔根(Morgan)认为，人类社会的历史可概括为三个时代，即蒙昧时代、野蛮时代和文明时代。在蒙昧时代，人类世代生活在热带或亚热带的森林中，以野生果实、植物根茎为食，还有少部分栖居在树上。随着地壳的变化、气候的改变，人类不得不从树上移居到地面，学会了食用鱼类、使用火、打制石器、使用弓箭等生存的本领，并世代相袭。到了野蛮时代，人类又学会了制陶术、动物的驯养繁殖和植物的种植，这一时代后期，人类还学会了铁矿的冶炼，并发明了文字，从而使人类历史过渡到文明时代。

由此看来，人类文明的延续和发展，就如同一场规模宏大而旷日持久的接力赛：前代人通过劳动和生活获得维持生存和发展的经验，不断总结，不断积累，不断提高，形成知识和技能传给后人；后辈人在学习前人经验的基础上，进一步丰富知识和提高素质，以适应时代与环境的变迁。如此代代传递，便形成一部人类文明延续发展的历史。

值得注意的是，人类文明在一定意义上存在加速发展的趋势，因此，学习活动对人类社会的作用更加明显。

三、学习的特点

学生的学习，是人类学习的一种特殊形式。学生在学校的学习有如下几个特点。

(一)学生的学习以掌握书本的间接经验为主

间接经验是人类在漫长的社会实践中积累起来的精神财富，它包括文化科学知识、生产技术和行为规范。直接经验和间接经验对于人类来说都是必要的，但学生的学习则是以掌握间接经验为主。因为学生要在短时间内掌握人类数千年积累起来的知识，而要求他们事事都去直接经历和体验，这既不可能，也没必要。强调学生要以掌握间接经验为主，这并不排除学生也要获得必要的直接经验。因为没有一定的直接经验，学生学习间接经验就会存在困难。

(二)学生的学习是在教师的指导下进行的

学生在教师的组织和指导下的学习与人们在日常生活中的学习是不同的。教师是经过教育和训练的专职教育工作者，他们能按照一定的教育目的和要求，遵循教学和学生身心发展的规律，有计划、有组织地进行教育和教学。学生在教师指导下的学习，其学习目的、任务比较明确，学习要求具体，学习内容丰富而系统，时间安排比较科学，学习形式灵活多样，这样可以使学生在较短时间内掌握比较系统的科学知识，取得良好的学习效果。这与人们在日常生活中通过交往而进行的学习和自学，包括在学习的目的、内容和效果等方面，都有明显的区别。在教师指导下进行的学习，是学生学习的一个重要特点。

(三)学生的学习主要是为未来的社会实践做准备

学生在学校里学习系统的科学知识，形成技能，发展智力，形成科学的世界观和道德品质。学生的学习实际上是一种社会化的过程，他们不仅要学习科学知识，而且要学会做人和掌握社会行为规范。学生的学习是为将来参加社会实践做准备，而他们对学习的重要性、紧迫性往往认识不足，因此必须对学生进行目的教育，培养和激发其学习动机，以充分调动他们的学习积极性。

四、学习的分类

学习是一种极为复杂的现象，范围广泛，形式多样，层次不一。因此，对学习可以从不同的角度做不同的分类。

(一)按学习水平分类

认知心理学家加涅(Gagne)在1970年根据学习的繁简程度，提出了八类学习。

第一，信号学习：经典条件反射，学习对某种信号做出某种反应。其过程是刺激—强化—反应。

第二，刺激—反应学习：操作条件反射，其过程是情境—反应—强化。

第三，连锁学习：一系列刺激—反应的联合。

第四，言语联想学习：与连锁学习一样，只不过它是言语单位的联结。

第五，辨别学习：学会识别多种刺激的异同并对之做出不同的反应。

第六，概念学习：对刺激进行分类时，学会对一类刺激做出同样的反应，也就是对事物的抽象特征做出同样的反应。

第七，规则的学习：规则是指两个或两个以上概念的联合，规则学习即了解两个或两个以上概念之间的关系。

第八，解决问题的学习：在各种情况下，使用所学规则去解决问题。

加涅的这一分类是由简单到复杂，由低级到高级。前三类学习都是简单反应，许多动物也能完成。1971年，加涅对这种分类做了修正，把八类学习变为六类学习，即连锁学习、辨别学习、具体概念学习、定义概念学习、规则的学习、解决问题的学习。

(二)按学习方式分类

奥苏伯尔是认知学习理论的代表人物，他根据学习的方式将学习分为接受学习与发现学习、意义学习与机械学习。

1. 接受学习与发现学习

接受学习即将知识以定论的形式传授给学习者。学习者被动接受，把学习的内容内化为自身的知识，在适当的时候能够提取出来或应用。

发现学习是指讲授者不直接把学习内容教给学生，学生在内化之前，要自己独立去发现这些内容。学生的主要任务是主动地发现，然后将其内化为自己的知识。发现学习与接受学习的区别就在于发现学习多了一个发现的环节，然后同接受学习一样，将发现的内容同化，以便在以后运用。

2. 意义学习与机械学习

意义学习即用符号、文字所代表的新知识与学习者原有的知识结构之间建立一种"实质"的和"非人为"的联系。

机械学习则是指在学习过程中，学习者没有理解学习符号的真实含义，只是在学习内容和已有知识结构之间建立一种非本质的、人为的联系，如我们常说的死记硬背。

(三)按教育目标分类

美国教育家和心理学家布鲁姆(Bloom)根据教育目标对学习进行分类。他认为教育目标也是学习的结果，因此把学习分为认知学习、情感学习、技能学习三大领域。每类学习又分为不同的目标，以认知领域的学习目标为例，认知领域的目标分为六个主要级别，由低级到高级依次是知识、领会、运用、分析、综合、评价。

(1) 知识：对先前学习的材料的记忆，包括具体的知识和一般的知识以及处理知识的方法与手段等，是最低水平的认知学习结果。

(2) 领会：能把握材料的意义，包括翻译、解释和推断所提供的教材。

(3) 运用：能将习得的材料应用于新的具体情境，包括概念、规则、方法、规律和理论的应用。

(4) 分析：能将整体材料分解成它的构成成分并理解组织结构。

(5) 综合：能将部分组成新的整体，强调创造能力，需要产生新的模式和结构。
(6) 评价：对材料做价值判断的能力。

(四)按学习的结果分类

1977年加涅在《学习的条件》一书中指出根据学习活动的复杂性对学习进行的分类对学校学习不适合。于是，他根据学习的结果又对学习进行了分类。

第一，言语信息的学习：学生掌握的是通过言语信息传递的内容，学生的学习结果是通过言语信息表达出来的。

第二，智慧技能的学习：言语信息的学习帮助学生解决"是什么"的问题，而智慧技能的学习要解决"怎么做"的问题，表现为使用符号与环境相互作用的能力。

第三，认知策略的学习：学习者调节和支配自己的注意、学习、记忆、思维和问题解决过程的内在组织的能力。

第四，态度的学习：态度是影响个体行为选择的内部状态，这种状态影响着个人对某种事物、人物及事件的选择倾向。学校的教育目标应该包括态度的培养，态度可以从各种学科的学习中得到，但更多的是从学校内、外活动中和家庭中得到。

第五，运动技能的学习：表现为平稳而流畅、精确而适时的运动操作能力，如体操技能、写字技能、作图技能、操作仪器技能等。个体获得运动技能，不仅指个体能完成某种规定的动作，还指个体能将这些动作组织得合乎规则、流畅而准确。

(五)按学习的内容分类

我国心理学工作者根据学习的内容一般将学习活动分为三类，即知识的学习、技能的学习、行为规范的学习。

(1) 知识的学习：通过一系列的心智活动来接受和获得知识，在头脑中建立起相应的认知结构。知识学习主要解决的是认识问题，即"知与不知、知之深浅"的问题。

(2) 技能的学习：主要是掌握顺利地进行活动的动作活动方式或心智活动方式。技能学习解决的是"会不会做"的问题。

(3) 行为规范的学习：把外在于主体的行为要求转化为主体内在的行为需要的内化过程，是品德形成的过程。

第二节 行为主义学习理论与认知主义学习理论

数十年来，学习理论的争论一直是教育心理学界的主题之一，这种争论有两大派别：一派认为学习是个体在一定条件下形成刺激与反应之间的联结而获得新经验的过程，这一派别称为行为主义学习理论，代表人物是桑代克(Thorndike)、巴甫洛夫(Pavlov)、斯金纳(Skinner)、班杜拉(Bandura)等；另一派认为学习是个体积极主动地在头脑内部形成新的完形或认知结构的过程，这一派别称为认知主义学习理论，其代表人物是苛勒(Kohler)、布鲁纳(Bruner)、奥苏伯尔和加涅。

一、行为主义学习理论

行为主义学习理论认为，一切学习都是通过条件作用，在刺激和反应之间建立直接联结的过程。强化在刺激—反应联结的过程中起着重要作用。在刺激—反应联结过程中，个体学到的是习惯，而习惯是反复练习与强化的结果。习惯一旦形成，只要原来的或类似的刺激情景出现，习得的习惯性反应就会自动出现。

(一)桑代克的尝试错误说

1. 经典实验

桑代克通过"饿猫开迷笼"实验(见图 5-1)来证明学习是一个尝试错误的过程。

桑代克的经典实验.mp4

图 5-1　桑代克"饿猫开迷笼"实验

桑代克将饿猫关入笼中，笼外放一条鱼，饿猫急于冲出笼门去吃鱼，但是要想打开笼门，饿猫必须一口气完成三个分离的动作：首先要提起两个门闩，其次是按压一块带有铰链的台板，最后是把横于门口的条板拨至垂直的位置。经观察，刚放入笼中的饿猫以抓、咬、钻、挤等各种方式想逃出迷笼，在这些努力和尝试中，它可能无意中一下子抓到门闩或踩到台板或触及横条，结果把门打开。多次实验后，饿猫的无效动作越来越少，最后饿猫就会立即以一种正确的方式打开迷笼。

2. 基本观点

桑代克认为，学习的过程是刺激与反应之间建立联结的过程，在这个过程中，随着错误反应的逐渐减少和正确反应的逐渐增加，最终在刺激与反应之间建立起牢固的联结。这个过程称为尝试错误，简称"试误"。

3. 学习定律

桑代克根据自己的实验研究得出了以下三条主要的学习定律。

第一，准备律：学习者在学习开始时的准备定势。学习者有准备而且给予活动就感到满意，学习者有准备而不活动则感到烦恼，学习者无准备而强制活动也感到烦恼。

第二，练习律：一个学会了的反应的重复将增加刺激与反应之间的联结。也就是说，刺激—反应联结练习和使用得越多，就变得越强；反之，则变得越弱。在桑代克后来的著作中，他修改了这一规律，因为他发现没有奖励的练习是无效的，联结只有通过有奖励的练习才能增强。

第三，效果律：如果一个动作跟随情境中一个满意的变化，在类似的情境中这个动作重复的可能性将增加，但是，如果一个动作跟随的是一个不满意的变化，这个动作重复的可能性将减少。因此，一个人当前行为的后果对他未来的行为起着关键的作用。

桑代克的试误说(又称"联结说")是教育心理学史上第一个较为完整的学习理论。他不仅说明了什么是学习，学习过程是如何的，还具体地阐明了学习的定律和原则。桑代克重视学习结果对学习的作用是有积极意义的。虽然人的学习不是由效果决定的，但是效果对学习的确有很大的影响。现代心理学强调信息反馈和奖赏的作用，其原因就在于此。在桑代克的学习理论中尽管存在着许多不足之处，甚至有些观点是不正确的，但他开拓性的成就是不可否认的。联结主义理论基本上来源于动物的实验，忽视了人类学习所具有的许多基本特点，把动物学习的模式和规律推广到人类的学习中，就必然使他的学习理论带有生物学化的倾向。

(二)巴甫洛夫的经典性条件作用理论

1. 经典实验

巴甫洛夫最早用精确的实验对条件反射做了研究(见图5-2)。他在研究消化现象时，观察了狗的唾液分泌，即对食物的一种条件反射。他的实验方法是，把食物给狗，并测量其唾液分泌。在这个过程中，他发现如果随同食物反复给一个中性刺激，即一个并不自动引起唾液分泌的刺激，如铃响，狗就会逐渐"学会"在只有铃响没有食物的情况下分泌唾液。

巴甫洛夫的经典实验.mp4

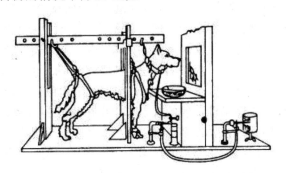

图5-2　巴甫洛夫的实验

2. 基本观点

一个原来是中性的刺激与一个原来就能引起某种反应的刺激相结合，并使动物学会对那个中性刺激做出反应，这就是经典条件作用的基本内容。在这个实验中，食物称为无条件刺激，由食物引起的唾液分泌为无条件作用；铃声原来是一个中性刺激，但铃声和食物在时间上多次结合，因此，中性刺激的铃声就成了条件刺激，铃声和唾液分泌之间就建立了一种新的联系，称为条件作用。巴甫洛夫对条件反射的研究是开创性的，而且他的实验方法与研究结果为后来的心理学家广泛接受。因此，他的条件反射理论被称为巴甫洛夫的经典性条件作用理论。

3. 关于学习规律的观点

尽管巴甫洛夫并没有专门概括学习的规律，但是他的实验以及他提出的条件反射原理包含了许多重要的学习规律。

1) 刺激的获得与消退

在条件作用的获得过程中，条件刺激与无条件刺激之间的时间间隔十分重要。一方面，条件刺激和无条件刺激必须同时或近于同时呈现，如狗边听铃声边进食，或听完铃声马上进食，时间间隔太久则难以建立联系；另一方面，条件刺激作为无条件刺激出现的信号，必须先于无条件刺激呈现，否则也将难以建立联系，如给狗听完铃声马上进食可以形成条件反射，进食以后马上听铃声则难以形成条件反射。

2) 刺激的泛化与分化

刺激泛化，是指人和动物一旦学会对某一特定的条件刺激做出条件反应，其他与该条件刺激相似的刺激也能诱发其条件反应，正如"一朝被蛇咬，十年怕井绳"。借助于刺激的泛化，可以把已有的学习经验扩展到新的学习情境中，从而扩大学习范围。但是，泛化刺激所引起的泛化反应，有时是不准确或不精确的，这就需要刺激分化。

刺激分化，是指通过选择性强化和消退使有机体学会对条件刺激和与条件刺激相类似的刺激做出不同的反应。例如，给狗呈现一种铃声使狗对该铃声产生反应，对另一种铃声则不产生反应。在实际教育和教学过程中，也经常需要对刺激进行分化，例如，一味要求学生"听话"，则会使学生丧失勇敢；一味要求学生"记住"，则会使学生丧失创造性。

刺激的泛化和刺激的分化是互补的过程，泛化是对事物相似性的反应，分化则是对事物差异性的反应。泛化能使我们的学习从一种情境迁移到另一种情境，分化则能使我们对不同的情境做出不同的恰当反应，从而避免盲目行动。

巴甫洛夫把比较精确而又客观的方法引入对动物学习的研究，把生理与心理统一起来，他提出的经典性条件作用理论，揭示了心理活动和学习活动的基本生理机制。他的研究公布不久，一些心理学家，如行为主义学派的创始人华生，就开始主张一切行为都以经典性条件反射为基础。虽然在美国这一极端的看法后来并不普遍，但在俄罗斯的心理学界，以经典性条件反射为基础的理论在相当长的时间内曾占统治地位。无论如何，人们一致认为，相当一部分的行为，用经典性条件反射的观点可以做出很好的解释。当然，经典条件反射学习理论仍有较大的局限性，正如许多心理学家所认为的，经典条件反射原理只可以部分解释简单的、低级的学习，即使是简单的学习，也不能完全用这种原理来解释，因为经典条件反射建立的前提是有机体先天存在的相应的无条件反射，但对于复杂、高级认识活动的学习，用这种条件反射原理来解释，就会犯简单、机械的错误。

(三) 斯金纳的操作性条件作用理论

1. 经典实验

斯金纳在20世纪30年代发明了斯金纳箱，他用这种学习装置以白鼠为研究对象来研究学习行为(见图5-3)。

斯金纳的经典实验.mp4

斯金纳把饥饿的白鼠放入斯金纳箱内。白鼠可以自由活动，当白鼠偶然碰上杠杆时，食物提供装置就会自动落下一颗食物丸，白鼠经过几次尝试，会不断按压杠杆，直到吃饱为止。这样，白鼠就逐渐"学会"了按压杠杆以取得食物的反应。

2. 两类行为与两类反射

斯金纳认为，人和动物的行为有两类：应答行为和操作性行为。应答行为，是由特定刺激所引起的反应；操作性行为，是有机体自身发出的反应，与任何已知刺激无关。

与这两类行为相对应，斯金纳把条件反射也分为两类：应答性反射与操作性反射。斯金纳认为，人类行为主要是由操作性反射构成的操作性行为，操作性行为是作用于环境而产生结果的行为，在学习情境中，操作性行为更有代表性。在日常生活中，人的大部分行为都是操作性行为，操作性行为主要受强化规律的制约。

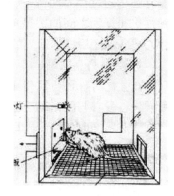

图 5-3　斯金纳箱

3. 强化理论

1) 正强化、负强化和惩罚

斯金纳认为，强化是操作性行为形成的重要手段。强化是一种操作，强化的作用在于改变同类反应在将来发生的概率。强化需要用到强化物，凡是能增加反应概率的刺激和事件都叫作强化物。

强化分为正强化和负强化两种。正强化也叫积极强化，是获得强化物以增强某个反应，如老师的表扬使学生增加了主动学习的行为。负强化也叫消极强化，是去掉讨厌的刺激物，由于刺激的退出而加强了那个行为，如教师因取消附加作业而使学生增加了守纪律的行为。需要注意的是，不管是增加了强化物，还是取消了个体讨厌的刺激，正强化和负强化的结果都是使行为增加。惩罚则是当有机体做出某种反应之后，呈现一个厌恶刺激，以消除或抑制此类反应的过程，如学生不遵守课堂纪律，被老师罚站，老师的目的是施加给学生一个令他讨厌的刺激，以减少其不遵守纪律的行为。也就是说，与强化相反，惩罚的结果是使个体行为减少。

2) 强化的程序

个体行为的建立通过一次强化就完成显然是不切实际的，而如果进行多次强化就需要对这些强化按科学的程序进行编排。斯金纳将强化按时间间隔和间隔次数分为以下两大类。

(1) 连续强化。

连续强化也称即时强化，即对每次或每个阶段的正确反应予以强化。

(2) 间隔强化。

间隔强化也称延缓强化，包括定时距式强化和变时距式强化(按间隔时间是否固定划分)、定比率式强化和变比率式强化(按间隔次数是否固定划分)。

第一，定时距式强化：强化的时间间隔是固定的，如学生每学期都会进行的期末考试。

第二，变时距式强化：强化的时间间隔是变化的，如学生上课时的随堂小考。

第三，定比率式强化：每两次强化之间间隔相等的次数，如上课按学号或座位顺序让学生回答问题。

第四，变比率式强化：每两次强化之间间隔次数不相等，如买彩票。

每种强化的程序既有其效果，也会有其局限。连续强化对于行为的建立有较快的作用，但是一旦强化停止，行为也很难维持；间隔强化是当强化停止后，个体会因为以前也有过没有强化的时候而期待下一次强化的到来,所以还会维持行为,但行为建立初期很难认识到强化和行为之间的因果关系。因此比较好的做法是,在行为建立初期使用连续强化,当行为建立起之后根据行为的性质和内容转为相应的间隔强化。

3) 普雷马克原理

在强化时,还可以使用普雷马克原理,即用高频的活动作为低频活动的强化物,或者用学生喜爱参与的活动去强化学生不喜爱参与的活动。例如,"你要先吃完蔬菜,然后才能吃甜点",或"你要先写完作业,然后才能看动画片"。

在使用普雷马克原理的时候要注意以下三点。

第一,要注意强化和行为之间的先后顺序。若要想使学生养成回家就写作业的习惯,就一定要让学生先写作业,然后才能做他想做的事情,如先写作业才能看动画片或做游戏。如果把这个顺序颠倒过来,则达不到强化的目的。

第二,要使学生认识到强化和行为的真正的依随关系。如要求学生先写作业然后看动画片,学生为了早些看动画片,结果乱写乱画,速度是提高了,但没有达到强化的预期目的。所以在做要求的时候,要与学生达成共识,即学生一定要保质保量地完成作业才能看动画片。

第三,要用学生喜欢的活动去强化学生不喜欢的活动。由于普雷马克原理是用一种活动去强化另一种活动,因此涉及活动的频率,这里假设学生喜欢的活动是高频活动,学生不喜欢的活动是低频活动。例如,周日一名家长对孩子说:"今天上午你先弹一小时钢琴,然后我让你画一小时画。"而对于孩子来说,他宁愿弹两小时钢琴,也不愿意画画,这样自然达不到家长预定的目的。

4) 外部强化的副作用

在实际教学中,尤其是对于低年级的学生,强化作为一种教学手段是十分有效的。很多教师都切身体会到了强化的有效性,所以会经常性地使用。但是,仅作为对行为的操作方法,强化的作用也是有限的。

知识链接 5-3

这是怎么回事

在一个院子里,一位老先生的邻居大多是一些十来岁的孩子。孩子们每聚在一起时,总是追逐打闹、嘻嘻哈哈、吵声震天,使这位老先生深受其苦。面对孩子们的吵闹,老先生屡次出面干涉却全然不起作用,孩子们很快就在游戏中把"吵闹会影响他人休息"的事忘得一干二净。终于老先生想出了一个好办法来解决这个问题,他把孩子们叫到身边,告诉他们,他的听力不太好,但又想分享他们的快乐,听到他们的欢笑声。所以,谁的叫声高,他给谁的钱就多。结果,有些孩子得到 5 角钱,有些孩子得到 2 角钱,有些孩子只得到 5 分钱。此后的一周里,他总是施以同样的奖励,孩子们也卖力地大声叫喊。突然,从第二周开始老先生不再给予任何金钱奖励。结果,孩子们感觉自己受到的待遇颇不公正:"今天喊得这么响,怎么连一分钱都不给?""不给钱了谁还给你喊?"至此,孩子们对大声喊叫完全失去了兴趣。

(资料来源:赵希斌. 好懂好用的教育心理学[M]. 上海:华东师范大学出版社,2013:138.)

4. 程序教学法

斯金纳学习理论在教学中的应用体现在程序教学法中，程序教学法的过程是将各学科的知识按内在逻辑联系分解成一系列的知识项目，并将这些知识项目按一定的顺序呈现给学生，要求学生一一回答，然后学生可得到反馈信息。问题相当于条件反射形成过程中的"刺激"，学生的回答相当于"反应"，反馈信息相当于"强化"。程序教学法的关键是编制出好的"程序"，为此，斯金纳提出了编制程序的五个基本原则。

第一，"小步子"原则：教材上的知识项目应该是许多具有逻辑联系的小步子，上一步与下一步之间的难度、深度差异不宜太大，要方便学生顺利地学习。

第二，积极反馈原则：要使学生对所学内容做出积极的反应，否认"虽然没有表现出反应，但是的确明白"的观点。

第三，及时(反馈)强化原则：对学生的反应要及时强化，使其获得反馈信息。

第四，自定步调原则：学生根据自己的学习情况，自己确定学习的进度。

第五，低的错误率：使学生尽可能每次都做出正确的反应，使错误率降到最低。

斯金纳的学习理论是在大量动物实验研究和巴甫洛夫经典性条件作用理论的基础上，发现并提出的操作性条件作用规律，他把学习的理论研究推进了一步，贡献较大，他的学说具有重要的应用价值。在教学上，他设计的程序学习提出了一种新的学习方式，对提高学习者的学习效率、适应学习者的个别差异等有积极的作用。

在程序教学法中，强调学习的循序渐进、学习者的积极反应、及时反馈等原则，体现了学习的一般规律和要求。操作性条件反射原理在动物训练、行为塑造和心理治疗等方面亦有重要应用。但斯金纳的理论具有行为主义的特点，忽视了人的意识和思维在学习中的作用，将人的学习和动物的学习等同起来，简单地归结为操作性条件反射，这没有反映出人类学习的本质，表现出明显的机械主义。

(四)班杜拉的社会学习理论

自20世纪40年代以来，行为主义心理学家对儿童如何获得社会行为很感兴趣。这些行为包括合作、竞争、攻击、伦理道德和其他社会反应。社会反应主要通过观察和模仿别人的行为而学得。而此时强化理论已经不能令人满意地解释所有的模仿形式。首先，儿童为什么总是有选择性地模仿而不是模仿所有受到强化的行为？其次，为什么儿童有时模仿那些过去没有相互作用过的行为？最后，为什么儿童在最初观察的几天、几周之后，他们没有受到强化，也没看到榜样的这种行为受到强化，却会模仿新的行为？面对这一系列问题，班杜拉提出了一套被人们广为接受的模仿理论。

1. 经典实验

班杜拉做过这样一个实验：让学前儿童观看一场电影，在电影中，一个人正在踢打一个充气娃娃。第一组儿童看到那个人因为这种行为受到奖励；第二组儿童看到那个人因这种行为受到惩罚；第三组儿童没有看见任何结果。看完电影后，这些儿童被带到摆有充气娃娃的房间。结果发现，第一组儿童最具攻击性，狠狠踢打房间内玩具；第二组儿童攻击行为最少，但是如果他们被告知，模仿电影中的人

班杜拉的经典实验.mp4

踢打充气娃娃可得到奖励,他们就会将攻击性行为表现出来。这意味着,尽管学习已经发生了,但除非情境是合适的或者有引起行为的刺激,否则是不会表现出来的。外在强化或者学习者对即将出现后果的高度相信会影响表现而不是影响学习。

2. 基本观点

班杜拉的社会学习理论关于学习实质问题的基本看法是,学习是指个体通过对他人的行为及其强化性结果的观察,从而获得某些新的行为反应,或已有的行为反应得到修正的过程。他认为观察学习包括注意、保持、再现和动机四个子过程。

注意过程调节着观察者对示范活动的探索和知觉;保持过程使学习者把瞬间的经验转变为符号概念,形成示范活动的内部表征;再现过程以内部表征为指导,把原有的行为成分组合成信念的反应模式;动机过程则决定哪种经由观察习得的行为得以表现。如在课堂教学中,儿童注意到其他学生举手回答问题得到老师的表扬,这种举手回答问题的模式就会转变成记忆可以存储的符号保留在儿童的记忆中,并且举手回答问题的主角会变为儿童自己,当老师再次提问的时候,儿童就会将已经习得的行为表现出来,自己举手回答问题。

3. 观察学习的基本规律

斯金纳提出的强化理论中,强化属于直接强化,除了直接强化外,班杜拉还提出了两种强化:替代性强化和自我强化。替代性强化,是指观察者因看到榜样受到强化而受到的强化。例如,当教师强化一个学生的助人行为时,班上的其他人也将花一定时间互帮互助。自我强化则依赖社会传递的结果,社会向个体传递某一行为标准,当个体的行为表现符合甚至超过这一标准时,他就对自己的行为进行自我奖励。例如,某学生的考试成绩达到甚至超过了自己考前预定的目标,他就会对自己进行自我奖励,如果没有达到预定目标,他就会对自己进行自我惩罚。

班杜拉提出的观察学习是一种非常普遍的学习现象,社会学习理论的提出是对学习理论的创造性贡献。同时,他对观察学习进行了大量的实验研究,解释了观察学习的规律,这对我们的教育工作有重要的启示作用。但班杜拉的研究成果多数来自实验研究,对于教育情境中的观察学习现象缺乏具体的研究,与教育情境中的具体运用还有一定的距离。

综合来看,班杜拉的社会学习理论在很多地方具有开创性的意义,但它仍是一种尚未完善的理论,在理论和实践上都需要进一步探讨。

二、认知主义学习理论

认知主义学习理论认为,有机体获得经验的过程,不是在外部环境的支配下被动地形成"刺激—反应"联结,而是通过积极主动的内部信息加工活动形成新的认知结构的过程。

(一)苛勒的完形—顿悟学习理论

1. 经典实验

1913—1917年,苛勒以大猩猩为被试,做了大量的学习实验研究。这些研究主要是给大猩猩设置各种各样的问题,并观察大猩猩解决这些问题的过程。以下是两项最有代表性的实验。

1) "接竿问题"实验

实验时,大猩猩被关在笼内,它喜欢吃的香蕉放在笼外不远的地方。笼内有一根较短的竹竿,笼外有一根较长的竹竿,但哪一根竹竿都不足以使大猩猩够到香蕉。大猩猩为了取得香蕉,拾取了较短的竹竿,但竹竿太短够不到,有些大猩猩气愤地把竹竿丢掉了。但有一只名为苏丹的大猩猩在实验中解决了这个问题:苏丹用较短的竹竿拨到了较长的另一根竹竿,当它玩弄这两根竹竿时,突然明白了什么,然后它将两根竹竿接起来得到了一根更长的竹竿,并用这根竹竿顺利地够到了香蕉(见图5-4)。

2) "叠箱问题"实验

实验时,香蕉挂在笼子的顶棚上,笼内有一只木箱可以利用。要想够到香蕉,大猩猩必须将木箱搬到香蕉下面,然后爬上木箱,跳一下才能够到香蕉。这个问题对于大猩猩来说是一个难题,但是苏丹在没有得到任何帮助的情况下就顺利地解决了这个问题,其他六只大猩猩也在人把箱子放在香蕉下后,或观看其他猩猩使用木箱之后解决了问题。后来,苛勒把问题升级,大猩猩必须爬到叠起的三只木箱的上面才能够到香蕉。大猩猩解决这个问题有一定的困难,起初它站在一只木箱上够,但是够不到,于是它跳下木箱,对周围的木箱和高处的香蕉进行了良久的观察,突然迅速地将三只木箱叠在一起,爬到箱顶,取下了香蕉(见图5-5)。

图5-4 "接竿问题"实验　　　　图5-5 "叠箱问题"实验

2. 主要观点

1) 学习是通过顿悟过程实现的

苛勒认为,学习是个体利用自己的智慧与理解力对情境与自身关系的顿悟,而不是动作的累积或盲目的尝试。顿悟虽然常常出现在若干尝试与错误的学习之后,但与桑代克所说的那种盲目的试误不同,顿悟是在做出外显反应之前,在头脑中进行的一番类似于"假设检验"的思索。所以,学习是一种积极、主动的过程,而不是盲目、被动的过程。

2) 学习的实质是在主体内部构造完形

完形是一种心理结构,是对事物关系的认知。苛勒认为,学习过程中各种问题的解决,都是通过对情境中事物关系的理解而构成一种完形来实现的。例如,在大猩猩解决"接竿问题"时,它的行为是针对食物(目标),而不是针对竹竿(手段和工具)。这就是说,动物是先领会了食物(目标)和竹竿(工具)之间的关系,才解决了这个问题。

完形—顿悟学习理论作为最早的一个认知性学习理论,肯定了主体的能动作用,强调心理具有一种组织功能，把学习视为个体主动构造完形的过程，强调观察、顿悟和理解等认知功能在学习中的重要作用，这对反对当时行为主义学习理论的机械性和片面性具有重要意义。但是，苛勒的完形—顿悟学习与桑代克的尝试错误学习并不是互相排斥和绝对对立的。尝试错误往往是顿悟前奏，顿悟则是练习到某种程度时的必然结果。

(二)布鲁纳的认知—结构学习理论

布鲁纳是一位在西方教育界和心理学界都享有盛誉的学者。他非常关心学校教育和学生学习的问题，强调学习理论和教学理论在教学上的作用。长期以来，布鲁纳主要研究知觉与思维方面的认知学习，并在此基础上形成自己的教学理论。其基本观点如下。

1. 学习的实质在于主动地形成认知结构

布鲁纳认为，认知结构是指在感知、理解客观事物的基础上，在头脑中形成的心理结构。它是学习和理解新知识的内部因素和基础。学习是学生积极主动的信息加工过程，而不是被动地形成刺激与反应的联结。布鲁纳非常重视学习过程中学生的积极性和主动性，强调学习是一种主动的认识过程，认为学习的最好动机是对所学材料本身的兴趣。

2. 学习过程是复杂的认知过程

布鲁纳认为，学习过程包含三个过程，即新知识的获得、知识的转化和评价。新知识的获得过程是与已有的知识经验和认知结构发生联系的过程，是主动认识和理解的过程。通过"同化"和"顺应"把新知识纳入已有的认知结构中去。

知识的转化是对获得的知识进一步分析和概括，使之转化为另一种形式，目的在于更好地学习新知识。

评价是对知识转化的一种检验，通过评价，可以核对处理知识的方法是否合适，分析概括是否得当，运算是否正确，等等。学生学习任何一门学科，都要经过新知识的获得、知识的转化和评价三个过程。

3. 强调各门学科基本结构的学习

学科的基本结构是指某一学科的基本概念、原理及其体系。布鲁纳认为，掌握学科的基本结构有五个方面的作用：第一，有利于理解该学科的内容；第二，有利于对学习内容的记忆；第三，有利于学习迁移；第四，有利于激发学习动机和兴趣；第五，有利于发展学生的智力。布鲁纳还认为，要使学生掌握学科基本结构，教师要把握以下四条教学原则。

1) 动机原则

所有学生都有内在的学习愿望，内部动机是学生学习的基本动力。学生具有三种基本的内在动机，即好奇内驱力(求知欲)、胜任内驱力(成功的欲望)和互惠内驱力(人与人之间和睦共处的需要)。教师如能善于促进并调节学生的探究活动欲，便可激发他们的这些内在动机，有效地达到预定的学习目标。

2) 结构原则

任何知识结构都可以用动作、图像和符号三种表象形式来呈现。动作表象是借助动作进行学习，不需要语言的帮助；图像表象是借助图像进行学习，以感知材料为基础；符号表象是借助语言进行学习，经验一旦转化为语言，逻辑推导便能进行。究竟选用哪一种呈现方式，则视学生的知识背景和课题性质而定。

3) 程序原则

教学就是引导学生通过有条不紊地陈述一个问题或大量知识的结构，提高他们对所学知识的掌握、转化和迁移的能力。通常每门学科都存在着各种不同的程序，它们对学习者来说，有难有易，不存在对所有的学生都适用的唯一的程序。

4) 强化原则

教学规定适合的强化时间和步调是学习成功重要的一环。知道结果应恰好在学生评估自己作业的那个时刻。知道结果过早，易使学生慌乱，从而不利于其探究活动的进行；知道结果太晚，易使学生失去接受帮助的机会，甚至有可能接受不了正确的信息。

4. 提倡发现学习

布鲁纳认为，发现学习不限于那种追求人生尚未知晓的事物之行为，还包括用自己的头脑亲自获得知识的一切形式或方法。他积极主张让学生自己在学习中努力去探索、发现，提出解决的问题和设想，以达到掌握知识的目的。发现学习能提高学生智慧的潜力，有助于使外来的动因转化为内在的动机，能增强对所学材料的回忆。

布鲁纳的学习理论对我们有许多启发和值得借鉴的地方。例如，他强调学生学习中的积极性、主动性；强调学生的认知结构和独立思考的重要性；强调学生不但要学习特定的东西，还要学会如何学习；等等。

与联结说和顿悟说的学习理论相比，这些观点更能说明人的学习特点和规律，这不仅对反对机械主义的学习理论有积极作用，而且对我们研究学习理论也有重要的参考价值。但是布鲁纳的学习理论也存在着一定的片面性。例如，他在强调学生主观能动性和运用发现法进行学习的同时，却忽略了教师的主导作用和学生学习的特点，他片面强调教材的现代化、理想化，却忽视了学生对基础知识的学习。这些观点都要引起我们对学习、对教育进行更深刻的思考。

(三)奥苏伯尔的有意义学习理论

美国心理学家奥苏伯尔与布鲁纳都致力于探讨学生的学习，但奥苏伯尔认为布鲁纳的理论忽视系统知识的传授，轻视知识的循序渐进性，不仅会使学生基础薄弱，还会使教学质量下降。他主张学生应按照有意义接受的方式获得系统知识，形成良好的认知结构。

1. 有意义学习的实质和条件

奥苏伯尔从两个维度对学习做了区分：从学生学习的方式上将学习分为接受学习和发现学习，从学习内容与学习者认知结构的关系上将学习分为有意义学习和机械学习。他认为学生的学习应是有意义的接受学习。

奥苏伯尔认为有意义学习就是将符号所代表的新知识与学习者认知结构中已有的适当观念建立起非人为的和实质性的联系。相反，如果学习者并未理解符号所代表的知识，只是依据字面上的联系，记住某些符号的词句或组合，则是一种死记硬背式的机械学习。非人为的联系，是指内在的联系而不是任意的联想或联系，指新知识与原有认知结构中有关的观念建立在某种合理的或逻辑基础上的联系。实质性的联系，是指表达的词语虽然不同，却是等值的。也就是说，这种联系是非字面的联系。奥苏伯尔认为，要使有意义学习产生，必须具备以下三个前提条件。

(1) 学习材料必须具有逻辑意义。逻辑意义，是指学习材料可以和学习者认知结构中的适当观念建立起非人为的和实质性的联系。

(2) 学习者必须具有有意义学习的倾向，即积极主动地把新知识与学习者认知结构中原有的适当知识联系起来的倾向性。

(3) 学习者认知结构必须具有同化新知识的适当观念。

以上三个条件只有同时具备，才能实现有意义学习。学习者必须积极、主动地使具有逻辑意义的新知识与原有认知结构中的有关的旧知识发生相互作用，从而使旧知识得到改造，使新知识获得实际意义。

2. 有意义学习的过程

奥苏伯尔认为，当学生把教学内容与自己的认知结构联系起来时，有意义学习就产生了。认知结构，就是指学生现有知识的数量、清晰度和组织结构，它是由学生眼下能回想出的事实、概念、命题、理论等构成的。

奥苏伯尔认为有意义学习过程的核心是学生能否习得新信息，这主要取决于他们认知结构中已有的有关观念。有意义学习是通过新信息与学生认知结构中已有的有关观念的相互作用才得以发生的，这种相互作用使新旧知识产生有意义的同化。根据新旧观念的概括水平及其联系方式的不同，他提出了三种有意义学习的过程：类属(下位)学习、总括(上位)学习、并列结合学习(具体见第六章)。

3. 提倡接受学习

奥苏伯尔大力提倡接受学习，认为学习应该是通过接受而发生，而不是通过发现。教师给学生提供的材料应该是经过仔细考虑的、有组织的、有序列的、完整的，因此学生接受的是最有用的材料。他把这种强调接受学习的方法叫作讲授教学，这种学习主要适用于有意义的言语学习，或者称为言语信息的学习，即以一种有组织、有意义的方式将知识讲授给学生。

1) 讲授教学的特点

讲授教学的特点有以下几个方面。

(1) 要求师生之间有大量的相互作用。有意义学习强调学生将新知识与认知结构中原有的知识经验联系起来，为了避免教师灌输和学生死记硬背，教师与学生必须通过大量的相互作用来激活学生已有认知结构中的相关知识经验，教师也要验证自己的教学是否引发了学生的有意义学习。

(2) 要求教师大量使用例证。例子的生动、形象、具体等能起到两个作用：第一，可以促进学生的相应知识经验的激活；第二，可以更加容易地被学生接收。但例证如果要达到目的，必须能非常恰当地说明教师要说明的原理。

(3) 教学过程是演绎的，是从一般到特殊的。认知结构根据抽象概括程度不同可以分为不同等级，抽象概括程度高的认知结构可以覆盖更广泛的抽象概括程度低的认知结构，因此教师应先讲授一般性的知识，再讲授特殊知识，这样学生就可以与先前学习过的一般性的知识发生有意义的联系。

(4) 讲授教学是有顺序的，材料的呈现应有一定的步骤，最先呈现先行组织者(见下文)。

2) 讲授教学的原则和技术

由于讲授教学具有以上特点，因此教师在进行教学的时候，需要遵循两个原则：逐渐分化原则与综合贯通原则。逐渐分化原则，是指首先传授最一般的、包含性最广的观念，其次根据具体细节对它们逐渐加以分化，这样可以为每个知识单元的教学提供理想的固定点，即对新知识起固定作用的先前知识。综合贯通原则，是指在教学中比较观念之间的相同点与不同点，在观念间建立起联系。通过综合贯通，使分化的观念互相联系起来，这一原则保障了总括学习和并列学习过程的进行。

奥苏伯尔就如何贯彻逐渐分化原则和综合贯通原则提出了具体应用的技术：设计先行组织者。这也是奥苏伯尔提出的重要的教学策略。先行组织者，是先于学习任务本身呈现的一种引导性材料，它要比学习任务具有更高的抽象、概括和综合水平，并且能清晰地与认知结构中原有的概念和新的学习任务关联。设计先行组织者，是为新的学习任务提供概念上的固定点，增加新、旧知识之间的可辨别性，以促进类属性的学习。也就是说，通过呈现先行组织者，给学生已知的东西与需要知道的东西之间架设起一道知识之桥，使其更有效地学习新材料。

(四)加涅的信息加工学习理论

由于现代学习理论受到信息加工理论的影响，越来越多的人接受了计算机模拟的思想，把学习过程类比为计算机的加工过程。比如，学习者在一个学习情境中，他的眼、耳、鼻、舌等各种感官接受的刺激作用好比输入，通过感官转换成一定的神经传递信息，这些信息经过神经系统的转换，能被储存和被回忆起来，这种被回想起来的信息又再次被转换成另一类的神经传输信息，它可以控制肌肉的活动，这种转换的结果就是语言或其他类型的运动，也就是输出。这些形形色色的转换形式就是学习过程。

加涅认为，学习是神经系统中各种过程的复合，学习不是刺激与反应间的一种简单联结。在加涅的信息加工学习观中，学习的发生同样可以表现为刺激与反应，刺激是作用于学习者感官的事件，反应则是由感觉输入及其后继的各种转换而引发的行动，反应可以通过操作水平变化加以描述。因此，加涅根据信息加工理论提出了学习过程的基本模式，他认为学习过程就是一个信息加工的过程，即学生将来自环境刺激的信息进行内在的认知加工的过程。根据信息加工的流程，加涅进一步认为，学习包括外部条件和内部条件，学习过程实际上就是学生头脑中的内部活动，他把学习过程划分为八个阶段：动机阶段、了解阶段、获得阶段、保持阶段、回忆阶段、概括阶段、操作阶段和反馈阶段。

信息加工学习理论对实际教学有以下两点启示。

首先，吸引学生的注意是教学中一个很重要的工作。在呈现重要的教学内容之前，教师应该让学生停止当下活动，把注意力转移过来。另外，最好能让学生带着问题去学习。比如，在进行物理实验之前，教师可以让学生预测实验的结果，而不同学生的预测可能不同，为了解决争议，学生设计和进行实验，并收集和分析数据，把实验同自己的问题结合起来，这样就可以把学生的注意力集中到与学习有关的活动上，而不只是动手和图热闹。

其次，教师应该突出教学的重点，重要的地方要做强调，以便学生对信息的选择编码。而且教师应该引导学生复述这些内容，并用原有的知识来理解和解释这些内容，比如用自己的话说出来，通过举例或用自己的经验来解释某种知识，这样可以增强学生对知识的记忆。

加涅的学习模式是在行为学派和认知学派研究的基础上提出的，它注意到了人类学习的特点，是认知主义中比较有代表性的学习模式。如果将奥苏伯尔的理论看作认知—接受说，将布鲁纳的理论看作认知—发现说，那么加涅的理论则被看作认知—指导说。在实际教学中，这三者都具有一定的合理性和不同的适用条件，教师要根据学生特点和教学实际情况，用理论联系实际来解决教学中的实际问题。

第三节　建构主义学习理论与人本主义学习理论

20世纪90年代以来，随着心理学家对人类学习过程认知规律研究的不断深入，认知学习理论的一个重要分支——建构主义学习理论在西方逐渐流行。建构主义是学习理论中行为主义发展到认知主义以后的进一步发展，被誉为"当代教育心理学中的一场革命"。除了建构主义之外，人本主义心理学是20世纪六七十年代继行为主义和精神分析学派之后的第三思潮。这种思潮既反对行为主义机械的环境论，又反对精神分析本能的生物决定论，强调心理学应该研究人的本性和潜能、尊严和价值，强调社会文化应促进人的潜能的发挥以及普遍的自我实现。本节内容从建构主义与人本主义的学习观、学生观、教学观等出发，探讨建构主义与人本主义对教育的影响。

一、建构主义学习理论

建构主义学习理论的内容很丰富，但其核心只用一句话就可以概括：以学生为中心，强调学生对知识的主动探索、主动发现和对所学知识意义的主动建构(而不是像传统教学那样，只是把知识从教师头脑中传送到学生的笔记本上，甚至教师把知识从教科书上传送到学生的笔记本上)。接下来，从这个核心观点出发，一起来学习建构主义学习理论。

(一)建构主义学习理论的主要内容

建构主义学习理论的理论主体由以下几部分组成。

1. 建构主义的知识观

在知识观上，建构主义在一定程度上对知识的客观性和确定性提出了疑问，强调知识的动态性。

建构主义知识观.mp4

(1) 知识不是对现实的纯粹客观的反映，任何一种传载知识的符号系统都不是绝对真实的表征。知识只不过是人们对客观世界的一种解释、假设或假说，它不是问题的最终答案，它必将随人们认识程度的深入而不断升华和改写，从而出现新的解释和假定。

(2) 知识并不能绝对准确、无误地概括世界的法则，提供对任何活动或问题解决都实用的方法。在具体的问题解决过程中，知识是不可能一用就准、一用就灵的，而是需要针对具体问题的情境对原有知识进行再加工和再创造。

(3) 知识不可能以实体的形式存在于个体之外，尽管通过语言赋予了知识一定的外在形式，并且获得了较为普遍的认同，但这并不意味着学习者对这种知识有同样的理解。真正的理解只能是由学生基于自己的经验背景而建构起来的，这取决于特定情况下的学习活动过程。否则，就不叫理解，而是叫"死记硬背"或"生吞活剥"，是被动的复制式的学习。

2. 建构主义的学习观

基于以上对知识的理解可知，学生的学习过程必将不是传统的学习过程。学习不是知识由外到内地转移和传递，而是学习者主动地建构自己的知识经验的过程，即通过新经验与原有知识经验的相互作用，来充实、丰富和改造自己的知识经验。学习不是知识由教师向学生传递的过程，而是学生建构自己的知识的过程，学生不是被动的信息接收者，相反，学生要主动地建构信息的意义，这种建构不可能由其他人代替。学生的这种知识建构过程具有三个重要特征。

1) 主动建构性

面对新信息、新概念、新现象或新问题，学生必须充分激活头脑中先前的知识经验，通过高层次思维活动，即需要付出高度心理努力的有目的、有意识、连贯性地对知识进行分析、综合、应用、反思和评价的认知活动。学生要不断地思考，对各种信息和观念进行加工转换，基于新、旧知识进行综合和概括，解释有关的现象，形成新的假设和推论，并对自己的想法进行反思性的推敲和检验。学生作为学习活动的主人，承担着学习的责任，需要对学习活动进行积极自主的自我管理和调节。

2) 社会互动性

学习是通过对某种社会文化的参与而内化相关的知识和技能，掌握有关的工具的过程，这一过程常常需要通过一个学习共同体的合作互动来完成。学习共同体，是指由学生及其助学者(教师、专家、辅导者等)共同构成的团体，他们彼此经常在学习过程中进行沟通交流，分享各种学习资源，共同完成一定的学习任务，因而在成员之间形成相互影响、相互促进的人际关系，形成一定的规范和文化。学习共同体的协商、互动和协作对于知识建构有重要的意义。

3) 情境性

传统教学观念认为，概括化的知识是学习的核心内容，这些知识可以从具体情境中抽象出来，让学生脱离具体物理情境和社会实践情境进行学习，而所习得的概括化知识可以自然地迁移到各种具体情境中。但是，情境总是具体的、千变万化的，抽象概念和规则的学习无法很好地适应具体情境的变化，因此，学生常常难以灵活运用所学的知识来解决现实世界中的真实问题，难以有效地参与社会实践活动。因而，建构主义提出，知识是存在于具体的、情境性的、可感知的活动之中的。它不是一套独立于情境的知识符号，不可能脱离活动情境而抽象地存在。它只有通过实际情境中的应用活动才能真正被人理解。学习应该与情境化的社会实践活动结合起来。

3. 建构主义的学生观

建构主义强调，学生不是空着脑袋进入学习情境的。在日常生活和以往各种形式的学习中，他们已经形成有关的知识经验，他们对任何事情都有自己的看法。即使有些问题他们从来没有接触过，没有现成的经验可以借鉴，但是当问题呈现在他们面前时，他们还是会基于以往的经验，依靠他们的认知能力，形成对问题的解释，提出他们的假设。所以，教学不能无视学生的已有知识经验，简单强硬地从外部对学生实施知识的"灌输"，而应当在学生原有的知识经验中，发展新的知识经验。教学不是知识的传递，而是知识的处理和转换。教师不是知识的呈现者，更不是知识权威的象征，其应该重视学生对各种现象的理解，倾听学生的看法，思考学生这些想法的由来，并以此为据，引导学生丰富或调整自己的理解。

教师与学生、学生与学生之间需要共同针对某些问题进行探索，并在探索的过程中相互交流和质疑，了解彼此的想法。由于经验背景的差异是不可避免的，学生对问题的看法和理解经常千差万别。其实，在学生的共同体中，这些差异本就是一种宝贵的资源。建构主义虽然非常重视个体的自我发展，但是也不否认外部引导以及教师的影响作用。

(二)建构主义关于教学的基本观点

建构主义学习理论强调以学生为中心，认为学生是认知的主体，是知识意义的主动建构者；教师只对学生的意义建构起帮助和促进作用，并不要求教师直接向学生传授和灌输知识。在建构主义学习环境下，教师和学生的地位、作用已经发生很大变化。近年来，教育技术领域的专家进行了大量的研究与探索，力图建立一套能与建构主义学习理论以及建构主义学习环境相适应的全新教学设计理论与方法体系。建构主义使用的教学设计原则如下。

1. 强调以学生为中心

为了体现以学生为中心，建构主义认为可以从以下三个方面努力：第一，要在学习过程中充分发挥学生的主动性，要能体现出学生的首创精神；第二，要让学生有多种机会在不同的情境下去应用他们所学的知识；第三，要让学生根据自身行动的反馈信息来形成对客观事物的认识和解决实际问题的方案。

2. 强调"情境"对意义建构的重要作用

建构主义认为，学习总是与一定的社会文化背景即"情境"相联系的，在实际情境下进行学习，可以使学生利用自己原有认知结构中的有关经验去同化和索引当前学习到的新知识，从而赋予新知识某种意义；建构主义注重让学生解决现实问题，强调提供复杂的、一体化的、可信度高的学习环境的重要性，这种教学情境应具有多种视角的特性，可以将学习者嵌入现实和相关情境中，作为学习整体的一部分，为他们提供社会性交流活动。在传统的课堂讲授中，由于不能提供实际情境所具有的生动性、丰富性，因此学生对知识的意义建构产生困难。

3. 强调"协作学习"对意义建构的关键作用

建构主义认为，学习者与周围环境的交互作用，对学习内容的理解有关键的作用。这是建构主义的核心概念之一。学生在教师的组织和引导下一起讨论和交流，共同建立起学习群体并成为其中的一员。在这样的群体中，学习者共同地考察各种理论、观点、信仰和假说；进行协商和辩论，先内部协商再相互协商。通过这样的协作学习环境，学习者群体的思维与智慧就可以被整个群体共享，即整个学习群体共同完成对所学知识的意义建构，而不是其中的某一名或某几名学生完成意义建构。

4. 强调利用各种信息资源来支持"学"(而非支持"教")

为了支持学生主动探索和完成意义建构,在学习过程中要为学生提供各种信息资源(各种类型的教学媒体和教学资料)。这里利用这些媒体和资料并非用于辅助教师的讲解和演示,而是用于支持学生的自主学习和协作式探索。对于信息资源应如何获取、从哪里获取,以及如何有效地加以利用等问题,是主动探索过程中迫切需要教师提供帮助的内容。

5. 强调学习过程的最终目的是完成意义建构(而非完成教学目标)

在建构主义学习环境中,强调学生是认知主体,是意义的主动建构者,所以是把学生对知识的意义建构作为整个学习过程的最终目的。教学设计通常不是从分析教学目标开始,而是从如何创设有利于学生意义建构的情境开始,整个教学设计过程紧紧围绕着"意义建构"这个中心展开,不论是学生的独立探索、协作学习还是教师辅导,学习过程中的一切活动都要从属于这一中心,都要有利于完成和深化对所学知识的意义建构。

二、人本主义学习理论

人本主义主张,心理学应当把人作为一个整体来研究,而不是将人的心理肢解为不能整合的几个部分。应当研究正常的人,而且应关注人的高级心理活动,如热情、信念、生命、尊严等内容。人本主义心理学的学习理论从全人教育的视角阐释了学习者整个人的成长历程,以发展人性;注重启发学习者的经验和创造潜能,引导其结合认知与经验,肯定自我,进而达到自我实现。人本主义学习理论重点研究如何为学习者创造一个良好的环境,让其从自己的角度感知世界,发展出对世界的理解,达到自我实现的最高境界。

(一)人本主义关于学习实质的看法

人本主义认为,教育的目标、学习的结果应该是使学生成为具有高度适应性和内在自由性的人。因此,人本主义心理学家反对传统的"无意义学习",倡导"有意义学习",并进一步阐述了有意义学习的原则和条件。

1. 学习与教育的目的

人本主义认为,学习的目的和结果是使学生成为一个完善的人、一个充分起作用的人,也就是使学生整体人格得到发展。鉴于对世界迅速变化这一客观事实的认识,人本主义心理学家罗杰斯指出:"只有学会如何学习和学会如何适应变化的人,只有意识到没有任何可靠的知识,唯有寻求知识的过程才是可靠的人,才是有教养的人。"所以,一个具有极高适应变化的能力、具有内在自由特性的人是当今学习的最终和唯一合理的结果。具体来说,就是要使学生通过学习成为下面这样的人。

(1) 能从事自发的活动,并对这些活动负责的人。
(2) 能理智地选择和自定方向的人。
(3) 是批判性的学习者,能评价他人所做贡献的人。
(4) 获得有关解决问题知识的人。
(5) 能灵活地、理智地适应新的问题情境的人。

(6) 在自由地和创造性地运用经验时，融会贯通某种灵活处理问题方式的人。

(7) 能在各种活动中有效地与他人合作的人。

(8) 不是为他人赞许，而是按照他们自己的社会化目标工作的人。

人本主义认为，当代最有用的学习是学习过程的学习，即让学习者"学习如何学习"，学习的重点是"形成"，学习的内容则是次要的。一堂课结束的标志，不是学生掌握了"需要知道的东西"，而是学会了怎样掌握"需要知道的东西"。因此，人本主义者指出，教育的目标应该是以学习者为中心，以促进学生个性的发展和潜能的发挥，使他们能够愉快地、创造性地学习和工作，也就是要培养积极愉快、适应时代变化的心理健康的人。

2. 学习的类型与过程

与奥苏伯尔一样，人本主义也倡导意义学习。人本主义的意义学习，是指一种涉及学生成为完整的人，使个体的行为、态度、个性以及在未来选择行动方针时发生重大变化的学习，是一种与学生各种经验融合在一起的、使个体全身心地投入其中的学习。人本主义的意义学习有以下四个特点。

(1) 学习涉及了个人，学生整个人包括情感与认知都投入学习活动。

(2) 学习是自我发起的，虽然推动力或刺激来自外界，但是发现、获得、掌握和领会的感觉是来自内部的。

(3) 学习是渗透性的，它会使学生的行为、态度乃至个性都发生变化。

(4) 学习是由学生自我评价的，因为学生清楚这种学习是否满足自己的需要，是否有助于弄清自己想要知道的东西。

人本主义学习理论认为，有价值、有效果和有益处的技能与概念是比较容易学习和保持的，并且学生的认识与情感等都会参与到学习之中。它反对传统的、向学生灌输知识和材料的"无意义学习"，而特别强调学习内容对学生的个人意义，注重学生的需要、愿望和兴趣等因素，主张进行与学生个人密切相关的"意义学习"。换言之，提高教学效果的最有效途径是使学生进行意义学习，而不应该逼迫学生学习对他们缺少意义的学习材料。人本主义学习理论认为，学习的过程就是学生在一定的条件下，自我挖掘其潜能、自我实现的过程，而这一过程又必然与"自我"的形成与发展息息相关。

3. 学习的条件

罗杰斯指出，学生要实现意义学习，从而达到自我成长、自我实现，成为一个充分起作用的人，必须依靠一定的条件，需要教师营造一种自由、民主、和谐、融洽的，充满关爱与真诚的学习氛围。在罗杰斯看来，教师的任务既不是教学生知识(这是行为主义所强调的)，也不是教学生怎样学(这是认知学派所关注的)，而是要为学生提供学习的手段和条件，促进个体自由地成长。因此，罗杰斯提出废除传统意义上的教师角色，以促进者取而代之。人本主义提出了促进意义学习的基本条件。

(1) 强调以学生为中心，突出学生在教学过程中的中心地位。人本主义认为，教师最富有意义的角色不是权威，而是"助产士"和"催化剂"，教师应由衷地相信学生有潜在的能力，注重发挥学生的潜力，强调在教育中建立起师生亲密关系和依靠学生自我指导能力，由学生自我发起并负责任地参与学习过程，让学生自己选择学习方向、参与发现自己的学习资源、阐述自己的问题、决定自己的行动路线、承担自己选择的后果、自我评价学习效果等，这样一来，注重让学生在自我指导下学习，自由地学习，就能最大限度地促使学生从事意义学习，使学生在学习中建立自信，其独立性、创造性和自主性就会得到发展。

(2) 让学生觉察到学习内容与自我的关系，一个人只会有意义地学习他认为与保持或增强"自我"有关的事情，而这种相关性将直接影响学习的速度和效果。

(3) 让学生身处一个和谐、融洽、被人关爱和理解的氛围。这种氛围由师生之间逐步扩大到学生之间。在这种促进学生成长的氛围中，不仅学习更深入有效，而且会影响学生的生活。罗杰斯认为，处在这样一种氛围中学习，学习过程对学生自我的威胁就会降到最低，学生会利用各种条件进行学习，以便增强和实现自我。然而，如果在学习中受到羞辱、嘲笑、辱骂、蔑视等，则会严重威胁到学生对自我的看法，会严重干扰学习。

(4) 强调要注重从做中学。人本主义学习理论认为，大多数的意义学习是从做中学的，让学生直接体验现实问题，在切身体验中学会解决问题是促进学习最有效的方式之一；主张建构真实的问题情境，让学生面临对他们个人有意义或有关的问题。因此，要求教师善于构建现实的情境。

(二)人本主义的典型教学模式

人本主义根据其对学生学习的性质与条件的基本观点，提出了一些课堂教学设计模式，主要有以下几种。

1. 以题目为中心的课堂讨论模式

以题目为中心的课堂讨论模式是人本主义将精神分析心理学家、群体心理治疗专家 R. 科恩(R. Cohen)1969 年创建的"以题目为中心的相互作用心理疗法"应用于学校教育而形成的一种教育模型。其主要做法是围绕一个题目进行群体讨论，让师生之间、学生与学生之间相互作用、相互促进。这就要求教师提出有利于促进课堂讨论的课题，找到讨论的课题与群体中正发生问题的接触点；善于运用各种方式促进课堂讨论，在教学中体现一种真正的人本主义能力，如允许其他人提出不同的意见，表现对学生真诚的尊重，能采纳相反建议；等等。

2. 自由学习的教学模式

罗杰斯认为，教师应最大限度地给学生制定、选择与追求最有意义的学习目标，因此提出了自由学习的教学模式，这一模式比较适合大学教学，其主要做法如下。

(1) 学生参与决定学习的内容与授课方式。学生可以决定他们希望授课的形式、时间、主题、讲授材料，教师请学生提出他们希望的授课方式与希望学习的内容。

(2) 学生选择信息源。学生的学习可采用不同的方式，学生可以从不同的信息源来获取学习的内容，利用哪一种方式，从哪种信息源获取知识，应依学生的意愿做出决定。课堂发言是学生学习的一种重要方式。罗杰斯认为，每个学生都有自己擅长的，通过这种方式，学生可与其他学生分享学习的收获。教师此时的作用是，对讨论时刻加以引导，避免给发言的学生过多的压力。

(3) 师生共同制定契约。自由学习并不意味着教师对学生撒手不管，教师要与学生达成一个口头或书面的契约，明确学生在这一学期学习任务的种类和数量，以及圆满完成这些任务所能得到的分数。罗杰斯认为这会给学生秩序感和安全感。

(4) 课堂结构安排的变通性。罗杰斯主张安排不同类型的课堂结构，甚至同一类型的课堂结构也可做出不同安排，以吸引不同兴趣与需要的学生自由地参与，这是意义学习与快乐学习的目的。

(5) 由学生自主进行学习的评定。教师与学生应预先理解什么样的操作水平(写作水平、解题水平等)将会得到什么样的分数，然后由学生自己评定分数，如对写作的评分要求学生根据自己的写作基础与自己工作的详细评价进行评分。当教师对一个学生的工作评价明显不同于这个学生的自我评定时，就召开班会共同解决这个问题。

3. 开放课堂的教学模式

开放课堂的典型特点是无拘无束。在实施开放课堂的学校里，学生并不需要把自己限制在某个课堂或中心区域，走进学校以后可以做他想做的事，学他想学的任何科目，如绘画、编织、写作、阅读。在开放的课堂内，学生自由地从事能激发他们兴趣的活动。上课不是活动的限制性范围，即使在下课铃响过之后，大多数学生仍然可以继续他们的活动。在休息时间里，学生可从事能激发他们兴趣的活动。教师的作用是鼓励和引导学生的活动。尽管这一教学模式的倡导者承认教师的重要性，但是倡导者认为，即使没有教师的督导，学生仍然可以从活动中获取知识。开放课堂的教师的首要任务是在适当的时间促进学生与学习的真正材料发生接触，为了完成这个任务，他们必须对学生进行精确的观察，建立每个学生的档案，推荐有利于学生的活动，而且他们还必须准备好如何给学生鼓励与支持。在学生做决断的时刻，教师给予学生认知的输入，这种认知输入是催化性的、符合教育规律的，并且是有助于学生获取更多知识的。

总体来看，人本主义心理学家从他们的自然人性论、自我实现论及其"来访者中心"出发，在教育实际中倡导以学生经验为中心的"有意义的自由学习"，对传统的教育理论形成了冲击，推动了教育改革的发展。这种冲击和促进主要表现在：突出情感在教学活动中的地位和作用，形成一种以认知协调活动为主线、以情感作为教学活动的基本动力的新教学模式；以学生的"自我完善"为核心，强调人际关系在教学过程中的重要性，认为课程内容、教学方法、教学手段等都依赖课堂人际关系的形成和发展；把教学活动的中心从教师引向学生，把学生的思想、情感、体验和行为看作教学的主体，从而促进个别化教学运动的发展。人本主义的观点和主张从理论上说方向无疑是正确的，值得我们思考和借鉴，但是在教育实践中实施起来也是相当不易的。即使在人本主义思潮的鼎盛时期，人本主义心理学家自身的教学主张，如"开放学校""开放课堂"等也没有得到真正的实现。

第四节 展望：教育神经科学与脑科学

教育教学工作要讲科学，不能只是按传统或者凭经验，这是我们常说的。教育教学的科学性主要体现在遵从对"人"自身的认知，尊重人的成长规律以及研究社会及时代发展的需求。为什么教师感到现在的学生越来越难教？为什么数量不少的学生智力没有任何问题，但学习成绩不佳？为什么教师接受的培训不少，但教学能力不能显著提升？这些问题都需要科学来回答。人类在不断探索外部世界的同时，对自身的研究也一直在深入，其中对于大脑以及神经系统的研究就取得了非常丰硕的成果。由此，最先引发的就是在教育活动中的实验和运用。近年来，在教育学家、心理学家以及神经学家的努力下，已经形成一门被称作"教育神经科学"的学科，其专门钻研大脑研究的成果如何运用于学校教育和课堂教学中。

一、教育神经科学

教育神经科学是将生物科学、认知科学、发展科学和教育学等学科的知识与技能进行深度整合，提出科学的教育理论、践行科学的教育实践、具有独特话语体系的一门新兴学科。作为一门新兴的学科，教育神经科学将神经科学对认知功能的神经机制的关注融入教学行为的研究之中，使教育研究充满科学的实据。

(一)教育神经科学的诞生、内涵与特征

"教育神经科学"一词最早出现于1978年由珍妮·肖尔与艾伦·莫斯基合著的《教育与脑》一书中，"在21世纪，将会有一个把教育与神经科学这两个完全不同的专业领域整合起来的新兴专业——教育神经科学"。从1989年美国"脑的十年"计划的提出，到1991年"欧洲脑十年"计划上线，再到20世纪90年代中后期包括美国认知神经科学学会、国际脑研究组织以及日本脑科学研究所等在内的一系列研究机构与组织的出现，以人类如何知觉、学习、记忆以及思考等为核心研究内容的认知科学也在脑科学研究热潮中得到进一步发展。而认知科学的发展又反过来促进我们对自身更加深入地了解，指导着更为广泛的行为科学及教育等领域的研究与实践。

在推动脑研究与认知科学发展过程中，功不可没的当属研究方法的推陈出新。传统心脑研究的方法局限于比较解剖学或脑损伤的研究，而随着脑磁图(magnetoencephalography，MEG)、功能性磁共振成像(functional magnetic resonance imaging，fMRI)、经颅磁刺激(transcranial magnetic stimulation，TMS)等神经科学技术的飞速发展，曾经遥不可及的正常被试无创条件下大脑功能的分析已日渐成熟。

神经科学的发展不仅促进了脑科学与认知科学的研究，而且对研究分析记忆、阅读、数学等过程的生物机制，制定更为合理的教学政策及方法有着重大的意义。最后，不可或缺的当然是对传统的"专家创造知识，教师传递知识，学生储存知识"的工厂式教学模式的突破，对更加贴合学生学习过程的科学教育范式的呼唤。教育神经科学正是在这样一个脑与认知科学备受重视、神经科学研究方法飞速发展的时期应运而生的。以2003年"国际心智、脑与教育协会"的成立以及2007年《心智、大脑与教育》杂志的创刊为标志，教育神经科学在各界学者的共同努力下，在各国政府的积极扶持下，开始走上独立的发展之路。

教育神经科学是随着认知神经科学的发展而产生的一个令人兴奋的新兴领域，它整合了心智、大脑与教育三个不同的研究领域，认知科学家、心理学家、教学工作者等不同专业背景的学者齐聚一堂，将认知神经科学的方法论引入教育研究，了解人的学习能力，解决儿童发展过程中的各类问题。通过直接描述能力与大脑的联系，神经科学可以告诉教育心理学家人类各种能力的生理实质及其特性；通过研究注意、知觉、复述、编码、提取等环节，神经科学为学习的信息加工过程提供更为直接而确凿的证据；通过对大脑特定区域

活动的观察，神经科学为探测特定经验会使大脑特定部位变化提供直接手段。

教育神经科学在指导有效教学过程中的作用日益显著。教育神经科学重视脑、心智与行为之间的关系，强调认知神经科学的运用，重视教学实践过程中学习者的学习体验过程。教育神经科学将生物学的研究纳入教育研究范畴，尝试对学习与教育做出新的界定。由此，学习被视为根据外部刺激所形成的神经连接过程，教育则是控制或增加刺激、激发学习愿望的过程。因此，教育神经科学具有将学习者神经发作机制与教学实践联系起来的使命感，能以确凿的科学研究成果指导教学过程，最终达到提高学习与教学效率的目的。

我国学者周加仙指出，教育神经科学研究的是与课堂学习行为相关的脑与认知的问题，心理学、脑科学、学习过程以及教育研究等不同学科不同情境的问题均整合其中。从突触、神经元、基因等分子生物学的微观问题到学生学习、教师教学等行为科学的中观问题再到教学目标的规划、教育政策的制定等指导思想的宏观问题，都属于教育神经科学的研究范畴。在教育神经科学视角下，教育心理学与神经科学之间不是简单的单向关系，而是一种双向合作关系。认知神经科学的理论与发现能够指导课堂教学，而教育研究的实践反过来又有助于修正神经科学的理论构想，进一步推动教育神经科学的发展。

(二)教育神经科学的启示、问题与对策

著名教育家吕型伟认为，科学和技术的发展使教育正面临重大而深刻的复苏，一种崭新的教育将在世界上诞生，从而取代产生于工业时代且一直沿用至今的教育模式。这种新教育模式将建立在两个全新的基础之上：一是信息技术，即教育的物质基础与外部条件；二是脑科学，这是人类对自身的发现，即内部条件。前者使教育的手段更加先进，后者使教育更自觉，更符合规律。两者结合，使教育产生一个质的飞跃，最终使人的潜能得到极大开发。教育学可以与现代脑科学"桥接"，开辟一个全新的教育领域，为教育科学创出一个崭新的天地。教育神经科学正是这样一种产物。它从脑、认知与行为三个层次来理解人的一生中不同阶段的学习能力；解决学生在学习过程中普遍存在的问题；为教育决策、课程与教学改革实践提供科学的依据。这一新兴专业的诞生，可以使教育不再根据普遍性的、平均化的、标准化的价值观来对学生进行施教，而是在对学生学习的数据进行科学分析的基础上，确定学生的发展阶段、特长与弱点、擅长学习的教学内容、学习生涯中可能出现的问题，并根据每个学生成长与成熟的状况，扬长避短，制订适合其发展的最佳教育计划。教育神经科学还能够及早鉴别出有特殊需要的学生，尽早采取有效措施进行教育干预。

应该说，教育神经科学的诞生为教育心理学的发展带来了新的契机。但当前的教育神经科学仍面临着诸多问题。这主要表现在以下两个方面。第一，神经科学家以追求科学知识的普遍性为首要任务，因此他们对学习或教学规律"是什么、为什么"的兴趣要远远大于对利用这些规则"怎么办"的兴趣。这从他们所选择的被试中就可见一斑，为了方便对学习机制进行探索，他们往往选择低等动物作为研究对象，这无疑弱化了研究成果对人类学习的借鉴意义。第二，教育工作者(包括教师)囿于自身知识结构对教育神经科学的研究成果知之甚少且无法消化，更难以自觉地运用到实际教学过程中去。而事实上，教育神经科学所具有的垂直的超科学向量已经预设了一个基调：只有掌握神经科学基本常识的教师和学生才有可能成为一个更有能力的教育者和学习者，而只有那些能发现来自真实教育情境下问题的神经科学家才有可能发现大脑的奥秘。

二、脑与学习

人类大脑的结构精巧绝伦、令人惊叹，虽然它不足以产生点亮一盏灯的能量，但其巨大的威力仍可使其成为地球上最强大的神奇物质。人类迈进21世纪，脑与认知科学成为众科学中最活跃的一个前沿领域。最新的脑结构与脑功能成像技术能够使我们直接观察到人脑如何进行学习和思考，产生情绪情感和各种社会行为。脑学习的机制和加工过程为教学的原理提供了更为科学的证据，指导教育学家开展更为有效的教学。

(一)大脑发育及学习的关键期假说

人的大脑从婴儿期到儿童期不断在发育和增长，并在青年期完成成熟的过程。这个过程不是直线的，而是分阶段的。人脑有100亿～150亿个神经细胞，这些神经细胞长有许多腕足，形如章鱼。这些腕足就是神经细胞的轴突和树突。每个神经细胞都有一条轴突和多条树突。轴突和树突的末端有许多分支，尤其是树突的分支更为繁茂，这些分支叫树突刺。树突刺越多，和别的神经元伸过来的轴突末梢接触的机会就越多。大脑的秘密主要就在于这些神经细胞。突触是电信号从一个神经细胞传递到下一个神经细胞的地方，举个通俗的例子，你想移动你的大拇指，在大脑皮层中会产生一个兴奋，兴奋沿脊髓神经传递到运动神经元，最终传递到手臂的肌肉细胞中。突触间有一条狭长的裂缝，化学物质可以通过这条裂缝进行扩散，电刺激则无法穿过这条裂缝，所以信号的传递是由化学物质来完成的。离子流穿过裂缝，从而产生了细胞膜电位的变化，换言之，传递了"动一动大拇指"的指令。

产生学习行为的原因是突触传递方式的改变，而细胞释放出传输体个数的不同，又会使突触传输方式发生变化。越是孜孜不倦地学习且知识渊博的人，其脑神经细胞之间的联系网络越是复杂。

脑科学的研究指出，大脑神经突触生长呈倒"U"形的模型假说，即人在出生后的前20年里神经突触密度的变化呈倒"U"形，刚出生时低，童年期达到高峰，而成年后又降低下来。因为突触的增多是学习过程的细胞机制，所以突触密度变化的倒"U"形现象就不是一个简单的事实，它表明神经突触密度与智力水平是直接关联的。从出生到10岁，随着突触联系和密度迅速增加，与此相关的技能和能力也随之迅速发展，一直持续到成年后才逐渐衰退。假定这个倒"U"形模型存在，似乎可以得出这样一个结论：突触生长高峰期的童年是学习收获最多和智力发展最充分的一个时期。

实际上，大脑的发展是具有一定关键期的。在此期间，脑对某种类型的信息输入产生反应，以创造和巩固神经网络。大脑发展的关键期的概念是英国学者休布尔(Hubel)等人在20世纪60年代提出来的。他们的研究发现，将出生后的小猫或小猴子用外科手术缝上眼皮，数月后打开，这些动物就无法获得视觉信息，尽管它们的眼生理机制是正常的，而且这些早期被剥夺了视觉经验的动物在视皮层上的结构也无异于正常的动物。休伯尔等人由此提出一个视觉机能发展的关键期概念。

近年来，数以百计的脑科学专家对"关键期"做了大量的研究并已取得相当的进展。其科学结论简要来说就是，脑的不同功能的发展有不同的关键期，某些能力在大脑发展的某一敏感时期最容易获得，此时相应的神经系统可塑性大，发展速度特别快，过了这段关键期，可塑性与发展速度就要受到很大的影响。此外，对不同的人来说，脑的不同功能发展的关键期也并不完全一致，存在着一定的个体差异，在脑的不同发展上有着不平衡性。如果我们教育工作者在适时的关键期给予儿童适当的学习机会，则不但儿童学得快，还可以促进生理发展，进而促进其相应能力的发展。

(二)学习与脑的可塑性

大脑的变化、学习和记忆及脑内神经元的联结程度取决于环境对大脑的刺激。大脑的生理变化是经验的结果，而大脑功能的水平在很大程度上取决于其工作时所处的环境状态，服从"用进废退"的规则。

学习与脑的可塑性.mp4

人并不是生来就拥有一个功能完备、高效运转的大脑，大脑的逐渐成熟是一个人的遗传特征与外部经验交互作用的结果，也就是基因与环境交互作用的结果。

有人用幼鼠做研究，将断奶时的幼鼠与成年鼠放在一起饲养，或单独放在带有各种学习和问题解决任务的笼子里饲养。在复杂环境中饲养的幼鼠，其大脑显示出更成熟的突触结构，更多的树突分支、更大的神经元树突范围。每个神经元上有更多的突触、更多的支撑胶质组织和更多的毛细血管分支以增加大脑供血和供养。

近年来，计算机科学和脑成像技术的快速发展为研究人类学习与脑的可塑性提供了重要的技术条件。脑成像的研究揭示，在学习过程中，随着经验的丰富，皮层表征会发生相应的变化，可表现为三种情况。一是特定脑区的适应或习惯化。由于学习和经验的作用，特定神经网络的反应更加灵敏，可以观察到相应脑区激活水平的降低。二是特定脑区的反应增强和范围扩展。三是不同脑区的相互激活或联系的方式发生改变。

总之，一个美好愿景的实现，不仅需要有大胆而美好的设想，而且需要有小心而切合实际的做法，这是教育神经科学和脑科学发展的必然前提。来自教育学、心理学、神经科学等学科的整合趋势不容置疑，而其展现的美好愿景值得我们去期待、去实现。

1. 试分析行为主义学习理论与认知主义学习理论的共同之处。
2. 学习的作用表现在哪些方面。
3. 建构主义学习理论的基本主张是什么？
4. 巴甫洛夫的经典性条件作用理论与斯金纳的操作性条件反射的区别是什么？
5. 布鲁纳的认知—结构学习理论与奥苏伯尔的有意义学习理论的主要内容是什么？他们的理论的主要区别是什么？
6. 通过对教育神经科学与脑科学的学习，你认为未来的教育会有什么变化？

第六章 知识获得

本章学习目标

> 理解并掌握知识获得的狭义的定义、知识的种类。
> 理解并掌握知识获得的一般条件和几种方式。
> 理解并运用提高教材直观与知识感知效果的方法。
> 理解并掌握思维的概念和种类。
> 理解并掌握中学生思维发展的基本特点。
> 理解并掌握知识理解的一般过程。

重点与难点

重点： 影响知识理解的因素。
难点： 提高教材直观与知识感知效果的方法。

引导案例

情景一：李老师今天要教的化学课的内容是"元素"，在这以前她已讲过铁、铝、氢、氧、钠、钙等元素的性质和特点。所以这节课一开始，她就引导学生回忆并比较之前所讲过的内容，让学生分析这些物质有没有共同之处，并最终让学生理解这些看起来各不相同的物质归纳起来都属于一个类别：化学元素。

情景二：张老师已有多年的物理教学经验。他知道今天要讲的质量和能量的关系是新知识，不能从以往的知识中归纳、总括出来，也不属于哪一个上位概念，但是张老师把热和体积、遗传和变异、需求和价格等与其相似的关系概念引入质量和能量的关系的讲解中。

【问题思考】

知识获得可以分为下位学习、上位学习、并列结合学习三种方式。情景一中的李老师通过归纳、综合几个具体类概念，让学生掌握了更高一级的类概念，采用的是上位学习方式。

情景二中的张老师采用了适合学生的并列结合学习的教学方法，把所要讲授的内容与上述学生已经掌握的其他概念进行类比，学生很快就理解了。

(资料来源：本书作者整理编写。)

第一节 知识获得概述

一、知识与知识获得

(一)知识的概念

知识是人对客观现实认识的结果。它是以经验和理论的形式，存在于人的头脑和书本以及其他物质载体中的。知识是人对事物属性与联系的能动反映，它是在人们认识世界和改造世界的过程中形成的。

在人与外界的相互作用和现实活动中，我们会获得来自客体的各种信息，并用一定的方式对这些信息进行加工和组织，形成对事物的经验和理论，这就是知识。

知识一方面会存储在个体的头脑中，成为个体知识、主观知识；另一方面又可以通过文字符号及其他的物质载体等表述出来，传播开来，成为公共知识，或者说客观知识。而人可以通过学习和交往活动，借助公共知识来发展自己的个体知识。心理学关心的主要是个体知识的获得、存储和应用问题。

(二)知识获得的概念

知识获得有广义和狭义之分，我们这里讲的是狭义的知识获得，即学生的知识获得。学生的知识获得是在教师的指导下，学生通过感知、记忆、思维等一系列积极的心理活动，获取知识经验的过程。

学生的知识获得有以下两个特点。

一是在教师指导下有计划、有目的地进行和实现的；二是它以学习前人积累起来的间接经验为主。所以，我们说学生获得知识的过程，是一种特殊的认识过程。

二、知识的种类

知识的范围相当广泛，从不同的角度划分就有不同的种类，包括自然科学知识和社会科学知识，理论知识和实践知识，等等。

知识的种类.mp4

从心理学的角度，安德森(Anderson)把知识分为以下两类。

(一)陈述性知识

陈述性知识是说明事物、情况是怎样的，是对事实、定义、规则、原理等的描述。陈述性知识主要指言语方面的知识，用来回答"是什么"的问题，如"北方冬季气候的特点是什么？""很多人爱看电影的原因是什么？"等。这种知识与人们日常使用的知识概念内涵比较一致，也称为狭义的知识，一般通过记忆获得。本章所说的知识获得的概念指的就是这种狭义的知识概念。

(二)程序性知识

程序性知识是关于怎样完成某项活动的知识。程序性知识只能借助某种作业形式间接推测其存在，多指与智慧技能和认知策略有关的知识，主要用来解决"怎么办"的问题，如学生利用梯形的概念识别几何图形中的梯形或进行分数加减法等。程序性知识是一套做事的操作步骤，本质上，它由概念和规则构成。如分数的加减法，实质上就是运用通分、求最小公分母等规则解决问题的过程。

由于运用概念和规则办事的指向性不同，程序性知识又可分为以下两类。

一类为运用概念和规则对外办事的程序性知识，此类程序性知识被称为智慧技能；另一类为运用概念和规则对内调控的程序性知识，此类程序性知识被称为认知策略。

智慧技能和认知策略的根本区别是前者运用习得的概念和规则加工外在的信息，后者运用习得的概念和规则来调节、控制自己的加工活动。

三、知识获得的一般条件

心理学家认为，知识获得最终表现为认识结构的形成和发展。为此，心理学家对认识结构做了大量的研究，奥苏伯尔曾对认识结构的概念及其在知识获得中的作用做过详细阐述，认为认识结构是"个体在特殊学科领域内的知识的组织"。

认识结构的稳定性和清晰性直接影响知识的获得与保持，因此，奥苏伯尔认为教学活动应着重培养学生完整的认识结构。

奥苏伯尔认为知识获得的心理机制是同化，即知识的获得是学习者认识结构中原有的知识吸收并固定新学习知识的过程。新知识同化到原有的知识结构中，改变了原有的认识结构，使学生的认识结构不断变化。

知识的同化需要以下几个条件。

首先，学生原有的认识结构中必须具有同化新知识的相应的知识基础，否则新学习的知识将无法与原有的知识结构取得联系，学生只能机械地学习，没有潜在意义，即认识结构中没有适当地起固定作用的观念，即使有意义学习的心向，也不可能获得新的心理意义。所以，奥苏伯尔说"假如必须把一切教育心理学还原为一条原理，我就要说影响学习最重要的一个因素是学习者已经知道了什么"。要求"弄清楚学习者已经知道了什么，并在此基础上进行教学"。特别是"囊括性观念"一旦形成，便具有以下特点。①特别适合后续的学习任务，并可建立直接的关系。②有牢固地固定新学习的心理意义。③通过这一共同的知识点，可以组织有关知识，使新、旧知识联系起来。④能充分解释教学材料的细节，使其具有潜在意义。这些特点说明，原有的适当观念是学习新知识的关键。

其次，学习材料本身应具有内在的逻辑意义，并能够反映人类已有的认识成果。奥苏伯尔提出意义学习的原则是不断分化和综合贯通，就是科学知识群中纵向和横向同化的体现。新、旧观念相互作用的结果，使有潜在意义的观念转化为实际的心理意义，同时使原有认识结构发生量变和质变。可见，同化的核心是相互作用。

最后，学习者还应具有学习的动机。具备了前两个条件，新、旧知识之间才能进行同化。学生内在的学习动机则能够促进其积极、主动地将新知识同化到原有的认识结构中，使学习真正成为一种有意义的活动。

同化论的观点可以用来说明知识获得的内在过程。总体来看，在知识学习过程中，学生要学习的新知识与其认识结构中起同化作用的原有观念具有三种关系：一是新观念是原有观念的上位观念，即新观念较为概括，而原有观念较为具体；二是新观念是原有观念的下位观念；三是新观念与原有观念处于并列地位，构成并列结合的关系。

四、知识获得的几种方式

（一）下位学习

下位学习.mp4

认识结构中原有知识观念的概括水平高于新学习的知识，这种关系的学习就是下位学习，也称类属学习。在这种学习过程中，新知识与原有知识的某一部分有联系，学习是把新知识归入认识结构中有关部分的过程。

类属学习过程可以分为派生类属过程和相关类属过程。前者是指新学习的内容只是认识结构中原有观念的一个例子或例证，后者是指新学习的内容是原先学习概念的深入、精致、修饰或限定。

例如，在学生已经了解哺乳动物的概念后，开始学习"鲸"这种动物，只需告诉学生"鲸是哺乳动物"，学生就可以通过"哺乳动物"的概念来理解鲸的属性，这种学习就是派生类属学习。在学生已经了解哺乳动物的概念后，学习"鲸"这种动物，只需告诉学生"鲸"是哺乳动物，学生就可以通过哺乳动物的概念来理解鲸的属性。鲸是哺乳动物的一种，这种学习就是派生类属学习。

一般来说，以上两种类属学习的主要区别是学习后原有观念是否发生本质属性的改变。在派生类属学习中新的观念纳入原有观念之中，原有观念的本质属性不发生改变；而在相关类属学习中新知识与原有观念有一定的关联，新知识的学习同时也引起原有观念的扩展、深化或修改。

下位学习的条件是新知识是原有知识的组成部分，是原有知识的深化和具体化。学生通过这种学习使自己的有关知识更为深入、细致，并使自己的认识结构不断深化。

（二）上位学习

上位学习也称总括学习，是指在原有观念的基础上学习一个概括和抽象水平更高的观念。原有的观念是从属观念，新学习的观念是总括观念。

上位学习遵循从具体到一般的归纳概括过程，这种学习在低年级学生的学习中最常见。例如：学生在认识了"马""牛""老虎""大象"等之后，再学习动物的概念；学生在知道了"月季""玫瑰""牡丹"等之后学习花儿的概念。在学习了动物和植物的概念后再来学习生物的概念也是上位学习。一旦上位观念形成，就可以成为下次新的学习中同化下位知识的上位知识。这时学习又转化为下位学习了。

总括学习的条件是新知识与原有知识相比，更为概括、抽象。通过总括学习，学生的知识将更为系统、完整和概括，从而有助于学生把握事物的本质属性和共同规律。

（三）并列结合学习

新、旧知识处于同一个层次，这时产生的联合意义的学习就是并列结合学习。在这种学习中，新观念与认识结构中的原有观念既不是类属关系，也不是总括关系。

实际学习中，有很多新概念的学习都属于这种学习。这些新知识往往由一些已经学过的观念经过合理地组合而构成，它们与整体的有关认识内容一般是吻合的，所以，它们能与认识结构中的有关内容的一般背景联系起来，从而具有潜在的意义。例如，在学习了"物质与意识""运动与静止""量变与质变"等概念的辩证关系后再来学习"生产力与生产关系"或"经济基础与上层建筑"之间的关系时，只要说明它们之间是辩证的，学生就可以按照辩证唯物主义的观点来理解它们。

这种学习的条件是新、旧知识处于同一个层次。这时，学生可以通过已经掌握的规律理解新知识，使自己的知识得到广泛的迁移。

五、知识的构建与组织原则

(一)渐进分化的原则

知识在头脑里组成一个有层次的结构，最具概括性和包容性的观念处于这个层次结构的顶点，下面是包容范围较小的和越来越分化的观念及具体知识。学习者在接触一个陌生的领域时，从已知的较一般的整体中分化细节，要比从已知的细节中概括整体容易一些。下位学习是由一般到个别、由抽象到具体的认识过程，它使认识结构不断分化和精致化。上位学习是由个别到一般、由具体到抽象的认识过程，它使具体知识统合在一个更概括的观念之下，为新的具体知识的学习提供上位观念。学前儿童主要通过由个别到一般的方式获得知识，而当他们进入小学后，获得知识的方式逐渐变成由一般到个别。因此，教材内容的编排和呈现应遵循由整体到细节的顺序。

(二)综合贯通的原则

从一般到个别、渐进分化是知识在纵向上的构建方式，知识的组织还应注重横向上的综合贯通，将学过的知识和当前的学习材料进行比较和分析，发现彼此间的共同点和不同点，加深对新材料意义的理解。横向的比较和联系既可以在相似的材料间进行，也可以在观点对立的材料间进行。并列结合学习是促进知识综合贯通的典型方式。

第二节　直观教学与知识感知

一、直观教学与知识感知的类型与特点

直观教学是指学生通过对直接感知到的信息(直观材料)的表层意义、表面特征进行加工，从而形成对有关事物的具体的、特殊的、感性的认识活动。它在各种知识学习中都是必需的。例如：在物理教学中总要观察模型、进行实验；在历史、地理教学中总要观看历史图片、地理模型；在文学教学中总要阅读或倾听形象化的言语描述；等等。运用直观教材的目的是加深对知识的感知，所以教材直观的过程就是知识感知的过程。心理学的研究表明，直观是领会科学知识的起点，是学生由不知道到知道的开端，是知识掌握的第一个环节。

(一)实物直观

实物即实际事物,实物直观即通过直接感知要学习的实际事物而进行的一种直观方式。如观察各种实物、演示各种实验、到工厂或农村进行实地的调查访问等都属于实物直观。

由于实物直观是在接触实际事物时进行的,它所得到的感性知识与实际事物间的联系比较密切、一致,因此,它在实际生活中定向作用较好,在将来的职业活动中也能很快地发挥作用。同时,实物直观给人以真实感、亲切感,因此它有利于激发学生对科学知识的学习兴趣,调动学生学习科学知识的积极性。正因为实物直观有这些优点,所以在教学活动中可以广泛采用。

但是,在实际事物中,往往是本质要素与非本质要素混杂在一起,而且有时本质要素比较隐蔽,事物的非本质要素反而比较突出。强的刺激因素对弱的刺激因素有隐蔽作用,因此往往难以突出本质要素,必须透过现象看本质,具有一定的难度。例如,在观察实际的杠杆时,杠杆的外在特征很容易被觉察,而支点、动力及动力作用线与动力臂、阻力及阻力作用线与阻力臂等有关杠杆的本质属性难以突出。同时,由于时间、空间和感官特性的限制,许多事物难以通过实物直观获得清晰的感性知识。例如:动、植物的生长过程由于过于缓慢而难以直接觉察;许多化学反应过程又因太快而难以直接觉察;宏观的宇宙天体和微观的基本粒子又因过大和过小而不便直接感知。由于实物直观有这些缺点,因此不是唯一的直观方式。

(二)模象直观

模象即事物的模拟性形象,它是实际事物的模拟品,而非实际事物本身。模象直观,即通过对事物的模象的直接感知而进行的一种直观方式。例如,各种图片、图表、模型、幻灯片和教学电影电视等的观察和演示,均属于模象直观。

模象直观.mp4

模象直观的对象可以人为制作,因此模象直观在很大程度上可以克服实物直观的局限,扩大直观的范围,增强直观的效果。首先,它可以人为地排除一些无关因素,突出本质要素。例如,在用图解讲述杠杆时,可以排除其他情节,清楚地把支点、动力即动力作用线与动力臂、阻力及阻力作用线与阻力臂表示出来。其次,它可以根据观察的需要,通过大小变化、动静结合、虚实互换、色彩对比等扩大直观范围。例如:利用地图或模型,可以把某一地区的地形和地貌置于学生面前(缩小);利用原子结构示意图,可以清楚地看到原子核与电子结构(放大);利用幻灯或电影胶片,可以观察到动物、植物的缓慢生长过程(加快)和化学反应的快速运动过程(变慢)。正因为模象直观具有这些独特的优点,所以它成为现代化教学的重要手段。

但是,模象只是事物的模拟形象,而非实际事物本身,因此模象与实际事物之间有一定差距。为了使学生通过模象直观而获得的知识在将来的职业活动中发挥更好的定向作用,教师在教学过程中应做好两个方面的工作:一方面,应注意将模象与学生熟悉的事物相比较;另一方面,在可能的情况下,应使模象直观与实物直观相结合。

(三)言语直观

言语直观是在形象化的言语作用下,通过学生对语言的物质形式(语音、字形)的感知及对语意的理解而进行的一种直观形式。例如，在中文教学中文艺作品的阅读、有关情境与人物形象的领会，在历史、地理教学中有关历史生活、历史事件、历史人物和有关地形地貌、地理位置的领会，都少不了言语直观。

言语直观的一个优点是不受时间、地点和设备的限制，可以广泛使用。言语直观的效果主要取决于教师语言的质量。教师的讲解声调要抑扬顿挫，声音应有高低快慢的变化，并且语言应精练、优美，富有情绪性。所以，言语直观的另一个优点是能运用语调和生动形象的事例去激发学生的感情，唤起学生的想象。但是，言语直观所引起的表象，往往不如实物直观和模象直观鲜明、完整、稳定。因此，在可能的情况下，应尽量配合实物直观和模象直观一起使用。

二、提高教材直观与知识感知效果的方法

直观是学生在实物、模象和言语刺激物的作用下，通过各种感官及大脑的复杂反应活动，从而在头脑中形成有关事物的特征与联系的感性认识的过程。在(高等)教育过程中，如何提高直观教学的效果呢？

(一)灵活运用各种直观形式

既然实物直观、模象直观和言语直观各有优、缺点，为了提高直观的效果应依据教学的需要和问题的性质，灵活运用直观形式，注意形象(实物直观与模象直观)和词(言语直观)的结合。

1. 实物直观和模象直观的选用

实物直观虽然真切，但是难以突出本质要素和关键特征；模象直观虽然与实际事物之间有一定差距，却有利于突出本质要素和关键特征。因此，一般而言，模象直观的教学效果优于实物直观。例如，心理学家曾用实验研究过实物直观和模象直观对掌握花的构造的不同效果。实验把学生分成能力相等的两组：一组为实物学习组，另一组为挂图学习组。实物学习组的学生，实际到花园去观察各式各样花的构造；挂图学习组只在教室内根据放大了的挂图来学习花的构造。两组学习时间相同。事后以有关花的知识与实物辨认两种方式来检测两组的学习效果。结果发现挂图学习组在两个方面的成绩均好于实物学习组。形成这一现象的主要原因就是实物学习组的学生受到过多无关刺激的干扰，不能从众多的刺激中发现事物的本质要素，不能很快地把握到要点。

以上实验说明模象直观教学效果一般比实物直观教学效果好。但是，这一结论只限于科学知识的学习阶段。在学习有了一定基础后，由简化的情境进入实际的复杂情境，即更多地运用实物直观，自然是必要的。我们强调的是先进行模象直观，在获得基本的科学概念和科学原理后再进行实物直观，这比一开始就进行实物直观的教学效果要好。

2. 形象(实物直观与模象直观)与词(言语直观)的结合

为了增强直观的效果，不仅要注意实物直观和模象直观的合理选用，而且必须加强形象与词的结合。首先，形象的直观过程应该由词调节，以吸引学生的注意，提高感知的目的性。为此，在形象的直观过程中，教师应提供明确的观察目标，给予确切的观察指导，

提示合理的观察程序。其次，形象的直观结果应用确切的词加以表述，以检验直观效果并使对象的各组成要素进行分化。最后，应依据教学任务，选择合理的形象与词的结合方式。如果教学任务是使学生获得精确的感性知识，则应以形象的直观为主，词起辅助作用；如果教学任务是使学生获得一般的、不要求十分精确的感性知识，则可以采取以词的描述为主，形象直观只起证实、辅助作用。

同样地，言语直观是通过唤起学生头脑中的表象起作用的，因此，教师在言语直观过程中，必须注意学生是否具备有关的记忆表象，并想方设法丰富学生的记忆表象。而且教师的言语描述必须讲求质量，注意语言的形象性和确切性。

(二)运用感知规律突出直观对象的特点

要想在直观过程中获得有关的感性知识，必须注意和观察直观对象。而要想有效地观察直观对象，必须运用强度律、差异律、活动律、组合律等感知规律，突出直观对象的特点。

强度律表明，作为知识物质载体的直观对象(实物、模象或言语)只有达到一定强度，才能被学生清晰地感知。因此，在直观过程中，教师应突出那些低强度但重要的因素，使它们充分地展示在学生面前；在讲授过程中，教师的言语应尽量抑扬顿挫、轻重有落。

差异律是指对象和背景的差异影响着人们的感知效果。对象和背景的差异越大，对象从背景中区分越容易。对同一知识内容和体系中对象和背景的设置与区别可以说是一门艺术。对象和背景的设置可从两个层次分析：一是物质载体层次，涉及的是如何在板书设计、教材编排、授课技巧等方面恰当地加大对象和背景的差异，突出直观对象；二是知识本身层次，涉及的是新、旧知识的安排，如何使已有知识在学习新知识时起到经验作用，即通过什么样的手段、途径唤起某些旧知识，使旧知识能成为学习新知识的支撑点。总体来说，第一层次即直观对象与感知背景的差异；第二层次即直观对象与知识背景的差异。

活动律是指活动的对象较静止的对象容易感知。为此，在直观过程中，要善于使作为对象的知识较之作为背景的知识活动起来，也就是说，要注意在活动中进行直观，在变化中呈现对象。因此，教师要善于利用现代科学技术作为知识的物质载体，使知识以活动的形象展现在学生面前；并注意在变换背景知识的条件下重复突出对象知识，从而形成一种活动的态势。

组合律表明，凡是空间上接近、时间上连续、形状上相同、颜色上一致的事物，容易构成一个整体为人们清晰地感知。

(三)培养学生的观察能力

知识传递的效果取决于教师和学生借助一定媒体的辅助作用。在直观的过程中，教师讲解某一直观教材，其效果如何，主要取决于学生的观察能力。因此，为了更好地完成教学任务，教师必须认真组织和培养学生的观察能力。

观察前，必须让学生明确观察的目的，做好有关知识的准备，并拟订详细的观察计划。只有这样，才能正确地吸引学生的注意力，使之指向和集中在所要观察的对象上。观察过程中，要认真培养学生观察的技巧和方法，让学生把握合理的观察程序，认真做好观察记录。一般来说，应该先由整体到部分，再由部分到整体，即先对整体对象有初步的、一般的认识，再分出对象的各个部分，并对这些部分进行细致的观察，进而了解各个部分之间的联系，把它们综合为一个整体，达到对观察对象的确切、细致、全面的认识。观察后，要求学生对观察结果和资料进行分析、整理和总结，写出观察报告。这样，可以大大促进学生观察的积极主动性，并使观察过程更认真。

(四)让学生充分参与直观过程

科学知识归根到底要通过学生头脑的加工改造才能被掌握，因此在直观过程中，应激发学生积极参与的热情。在可能的情况下，应让学生自己动手进行操作，如让学生参与制作标本、让学生自己制作图表、让学生自己在多媒体的环境中进行学习等，从而改变"教师演，学生看"的被动的直观方式。

第三节　思维与知识的理解

一、思维

(一)思维的概念

思维是人脑对客观事物的本质和内部规律性的间接、概括的反映，通过思维就能揭示各种现象之间的本质的、必然的联系(规律性)。思维同感知觉一样是人脑对客观现实的反映，但是思维与感知觉又有本质的区别，具体表现在思维具有间接性和概括性两个基本特征上。

思维的概念.mp4

1. 思维的间接性

思维能通过已有的知识经验或其他事物的媒介作用来认识感官所不能把握的事物，这就是思维的间接性特征。例如：医生根据体温、验血结果、心电图与病人的自诉等推知病人的病情和病因，初步做出诊断；人类学家根据古生物的化石及其他有关资料，推断人类发展的过去；气象学家根据各种预兆和仪器测量的数据来预测未来的风云变幻；等等。所有这些都是人脑通过已有的知识经验或其他事物的媒介作用而实现的间接反映。

2. 思维的概括性

思维能透过现象把握事物的本质属性，根据外部联系发现事物的内部规律性，这就是思维的概括性特征。例如，通过感知觉人们只能认识形状、结构、性能等不同的形形色色的具体的"笔"，而思维就能把握住笔的本质属性——"笔是写字的工具"。又如，通过感知觉我们可以认识到买和卖的商品交换活动、刮风、下雨、昼夜交替等各种社会现象、自然现象之间的外部联系；而通过思维我们就能揭示各种现象的本质的、必然的联系(规律性)，发现支配商品交换的价值规律，刮风是空气对流的表现，下雨是水蒸气遇冷液化的结果，昼夜交替是因为地球自转，等等。

(二)思维的种类

从不同的角度来划分，思维有不同的种类。

1. 根据思维的凭借物和个体发展水平划分

1) 动作思维

动作思维是依赖具体的动作进行的思维。其特点是直观的,是结合实际操作发生和进行的。从个体思维发展来看,首先发展的是动作思维。三岁前的儿童是动作思维时期,其思维是伴随着动作进行的,他们不能离开动作来默默思考。例如,他们离开掰手指或拨弄算盘珠的动作,就不能进行数数;离开把物体拆开又重新组合的实际动作,就无法对物体进行分析、综合。成年人仍有动作思维,它往往是伴随着劳动操作进行的。例如,布置房间或修理自行车的时候,常常是一边操作一边思考。但成年人的动作思维比孩子的动作思维要复杂得多,并且是与其他形式的思维结合进行的。

动作思维.mp4

2) 形象思维

形象思维是凭借事物的具体形象和表象的联想进行的思维。儿童在动作思维的基础上进一步发展起来的便是形象思维。三岁至六七岁的学前期属于形象思维时期,儿童还不能运用概念进行判断推理,主要依靠具体形象或表象来思考。成年人也有形象思维,特别是艺术家的艺术形象思维,它是一种较为高级和复杂的形象思维。

3) 抽象思维

抽象思维是运用概念,以判断推理形式进行的思维。它是人类特有的复杂而高级的思维,借助这种思维能够达到对事物本质属性和规律性的认识。从个体思维发展来看,学龄儿童已逐步进入抽象思维的时期。

2. 根据思维是否遵循明确的逻辑形式和逻辑规则划分

1) 直觉思维

直觉思维是未经有意识的逻辑推理过程,而迅速对问题的答案做出合理的设想或突然领悟的思维过程。例如,敏锐的洞察力,对某些不解的现象突然提出的看法、猜想或假设。直觉思维是以实践经验和丰富知识为基础的。

2) 逻辑思维

逻辑思维是指有明确的逻辑形式、遵循一定逻辑规则的思维。例如:学生解几何题的多步推理与论证;军事指挥员按一定程序分步剖析形势(敌我双方的力量对比、行动的条件与后果)而做出决策的过程;等等。

3. 根据思维在解决问题时探寻方法、途径的方向划分

1) 辐合思维

辐合思维亦称集中思维、聚合思维、求同思维,是指综合问题所提供的各种信息,得出一个正确的答案、结论或方案的思维方式。

2) 发散思维

发散思维亦称辐射思维、分散思维、求异思维,是指沿着不同的方向去探求多种答案、结论或可能性的思维方式。

4. 根据思维是否具有创新成分并使新事物出现划分

1) 常规性思维

常规性思维是指用习惯的方法、方式，固定的模式来解决问题的思维。例如，学生按照教师教的解题方法去估量或计算土地面积、产值等。

2) 创造性思维

创造性思维是指打破常规的具有创见性的思维，或者是指重新组合已有的知识找出新的解决方法的思维。例如，发明家仿照生物原型研制出新的仪器、仪表，艺术家进行新作品的构思，学生独立地想出问题答案。

(三)中学生思维发展的基本特点

1. 抽象逻辑思维逐步占优势

(1) 中学生一般能摆脱具体事物的限制，能通过运用概念、提出假设、检验假设来进行抽象逻辑思维。

(2) 中学生在思维过程中已有预见性特征，即能在复杂活动或问题解决之前有计划、有策略。

(3) 中学生的思维具有形式化的特征，即中学生能时常有意或无意地运用逻辑规律来解决问题。

(4) 中学生在思维活动中具有一定的自我意识或自我监控能力，表现为中学生不但能考虑如何解决问题，还能对自己的思维进行自我反省、自我调控，确保思维的正确性和高效率。

(5) 中学生思维的独创性在逐步增长。其突出表现在他们能不断提出新的假设、理论，思维的敏捷性、灵活性、深刻性和批判性明显增强。

2. 辩证逻辑思维开始发展

(1) 中学生(尤其是高中生)理论思维的发展，有力地促进着辩证思维的发展，从而形成抽象思维和辩证思维协调发展、相互促进的新局面。中学生基本上能理解一般与特殊、演绎与归纳、理论与实践等的辨证关系，能用全面、发展、联系的观点去分析和解决问题。

(2) 中学生的思维结构趋于稳定，并基本完整与系统化。中学生由于理论思维的发展，思维结构的内部关系更加协调，分析与综合、抽象与概括、演绎与归纳、形式逻辑与辩证逻辑、认知因素与非认知因素等形成协调发展的新格局，从而使中学生思维的功能更完善，思维的效率更高。

知识链接 6-1

培养学生创造性思维的课堂提问方式案例

无论是一班还是二班的学生，都愿意上吴老师的物理课，因为吴老师不仅课讲得准确、清晰、生动，而且总是提出一些让人意想不到的问题，使学生学习物理知识的兴趣更加浓厚了。比如，吴老师经常在讲完一个原理或一件机械的构造后，提出一个"假如"："假如这个电路上增加一个二极管会怎样""假如这个力突然停止作用，物体会做何运动"……

除了"假如"，吴老师常用的词还有"除了""比较""可能""替代"："活塞运动除了可以用于发动机，还可以干什么""比较一下汽车与风帆有什么相似的地方""飞机在大风天飞行可能会遇到什么困难""可能是什么原因造成的""这个机械装置中的滑轮用什么东西可以替代"等。另外，吴老师还经常让学生"列举"："尽可能多地列举出应用电池并联的电器""列举出你能想到的所有可以应用摩擦生电原理解决的生活中的问题"等。无论何时，吴老师对于学生的回答，不管它是多么地荒谬，都不加以讥讽和贬低，所以学生都喜欢吴老师，更喜欢他的物理课。

(资料来源：百度文库，https://wenku.baidu.com/.)

二、知识的理解

(一)知识理解的一般过程

学生对知识的理解是通过思维活动对感性知识进行复杂加工而完成的。因此，知识理解的过程也就是思维过程。

1. 分析与综合

分析是在思想上把事物的整体分解为各个部分，或把整体的个别特性、个别方面区分出来。与此相反，综合是在思想上把事物的各个部分或不同特点、不同方面结合起来。对于一种新事物，起初我们只有模糊、笼统的认识，但是通过分析就对其各个部分、各个方面和各种属性有一个清晰的认识；通过综合将分析过的各个部分和各种特性全部联系起来，这时对事物的整体就有了更深刻的认识。

分析与综合是相反的过程，但又是相互联系、相互依存的。当我们对某一事物进行分析时，也总是在揭示这个事物的各个部分、特性、方面之间的联系、关系和依存性，即进行综合。

分析一般有两种形式，即过滤式分析和综合式分析。过滤式分析是尝试对问题情境所做的初步分析，它能逐渐淘汰那些无效的尝试。综合式分析是通过综合有方向的分析，它能提示事物的内在联系，从而发现解决问题的方向，它是分析的主要形式，也是高校培养大学生分析问题和解决问题能力的重要组成部分。

2. 比较、分类、系统化

1) 比较

比较是在思想上确定被比较的事物之间异同的过程。不仅可以就事物发展的不同阶段或前后变化进行比较，以便了解事物发展的进程，还可以在同时存在的两个以上的事物之间进行比较，有助于我们辨别事物之间的异同。比较总是和分析、综合相互联系，分析、综合是比较的前提。例如，为了比较两个学生的学习情况，首先必须把两个学生的学习分别划分为学习的成绩、学习的动机、学习的态度和方法、已有的基础、学习的条件等方面，这就是分析。其次再把他们学习的各个相对应的方面一一加以对照确定其异同点。最后再把各个相对应的异同点结合起来考虑，这就是综合。

> **知识链接 6-2**
>
> **成人与儿童对事物看法的比较**
>
> 一位心理学家曾经做过这样一个实验。在白纸上涂上一个点，然后问成人："纸上是什么？"几乎所有人都回答："一个黑点。"幼儿园小朋友的回答却是多样的，有的说是"一顶草帽"；有的说是"一颗星星"；有的说是"一块烧焦的牛肉饼"……显然，"一个黑点"对于成年人来说太熟悉了，回答起来也别无选择；而对儿童来讲，它还有一定程度的陌生感，因而他们审视的眼光也比成人多元，想象和思维比成人更自由。
>
> （资料来源：百度文库，https://wenku.baidu.com/.)

2) 分类

分类是通过比较确定了的事物之间的共同点和不同点，据此把它们分为不同的种类。例如，将具有共同点的事物划为一类，再根据其小的不同点将它们划分为同一类中不同的小类别。这样就可以揭示事物的一定的从属关系和不同的等级系统。

3) 系统化

系统化是在比较和分类的基础上，在头脑中将一类事物按不同的顺序与层次组成一定系统的思维过程。各门科学知识、各种组织机构，都有一定的顺序、层次、门类，这都是系统化的结果。

3. 抽象、概括、具体化

1) 抽象

抽象是在思想上抽取同类事物的本质属性，舍弃非本质属性的过程。抽象是在比较的基础上进行的，通过抽象就可以抓住事物的本质。

2) 概括

概括是在思想上把同类事物的本质特征联结起来并推广到同类其他事物的过程。概括是在抽象的基础上进行的，没有抽象就不可能进行概括，抽象与概括是密切联系的，通过概括就可以形成概念。

3) 具体化

具体化是将通过抽象和概括而获得的原理、理论用来认识新的具体对象的过程，也就是把一般原理用于具体的、个别的场合。具体化使一般的、抽象的东西和直观的、感性的东西联系起来，从而变得更容易理解。

最后还应指出，分析和综合是知识理解的基本过程。这是因为，其他过程都是从分析、综合过程派生出来的，或者都是分析、综合的表现和运用。

(二)影响知识理解的因素

1. 过去的知识经验

学生理解知识，总是以过去的知识经验为基础。这里所说的过去的知识经验，是指日常生活经验和日常概念。它们对科学知识的掌握有重大的影响，这种影响可能是积极的，也可能是消极的，这取决于日常生活经验与科学知识的内涵是否一致。当日常生活经验与科学知识的内涵基本一致时，日常生活经验会促进科学知识的理解。例如，学生有"邻居"

的日常概念，就容易理解和掌握几何学中的"邻角"这一概念；学生有"彩虹"的记忆表象，有利于物理学中"光谱"的掌握。当日常生活经验与科学概念的内涵不一致时，日常生活经验就会妨碍科学概念的掌握。例如，"垂直"在日常生活经验中总是自上而下的、有方向的，而在科学概念中"垂直"是没有方向的，只要两条直线相交成90度角就是垂直。这种不一致，严重地妨碍了掌握"垂直"这一科学概念。又如，"鸟"作为日常概念，其含义是"会飞的动物"，这同样会对掌握"鸟"的科学概念有干扰。

这一因素，要求教师在讲授某一概念、定理、公理等科学知识之前，必须弄清楚学生已有哪些有关的日常概念和知识，它们对科学知识的理解可能会产生怎么样的影响，应采取什么样的对策克服其消极影响，利用其积极因素促进学生对科学知识的理解。

2. 变式与比较

变式是指提供给学生各种具体例证时，保持本质属性不变而变换非本质属性的各种形式。变式对科学的理解具有十分重要的意义。心理学的研究表明，恰当的变式有助于突出事物的本质特征，帮助学生形成正确的抽象和概括，从而准确地掌握概念。如果无变式或变式不恰当，学生就可能形成错误的抽象和概括，把非本质的东西误认为本质的东西。例如，在生物学中介绍"果实"的概念时，不要只选择可食的果实(苹果、香蕉等)，还要选择一些不可食的果实(橡树子、棉籽等)，这样才有利于学生看到一切果实具有"种子"这一关键属性。又如，在讲惯性现象时，不仅要举固体惯性现象的例子，还要举液体和气体的惯性现象的例子，这样学生才会形成"一切物体均有惯性"的正确观念。

变式原则也不是万能的，它只有同比较等其他方法结合，才能发挥应有的作用。如果说变式是从材料方面促进概念的掌握，那么比较则是从方法方面促进概念的掌握。比较有两种：一种是同类事物的比较，通过比较异同，找出其共有的特征，同时舍弃彼此差异的特征；另一种是不同类事物的比较，通过比较异同，找出本类事物独有的共性(本质属性)，同时舍弃两类事物共同的特征。比较能使人确切地了解事物之间的联系与区别，使有关事物的本质特征更清晰。

3. 形成知识体系

知识体系是由概念原理构成的。新、旧知识是相互联系的，任何一个概念原理都不是独立存在的，它们都被包含在一定的知识体系中。所以，教师在讲课时要把它们有机地放在一定的知识体系中，这样学生在已有知识的基础上学习新知识，就易于理解和掌握。此外，教学中还应注意既要按一定的知识顺序循序渐进地讲，又要在一定的章节讲完后，做适当的总结，指导学生写出总结提纲、分类、图解等一类的作业，这将有助于学生把新学习的知识纳入一定的知识体系中，以加强对知识的理解。

4. 运用知识

掌握概念原理，不仅是一个从个别到一般的过程，还要从一般回到个别。从一般回到个别的过程就是概念原理的运用过程，是知识的具体化过程。运用概念原理的方式是多种多样的，如做习题、实验，以及解决日常生活和社会领域中的问题等。实际上，多数概念原理都不是一次就可以形成的，而是需要人们多次反复地学习和应用，这样才能全面、深刻地理解和掌握。

 **思考题**

1. 知识的概念是什么?
2. 什么是知识获得?
3. 陈述性知识和程序性知识的概念是什么?
4. 知识获得有几种方式?
5. 提高教材直观与知识感知效果的方法有哪些?
6. 什么是思维?
7. 思维有哪些种类。
8. 中学生思维发展的基本特点是什么?
9. 知识理解的一般过程有哪些?

第七章 学习策略

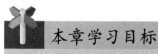

本章学习目标

➢ 理解并掌握学习策略的定义及特征。
➢ 理解并掌握复述策略、精细加工策略和组织策略的含义。
➢ 理解并掌握元认知策略的概念与种类。
➢ 理解学习策略对学习的重要性。
➢ 理解并掌握学习策略教学与训练的必要性。

重点与难点

重点： 运用教学模式训练学生的认知策略。
难点： 有效进行学习策略训练的方法。

引导案例

　　王某，男，初一，智力正常，小升初时学习成绩排在班里第二名。他学习很用功，成绩却不断下滑。其班主任反映，王某上课能认真听讲，但基本不举手回答问题；作业能按时完成，只是正确率不是很高。家长反映，王某平时在家也花费很多时间学习，期末考试前更加努力，每天都学习到很晚。但是王某期末考试成绩仍然不是很好，在班级排名也越来越靠后，家长和老师都很头疼，该生自己也开始怀疑自己的能力。

　　【问题思考】
　　王某的情况在初一学生中是具有一定代表性的。案例中的王某智力没有问题，学习也很努力，可能就是学习方法不当，不能利用有效的学习策略，不能合理地安排自己的学习时间，最终使成绩下滑。
　　初中的学习与小学相比在方法上有很大的不同，初中课程增多，内容加深，学科更加体系化和结构化。学生要根据初中课程特点的变化来调整自己的学习方法，只有找到适合自己的学习方法才能事半功倍。
　　王某在学习上存在的问题是，学习上没有利用计划和监控策略；没有利用组织策略形成自己的知识结构；没有掌握记忆策略，习惯死记硬背；不能科学利用时间，不能有效复习；不会带着问题听课，不会利用记笔记策略。

(资料来源：百度文库，https://wenku.baidu.com/.)

　　学习策略作为一种比较系统的理论，主要是指学生为实现一定的学习目标而采用的学习方法、技巧或规则。在信息时代，个人对学科知识的掌握是有限的，因此，掌握获取知识的策略是至关重要的,好的学习策略不仅能加快学生的学习速度,也对提升学习质量有重要的作用。

第一节 学习策略的定义及特征

对于学生来讲,其最重要的学习任务就是学会学习。对于学生的学习来讲,无论是知识的掌握、技能的学习,还是问题的解决等,都需要运用一定的学习策略。

一、学习策略概述

(一)国外关于学习策略的研究

国外对学习策略的研究是在 20 世纪中后期,它是心理科学不断发展的产物。随着现代心理学对人类自身研究的不断深入,人们逐渐认识到,人的心理不再是一个不可打开的"黑箱",人脑学习机制是可以研究的。

美国心理学家布鲁纳(Bruner,1956)在其人工概念研究过程中,首次提出"认知策略"。随后,心理学家纽厄尔(Newell)、肖(Shaw)和西蒙(Simon)利用计算机有效地模仿了问题解决策略,进而形成学习策略概念,引起心理学家,尤其是教育心理学家的极大兴趣。

关于学习策略,目前尚无确切的定义,主要有以下几种观点。

(1) 认为学习策略是内隐的学习规则。丹佛(Duffy,1982)认为,学习策略是内隐的学习规则系统。

(2) 认为学习策略是学习的信息加工活动过程。琼斯(Jones)、艾米伦(Amiran)、凯蒂姆斯(Katims)认为,学习策略是被用于编码、分析和提取信息的智力活动或思维步骤;瑞格尼(Rigney)认为,学习策略是学生用于获取、保存与提取知识和作业的各种操作的程序;丹塞罗(Dansereau,1985)认为,学习策略能够促进知识的获得和储存,以及信息利用的一系列过程或步骤;凯尔(Kail)和比森(Bisan)认为,学习策略是一系列学习活动过程而不是简单的学习条件;梅耶(Mayer,1987)认为,学习策略是学习者有目的地影响自我信息加工的活动。

(3) 认为学习策略是具体的学习方法与技能。加涅认为,学习策略是学习者用来调节自己内部注意、记忆、思维等过程的技能;奈斯比特(Nisbet,1986)和 J. 舒克史密斯(J. Shucksmith)认为,学习策略是选择、整合、应用学习技巧的一套操作程序。

(4) 认为学习策略是学习方法和学习调控的结合。温斯坦(Weinstein,1985)认为,学习策略是学习方法和学习调控的统一体;斯腾伯格(Sternberg,1983)指出,学习策略是由执行的技能和非执行的技能整合而成。

(二)我国学者对学习策略的界定

在古汉语中,"策"与"略"一开始是独立存在的,二者都有谋划之意,因此后来合二为一,遂成"策略"一词。在现代汉语中,策略指根据形势发展而制定的行动方针和斗争方式。在古汉语中,战术指进行战斗的原则和方法;在现代汉语中,战术还泛指解决局部问题的方法;在《新牛津英语词典》中,与 tactics 对应的 strategy 被解释为"在战争中从总体上计划和指挥军事作战和调动的艺术"。

在我国古代，虽然没有明确出现学习策略，却不乏相关讨论。孔子曾提出"学而不思则罔，思而不学则殆"，通过学习与思考的辩证关系，阐述了学习策略的重要性。"知之为知之，不知为不知，是知也"是对自身理解程度的认识，体现了对元认知策略的重视。《学记》中"学然后知不足，教然后知困。知不足，然后能自反也；知困，然后能自强也"，体现了元认知策略在教学过程中的作用。

虽然我国古代就有学习策略的思想，但真正意义上的学习策略研究是从20世纪70年代开始的。我国关于学习策略的界定也众说不一。

(1) 认为学习策略是指学习方法和技巧。史耀芳(1991)指出，学习策略是学生在学习过程中，为达到一定的目标，有意识地调控学习环节的操作过程，是认知策略在学生学习活动中的体现形式，它一定程度上表现为学习方法和技巧；黄旭(1992)认为，学习策略指的是个体在特定的学习情境里，用以促进其获得知识或技能的内部的方法的总和；高文(1998)认为，学习策略是学生在形成概念和知识结构过程中如何运用各种认知过程及其不同组合形式开展学习活动的技术和方法。

(2) 把学习策略看作对学习的调控过程。李雁冰认为，学习策略是对学习过程特别是学习方法与技能进行监督与调控的内部活动；魏声汉(1992)指出，学习策略就是在元认知的作用下，根据学习情境的各种变量间的关系及其变动，调控学习活动和学习方法的选择与使用的学习方式或过程。

(3) 认为学习策略是学习方法与学习调控的有机统一。胡斌武(1995)认为，学习策略是学生为达到一定的学习目的，在元认知的作用下根据学习情境特点，调节和控制学习方法，选择与使用乃至调控整个学习活动的内部学习方式或技巧；刘电芝(1997)认为，学习策略是指学习者在学习活动中有效学习的规则、方法、技巧及其调控，它既是内隐的规则系统，又是外显的程序与步骤。

可见，国内学者虽然在借鉴国外研究的基础上对学习策略的内涵提出了自己的看法，但与国外学者的研究没有本质的区别，主要集中在学习策略的内隐性、外显性两个方面的特点上。

国内外关于学习策略含义的种种观点，均有合理性，有助于我们从不同角度理解学习策略。可以看出，学习策略就是指学习者在学习活动中，为了达到有效的学习目的而采用的规则、方法、技巧及其调控方式的综合。

二、学习策略的特征

(一)学习策略是可操作性和监控性的有机统一

可操作性和监控性是学习策略结构中最基本的特征，是学习知识的最直接的作用方式。可操作性体现在学生认知过程的各阶段，实质在于进行各种认知加工；而监控性体现在内隐的认知操作之中，因为它具有实施监控的机制。在这种监控机制中，元认知是最主要的动力系统。

(二)学习策略是外显性和内隐性的有机统一

学习策略可能表现在外部行为上，也可能表现在内部的心理过程中。例如，SQ3R阅读法是外显的操作程序与步骤，而计划策略等是内隐的思维过程。在学生实际的学习中，我们可以直接观察到学习者会使用某种或某些外部的学习操作，并对此进行适当的监控，可见学习策略的外显性特点。同时，对学习策略来说，它对学习的调控和元认知的意识是在头脑中借助内部语言进行的内部意向活动，它支配和调节着外部操作，因而它又具有内隐性的特点。

(三)学习策略是主动性和迁移性的有机统一

学习策略的主动性，是指学习策略可以根据学习材料和学习情境的特点以及学习的变化，进行自我调整。迁移性则是指从某种学习情境中获得的学习策略，能够有效地迁移到类似或不同的学习情境中去。

(四)学习策略对学习有直接影响和间接影响

记忆策略、组织策略可以直接影响学生的学习；而社会支持策略等对学习的影响是间接的。

(五)学习策略的应用有水平差异

复述策略可能是简单地按次序复述，也可能是选择陌生的或重点的内容复述。

学习策略的运用，策略使用者可能会意识到，也可能意识不到。高水平的策略使用者对策略的使用已相当熟练，达到了自如的水平，对策略使用的意识水平即便不高，但当要求描述策略的内容，特别是当要求他们注意自己的活动时，也能意识到所用的策略；低水平的策略使用者，往往是随机地、盲目地使用，对策略的应用通常处于无意识状态。

三、研究学习策略的意义

(一)提高学生的学习质量和速度

通过对学习策略的研究，并在教学过程中教会学生掌握一定的学习策略，可以大大提高学生的学习质量和速度。特别是能改善学习策略掌握不好或有学习障碍的学生的学习成效，在一定程度上减少他们的学习困难。

研究学习策略的意义.mp4

(二)有效促进教师的教学工作

要教会学生掌握学习策略，教师必须先掌握。一方面，这可以促进教师不断学习，促进教师的专业性发展；另一方面，教师通过学习策略的教学，可减少各学科的教学和训练时间，达到减轻学生学习负担的目的。

(三)有利于进行素质教育

在当今终身学习理念的指导下以及信息时代的背景下，个人必须保持不断学习，并且，个人对任何学科知识的掌握都是有限的，因此，所以掌握获取知识的策略是至关重要的。

第二节　学习策略的分类

学习策略的分类有很多种，不同学者从不同角度进行了划分。综合来看，学习策略可分为认知策略、元认知策略和资源管理策略三种。

一、认知策略

认知策略是加工信息的一种方法和技术，可以有效地从记忆中提取信息。认知策略因所学知识的类型而有所不同，陈述性知识的认知策略包括复述策略、精细加工策略和组织策略；程序性知识的认知策略则包括模式再认策略、动作系列学习策略等。

认知策略的基本功能有两个：一是对信息进行有效的加工与整理，二是对信息进行分门别类的系统储存。

(一)复述策略

复述策略是指在工作记忆中为了保存信息，运用内部语言在大脑中重现学习材料或刺激，以便将注意力维持在学习材料的方法上。它是短时记忆的信息进入长时记忆的关键。常用的复述策略有：在复述的时间上，采用及时复习、分散复习；在复述的次数上，强调过度学习；在复述的方法上，采用排除相互干扰、运用多种感官协同记忆等。

1. 利用随意识记和有意识记

随意识记是指没有预定目的、不需经过努力的识记。这种识记也是有条件的，凡是对人有重大意义的、与人的需要和兴趣密切相关的、给人强烈情绪反应的或形象生动鲜明的人或事，就容易随意识记。在学习中，要尽量运用这些条件，如培养学生对某门学科的兴趣，来加强随意识记。

有意识记是指有目的、有意识的识记，是事先有一定识记意图和任务，并经过一定努力，运用一定的方法和策略进行的识记。有意识记的任务具体，是一种主动而又自觉的识记活动。有意识记在学习和工作中占据主导地位。要想记住某一信息，就需要有意识地、用心地去记忆，然后尝试自己复述一遍，看看自己能否复述出来。

2. 排除相互干扰

我们知道，人之所以没有记住某一信息，一个重要原因是这一信息在认知和记忆过程中受到了其他信息的干扰。在前文中，我们还学习了前摄抑制和倒摄抑制。因为记忆有遗忘的特点，人们在进行其他活动之前，一定要花时间在头脑中复述刚刚获得的新信息。在记忆时，要尽量错开学习两种容易混淆的内容，排除相互干扰。

心理学家还发现，记忆有首位效应和近位效应，即当人对学习材料学习之后，在测验中，对开始和结尾的内容一般要比对中间的内容记得牢。因此，要善用首、末时间。

3. 整体识记和分段识记

对于篇幅短小或者内在联系密切的材料，适合采用整体识记，即整篇阅读，直到记牢为止。对于篇幅长或者内在联系不强的材料,适合采用分段识记,即将整篇材料根据情况分成若干适合记忆的段落,先一段一段地记牢,然后合成整篇识记。

4. 多种感官参与

心理学家表明,多种感官的参与能有效地增强记忆,如人的学习83%是通过视觉,11%是通过听觉,6%是通过嗅觉、触觉和味觉。所以,在进行识记时,要学会同时运用多种感官,用眼看、用耳听、用嘴说以及用手写等。

5. 复习形式多样化

对所学知识的最好复习是在实践中应用。采用多种形式进行复习,这比单调重复更有利于理解和记忆,如将所学的知识向别人讲解或者写成报告等就是很好的复习形式。在实践中运用是最好的一种复习形式。专家之所以能记住许多专业知识,就是因为他们在实践中反复地应用这些知识。因此,要善于在不同的情境下反复应用所学的知识,以加深对知识的理解和保持。

6. 阅读时要学会画线

画线也是阅读常用的一种复述策略,画线时要注意:①在段落中寻找主题句等重要内容;②谨慎画线,遵循少而精的原则;③复习时用自己的语言解释画线部分。

此外,还可以将圈点批注的方法与画线策略一起使用。

(二)精细加工策略

精细加工策略,是指把新信息与头脑中的旧信息联系起来从而增加新信息意义的深层加工策略。它常被描述为一种理解记忆的策略,旨在建立信息间的联系。联系越多,能回忆出的信息原貌的途径就越多,即提取的线索就越多。精细加工越深入、越细致,回忆就越容易。对于比较复杂的课文学习,精细加工策略包括说出大意、总结、建立类比、用自己的话做笔记、解释、提问以及回答问题等。

1. 记忆术

记忆术即通过把那些枯燥无味但又必须记住的信息"牵强附会"地赋予意义,使记忆过程变得生动、有趣,从而提高学习记忆的效果的方法。常用的记忆术主要有以下几种。

记忆术.mp4

1) 形象联想法

形象联想法是通过人为联想,使无意义的难记的材料和头脑中的鲜明奇特的形象相结合,从而提高记忆效果的方法。想象的形象越鲜明、越具体越好,形象越夸张、越奇特越好,形象之间的逻辑联系越紧密越好。首先找出新、旧材料之间的内在逻辑联系;其次通过联想将新材料与旧知识联系在一起,赋予新材料以更多的意义,也就是在理解的基础上把过去的旧知识当作"衣钩"来"挂住"所要记住的新材料。

2) 谐音联想法

谐音联想法是通过谐音线索,运用视觉表象、假借意义进行人为联想。例如,把圆周率"3.1415926535"编成顺口溜"山巅一寺一壶酒,尔乐苦煞吾"等。

3) 缩简和编歌诀

缩简就是将识记材料的每条内容简化成一个关键性的字，然后变成自己熟悉的事物，从而将材料与过去经验联系起来。比如，首字连词法是利用每个词语的第一个字形成缩写，或者用一系列词描述某个过程的每个步骤，然后将这一系列词提取首字作为记忆的支撑点。有时，也可以将材料缩减成韵律和谐、抑扬顿挫的歌诀。例如，《二十四节气歌》：春雨惊春清谷天，夏满芒夏暑相连，秋处露秋寒霜降，冬雪雪冬小大寒。

在编歌诀时，应力求精练准确、富有韵律，这不仅有助于记忆，还可以利用现成的歌诀。但要仔细辨别分析，把引用的东西变成自己的东西。

4) 位置记忆法

位置记忆法是一种传统的记忆术，最早被古希腊演讲家使用。位置记忆法对记忆有顺序的系列项目特别有用，它是通过与熟悉的地点顺序相联系来记忆一些名称或者客体顺序的方法。学习者在头脑中首先创建一个熟悉的场景；其次在场景中确定一条明确的路线，在路线上确定一些特定的点；最后将所要记的项目全部视觉化，并将顺序和路线上的各个点联系起来。回忆时，学习者只需在路线的各个点上提取所记的项目。

2. 要学会做笔记

做笔记策略是使用较为普遍的精细加工策略。

做笔记有以下作用。①做笔记有利于保持学生的注意和兴趣，使学生不容易走神。②做笔记可以让学生有效地组织材料，有助于对学习材料进行编码。通过把信息写下来并阅读这些信息，可以做到语言和视觉双重编码，这有助于深加工。③做笔记又是一个生成过程，可以有效地控制自己的认知加工过程，还有助于概括新的知识和建立新、旧知识之间的联系，使之成为新的认知结构。④笔记具有信息的储存功能，便于提示人们全面地提取和加工信息。

要学会做笔记.mp4

因此，教师应督促学生做笔记和复习笔记。对于复杂的知识，教师可以指导学生做笔记，比如学生做笔记时，教师可以让学生在笔记本的右边留出3～6厘米的空白，在左边记笔记正文，在右边随时记下教师讲的关键词、例子、证据以及自己的疑问和思考。此外，教师还要督促学生随时复习笔记。

3. 要经常提问

无论阅读还是听讲，学生都要经常评估自己的理解状态，思考这样一些问题：这些新信息意味着什么，与课文中的其他信息以及以前所学的信息有什么联系。如果教师在阅读时教学生提一些"谁""什么""哪里"和"如何"等问题，他们可能领会得更好。

要经常提问.mp4

恰当提问可以引导学生思维活动的方向，让教学过程与学生思维发展相融合，有助于培养学生记忆知识的本领。教师可以训练学生在活动中自己和自己谈话，自己问自己或彼此之间相互问老师要问的问题。训练一段时间之后，学生便能在解题、拼写、创作和许多其他课题中成功地学会自我谈话。

4. 要有生成性学习

生成性学习就是要训练学生对所阅读的东西有一个类比或表象，如图形、图像、表格和图解等，以加强其对知识的深层理解。这种方法最重要的一点就是需要积极地加工，不是简单地记录和记忆信息，也不是从书中寻章摘句或稍加改动，而是要改变对这些信息的知觉。

在教学中，教师要训练学生对所学材料进行积极的加工，改变对这些信息的知觉，要生成课文中没有的句子、与课文中某些重要信息相关的句子、用自己的话组成的句子，从而把所学习的信息与自己本身的知识和经验联系起来，进而产生一个新的理解。

5. 运用背景知识，联系客观实际

精细加工策略强调在新学信息和已有知识之间建立联系，背景知识的多少在学习中是非常重要的，背景知识可以使教师预测学生能学会多少。一个学生如果非常了解某一课题，那他就有更好的图式融合新的知识。教师一定要把新的信息和学生已有的背景知识联系起来，并要能联系实际生活，帮助他们理解这些信息的意义。

对于意义性较强的学习材料可以通过新知识与旧知识之间的联结，用头脑中已有的图式使新信息合理化。此外，要充分利用背景知识，可以利用先行组织者策略，在学习新材料之前，温习与新材料有关的已有的背景知识，在已理解的旧材料基础上进行学习，适时建立类比，以理解和记忆新知识，而不是机械学习。

总之，与逐字逐句学习材料的学生相比，那些能在学习时进行精细加工的学生一般能更好地理解信息，必要时能更好地回忆概念。因此，学习时要让学生使用一些精细加工策略。

(三)组织策略

当个体把所学的新知识联系起来并组织成具有内在结构的体系时，对这些知识的记忆时间会延长，因此认知心理学家主张采用组织策略来改善学习。组织策略是整合所学新知识之间、新旧知识之间的内在联系，形成新的知识结构。当然，组织策略和精细加工策略是密不可分的，如做笔记和写提要实际上是两者的结合。

组织策略是指将经过精细加工策略提炼出来的知识点加以构造，形成知识结构的更高水平的信息加工策略。组织策略主要有两种：一种是归类策略，用于概念、语词、规则等知识的归类整理；另一种是纲要策略，主要用于对学习材料结构的把握。

1. 归类策略

归类是把材料分成小单元，再把这些单元归到适当的类别里。归类策略的应用能使人厘清头绪，各知识点与概念之间不致混淆，方便知识的理解、记忆以及提取。

1) 归类法的特点

首先，知识归类前，要先确定归类原则，归纳什么，扬弃什么，目的要明确，能提高理解力和记忆力；其次，知识归类后，方向明确，选题单一，在复习时能各个击破，使注意力集中，避免不同类材料的相互干扰；最后，归类过程中，通过门类与门类之间不断进行对照，相近、类似的材料相互启发，能温故而知新，并能及时发现问题，解决问题。

总之，归类法是其他记忆方法的基础。只有正确认识它的作用，才能准确定位，既不夸大也不缩小它的作用。归类是其他记忆方法的前提，因为只有归类之后，才有可能制成图表、提纲，归类合理，图表才能制作精良，提纲才可能条理清晰。通过归类，能达到厘

清思路、缩小范围、抓住重点、方便记忆的目的,其已成为大多数学生经常使用的一种记忆方法。

2) 归类法的运用

归类可以去芜存菁,减少相应材料,缩短学习时间,提高记忆效率。归类的标准不是单一的或局部的,它是需要我们在学习中根据实际情况确定的。

归类不是按一个标准,也可按记忆对象的机能、构造、性质、材料、大小、颜色、重量、场所、时代等进行。在阅读文章的时候,可以把同义、近义的词列在一起,譬如,安顿、安放、安排、安置,宁静、平静、清静,仔细体会其"同"中之"异"。也可以把反义词组合在一起,如美与丑、优与劣、真与假、进步与落后、战争与和平等。把这个原则应用到学习英语单词上,能把相关的单词记下,并且可引起联想,从已经熟悉的单词,带出不太熟悉的单词。

进行归类时,分为几个组以及各组有多少个物体必须适度。如果分组太多,记忆就非常费劲,而如果分组太少,组内个数就会增加,而且各个组的个数也不能相差太大。心理学家研究表明,每个"组块"应以 7±2 个为宜。

我们的思维是以概念来把握事物的,所以对事物的分类是对概念的分类,分类能够揭示事物之间的内在联系,并记住它。例如,东汉著名医学家张仲景在《金匮要略》的第一篇中对疾病进行分类,他以经络和脏腑为分类的纲,再按三阳和三阴即所谓六经的表里,把五脏六腑的疾病分为 36 种,列出系统的分类表。这样,不仅列明了可能发生的疾病的种类,更重要的是由此揭示了病变的部位关系,掌握了各种病变之间的逻辑联系。

另外,也可以按照逻辑学的属种关系归类。比如,以时间、事件、人物等原则划分归类;以文学基础归类,将其中自成体系的内容归成几大类,包括现代文学、古代文学、外国文学、古代汉语、现代汉语、写作等。

2. 纲要策略

纲要策略也称提纲挈领,是掌握学习材料纲目的方法。纲要既可以是用语词或句子表达的主题纲要,也可以是用符号、图式等形象表达的符号纲要。

1) 主题纲要法

主题通常是学习材料的各级标题,有时也需要自己提炼。列提纲时要先对材料进行系统分析、归纳和总结,然后按材料的逻辑关系,以简要的词语写下主要与次要的观点,也就是以金字塔的形式呈现教材的要点,每个具体的细节都包含在高一级的类别中。使用主题纲要可分为四个步骤:第一,学习教材,判断教材学习的主要目标,理解基本思想;第二,摘录出要点;第三,考虑信息之间的关系,可用大小数码表达它们之间的层次结构(一、二、三……1、2、3……);第四,记住提纲,使用提纲解答问题。

2) 符号纲要法

符号纲要法是采用图解的方式体现知识的结构,即作关系图。它比主题纲要法更直观形象,但要求学生对符号相当熟悉。在作关系图时,应先识别主要知识点,然后识别这些知识点之间的关系,再用适当的图解来标明这些知识点之间的内在联系。

符号纲要法主要有层次网络法和流程图两种形式。

(1) 层次网络法。

层次网络法是由节点(观点)和连线(观点之间的关系)组成的,节点的排列分层似金字塔,而连线具有不同的性质，用来表达不同性质的关系。

(2) 流程图。

流程图着重说明某个过程之间的要素是如何联结的，它具有方向性和时间顺序，适用于表达程序性知识的结构。

3. 表格法

1) 一览表

对材料进行全面的综合分析后抽取主要信息，从某一角度出发，将这些信息全部陈列出来，力求反映材料的整体。例如，学习历史、地理时就常常采用一览表。

2) 双向表

双向表是从纵、横两个维度罗列材料的主要信息。表 7-1 所示为凸透镜成像规律的表格记忆法。

表 7-1 凸透镜成像规律的表格记忆法

物距 u	像物在凸透镜同侧/异侧	像的正倒	像的大小	像的虚实	像距 v	应用
$u>2f$	异侧	倒立	缩小	实像	$f<v<2f$	照相机
$u=2f$	异侧	倒立	等大	实像	$v=2f$	—
$f<u<2f$	异侧	倒立	放大	实像	$v>2f$	投影仪
$u=f$	不成像(一束平行光)					—
$u<f$	同侧	正立	放大	虚像	—	放大镜

可见，表格法具有直观形象、便于比较的特点。通过列表格可以促进知识的理解和记忆。

(四)模式再认策略

模式再认策略涉及对刺激的模式进行再认和分类的能力。模式再认策略的一个重要例子就是识别某个概念的一个新事例。比如，再认鲸鱼属于哺乳动物。模式再认策略的另一个重要的例子就是识别符合某个行为的条件或符合应用某个规则的条件，比如什么时候"倒置分数后相乘"。

和概念一样，模式再认过程是通过概括和分化的过程学习来的。比如，学生已经学习了凡生命体必须完成八大生命过程：获取食物、呼吸、排泄、分泌、生长、反应、繁殖、运动，这一知识属于陈述性知识。

现在，学生要利用这一知识注意生命的这八个过程，表示这一过程的条件陈述句为："如果一个客体执行了所有这八个生命过程，那么它就是活的。"教师可以用诸如鱼、哺乳动物、植物等生命体为不同的例子，进行概括，还可以举反例，如水晶石虽然存在促进分化、进行生长的过程，但不实现运动、呼吸等生命过程。

(五)动作系列学习策略

动作系列首先是作为构成某个过程的一系列步骤来学习的。学生必须有意识地执行每一步，一次执行一步，直到过程完成为止。

在学习某一个过程时，存在两个主要的障碍。

第一个就是工作记忆存储量的限制。尤其在一个长而复杂的学习过程中，困难更大，任何一个过程如果步骤在9步以上，超过短时记忆的容量(7±2)，就很难被保持在工作记忆中。为了突破这一局限，可以利用一些记忆辅助手段，如把这些步骤写下来给学生。当然，重要的是成功地完成这一过程，而不是记住这些步骤。

第二个就是学生缺少必备的知识。在学习某一过程时，要确保学生已经具备所必需的知识和技能，这一点是非常重要的。例如，学生还未学会一定的原理、定理，要求他们解几何证明题将是十分困难的。在教学过程时，教师不妨先进行一下任务分析，也就是要识别为了达到某一教学目标学生必须学会的次一级的知识和技能。通过任务分析，教师能了解学生在此级技能上的能力，如果有必要，可进行一定的补习。

二、元认知策略

元认知策略是学生对自己认知过程的认知策略，包括对自己认知过程的了解和控制策略，有助于学生有效地安排和调节学习过程。

元认知由三种心理成分组成。

一是元认知知识，主要包括个体对自己或他人的认知活动的过程、结果等方面的知识。

二是元认知体验是指伴随认知活动而产生的认知体验和情感体验。

三是元认知监控是指认知主体在认知过程中，以自己的认知活动为对象，进行自觉的监督、控制和调节。元认知监控主要包括确定认知目标，选择认知策略，控制认知操作，评价认知活动，并据此调整认知目标、认知策略和认知操作等环节。元认知监控是元认知最重要的心理成分。

学习时，学生要学会使用一些策略评估自己的理解、预计学习时间、选择有效的计划来解决问题。例如，假如你读一本书，遇到一段读不懂，你该怎么办呢？你或许会慢慢再读一遍；你或许会寻找其他线索，如图、表、索引等来帮助理解。这意味着你要学会如何知道你什么地方不懂，以及如何去改正你自己。此外，你还要能预测可能会发生什么，或者能说出什么是明智的、什么是不明智的。所有这些都是元认知策略。

概括起来，元认知策略大致可分为以下三种。

(一)计划策略

计划策略包括设置学习目标，浏览阅读材料，产生待回答的问题，以及分析如何完成学习任务。

给学习做计划就好比足球教练在比赛前针对对方球队的特点与出场情况制定对策。不论是为了完成作业，还是为了应付测验，学生对每节课都应当有一个一般的"对策"。成功的学生并不只是听课、记笔记和等待教师布置测验的材料，他们还会预测完成作业需要多长时间，在写作前获取相关信息，在考试前复习笔记，必要时组织学习小组，以及使用其他各种方法。换句话说，成功的学生是一个积极的而不是被动的学习者。

(二)监视策略

监视策略也叫监控策略，主要包括学习时对注意加以跟踪，对材料进行自我提问，考试时监视自己的速度和时间。

这些策略使学习者警觉自己在注意和理解方面可能出现的问题,以便找出来,并加以修改。当你为了应付考试而学习时,你会向自己提出问题,并且会意识到某些章节你并不懂或者你的阅读和记笔记方法对这些章节行不通,你需要尝试其他的学习策略。下面介绍两种具体的监控策略——领会监控和集中注意。

1. 领会监控

一种具体的监控策略就是领会监控。熟练的学生在学习时自始至终都持续着这一过程。熟练的学生在头脑里有一个领会的目标,如发现某个细节、找出要点等,于是,为了该目标而浏览课文。随着这一策略的执行,如果找出这个重要细节,或抓住课文的要点,学生会因达到目标而获得一种满足感。但是,如果没有找到这个细节,或者读不懂课文,则会产生一种挫折感。如果领会监控最终显示目标没有达到,就会采取补救措施,比如,重新浏览材料,或者更仔细地阅读课文。

一些研究表明,从幼儿到成人有许多人都缺乏这种领会监控技能,好多学生总是把重复(再读、抄笔记等)作为他们的主要策略,从课本或讲演中学习新知识。

为了帮助学生,德文(Devine, 1987)建议他们使用以下策略以监视并提高他们的领会效果。①变化阅读的速度,以适应对不同课文领会能力的差异。对于比较容易的章节读快点,抓住作者的整体观点;对于较难的章节,则要放慢速度。②终止判断。如果某些事不太明白,继续读下去。作者可能会在后面填补这一空隙,增加更多的信息,或在后文中会有明确说明。③猜测。当对所读的材料不明白时,可以试着猜测。猜测某个不清楚段落的含义,并且读下去,看看自己的猜测是否正确。④重新阅读较难的段落,尤其是当信息仿佛自相矛盾或模棱两可时,最简单的策略往往是最有效的。

2. 集中注意

注意和金钱、能源一样,是一种有限的资源,在某一时刻,只能注意有限的事物。当教师要求学生将有限的注意全部放在教师所说的每件事上时,学生只得放弃对其他刺激的积极注意,变换优先度,将其他刺激全部清除出去。

例如,当人们全心注意一个有趣的谈话者时,他们就意识不到细微的身体感觉(饥饿),甚至充耳不闻、视而不见其他刺激。有经验的讲演家知道,听众一旦心不在焉,他们就不会再集中注意力听讲,可能已经转向注意午餐或其他活动,因此,就要重新抓回他们的注意力。

(三)调节策略

根据对认知活动的结果的检查,如发现问题,则采取相应的补救措施,根据对认知策略的效果的检查,及时更正、调整认知策略。

调节策略.mp4

调节策略与监控策略有关。例如:当学生意识到他不理解课文的某一部分时,他们就会重新阅读该段落;在阅读困难或不熟的材料的地方会放慢速度;多次复习他们不懂的课程材料;测验时跳过某个难题,先做简单的题目;等等。调节策略能帮助学生矫正他们的学习行为,使他们补救理解上的不足。

元认知策略总是和认知策略一起起作用的。如果一个人没有使用认知策略的技能和愿望，他就不可能成功地进行计划、监视和自我调节。元认知过程对帮助我们估计学习的程度和决定如何学习是非常重要的；认知策略则帮助我们将新信息与已知信息整合在一起，并且存储在长时记忆中，因此，我们的元认知和认知必须一起发生作用。认知策略(画线、口头复述等)是学习必不可少的工具，元认知策略则监控和指导认知策略的运用，也就是说，可以教学生使用许多不同的策略，但如果他们用没有必要的元认知技能来帮助他们决定在某种情况下使用哪种策略或改变策略，他们就不是成功的学习者。

三、资源管理策略

资源管理策略包括时间管理策略、努力管理策略、环境管理策略、寻求支持策略和工具的利用策略，是辅助学生管理可见环境和资源的策略，有助于学生适应环境并调节环境以适应自己的需要，对学生的动机具有重要的作用。

(一)时间管理策略

1. 统筹安排学习时间

人生犹如一张大的时间表，每个人都应当根据自己的总体目标，对时间做出总体安排。总体时间表必须通过阶段性的时间表得到落实，如将自己的一生分成不同的时期，其中，又将中学时期的时间表转变为不同的学年时间表、学期时间表、每月时间表、每周时间表以及每天的时间表。

制订学习计划时，要注意将学习计划落实在学习成果上，也就是说，制订学习计划时要明确确定学习结束时有什么看得见的结果，而不只是规定："读完第二章。"相反，可以规定："读完第二章，标出重要部分，生成一张框架结构图。"

在执行学习计划时，要有效避免拖拉的坏习惯。做事拖拉的人总是习惯性地把(不愉快或成为负担的)事情推迟到将来做，他们一般花许多时间思考要做的事，担心这个，担心那个，给自己找借口推迟行动，又为没有完成任务而悔恨，其实他们本来能完成任务，而且应转入下一项学习活动。为了快速改掉拖拉的习惯，首先一定要确定一项任务是否非做不可，然后做出决策，避免过分追求完美无缺，要有意识地养成好习惯。

2. 高效利用最佳时间

在不同的时间里，人的体力、情绪和智力状态是不一样的，也就是说，学习时间的质可能是不一样的。因此，要在不同质的时间里安排不同的学习活动，如要在人精力充沛的时候，从事最重要、最紧张的学习活动，以便最有效地利用学习时间。

要根据一天内学习效率的变化来安排学习活动。一天中，人的智力也是有周期的。由于每个人在一天当中体内新陈代谢状况和大脑机能状况不同，其最佳时间也就因人而异。有的人是适合白天学习的，早睡早起，一觉醒来，精力充沛，思维活跃。有的人则适合晚上学习，一般早上状态不佳，到了下午逐渐精神起来，夜幕降临时，脑细胞随之转入兴奋状态，精力专注，尤其到了夜深人静时，大脑异常活跃，学习效率很高。还有的人是混合型的，容易适应生活环境和作息制度，不管任何时候，只要经过充分休息，就可以达到最佳状态。当然，学生的学习主要是在白天，因此，晚上不宜睡得太晚。

此外，要根据自己的学习作息安排学习活动。学习时，随着学习的进行，人的精神状态和注意力会发生变化。一般来说，存在三种变化模式：先高后低、中间高两头低、先低后高。每个人要根据自己的模式，安排学习内容，确保在状态最佳时学习最重要的内容。

3. 灵活利用零碎时间

零碎时间大多是学习的低效时间，如课余、饭前饭后、等人等车、乘车乘船等。这些时间也可以加以灵活利用。首先，可以利用零碎时间处理学习上的杂事。学习上有些杂事不得不做，这些事不宜使用整段时间来做，而要利用零碎时间来做。如削铅笔、收拾文具、整理学习环境、整理书包等。一定要注意，所有与学习有关的东西都必须有条理地放好，什么东西放在什么地方都要心中有数，用完东西归还原处。如果杂乱无章、随拿随放，用时四处乱找，不仅耽误了学习时间，而且破坏了学习心境。其次，可以利用零碎时间阅读短篇作品或报纸、杂志，拓宽自己的知识面，或者背诵诗词和英语单词，这实际上等于在进行分散复习，可提高记忆效率。此外，可以与他人进行交流，在轻松的气氛里与人交流，有助于创造性思维的启发。

(二)努力管理策略

系统性的学习大都是需要意志努力的。为了使学生维持自己的意志努力，教师需要不断地鼓励学生进行自我激励。

1. 激发内在动机

对学习本身就有兴趣、好奇心和求知欲是一种重要的内在学习动机，它可以使人持续学习下去，敢于克服障碍，迎接挑战，从学习活动中获得快乐。学习的内在动机是可以自我培养的。例如，可以设法通过某些活动，如参观博物馆和展览会、听讲座、观看影像资料等，了解某一学科知识在现实生活中的意义，以及对将来学习的重要性，激发学生进一步了解相关知识的愿望，并使学生在求知过程中获得愉快的情绪体验；创造各种机会，使学生多与那些热爱并擅长某一学科的老师和同学等交流，分享他们从这一学科知识中所获得的快乐，逐渐使这些学生也对这门学科产生兴趣。同时，为了更好地与他们交流，会产生学习该科知识的动力。另外，在实际生活中设法应用所学的知识来解决问题，如向别人讲述某些现象的原因、设计小小的工具或活动、用所学知识解决一些日常生活问题等。随着应用和学习，学生会感到知识上的不足，从而愿意学习更多的相关知识。

2. 树立为了掌握而学习的信念

每个人学习时都带有不同的目的，这些学习目的大致可以归为两类。一类是为了追求好成绩，即绩效目标，这种学生一般特别注重自己在别人心中的地位和形象，生怕别人觉得自己不行。另一类则特别注重自己是否真正掌握，即掌握目标，这种学生敢于迎接学习挑战，克服学习上遇到的困难。学习成绩固然重要，因为它也是学习效果的反映，但学习不是为了回答几个选择题，而是掌握某一门知识。因此，除了要在考试中真实反映出自己的能力外，更重要的是要让学生给自己设立一个内在的标准来衡量自己的学习是否成功，如此才能关心老师所规定任务之外的知识，在深度和广度上拓展自己的知识，最终通过不断积累来提高自己的能力。

3. 选择有挑战性的任务

在挑选学习任务时，要挑选那些有中等难度的任务。中等难度的任务相比太难或太易的任务更能激励自己。太难了，自己怎么努力，也解不出来；太容易了，不需要费什么力，没有多大的成就感。一个一心想着掌握知识、不断追求成功的人往往挑选中等难度的任务；而一个一心为了外在成绩和效果的人则总是设法避免因失败带来的丢脸和难堪，他们不是选择容易任务，就是选择特难的任务。因为容易任务不会失败，自己不会因失败而丢脸；特难的任务肯定会失败，但别人也难以成功，自己也不会因此被人小瞧。

4. 调节成败的标准

学习时，要做到自己心中有一杆秤。有时，即使自己得了99分，别人觉得你学得不错，但自己并不满意，因为题目太容易了，未能反映出自己的真实水平，或者发现自己还有一处关键地方并未弄懂。相反，有时，即使自己得了60分，别人觉得你一般，但自己很满意，因为相比自己的过去，自己进步了很多。随着学习的深入和自己能力的提升，要不断调整自己的成败标准。如果标准一直过高，自己总不满意自己，结果会造成自责、自卑和情绪低落。相反，如果标准一直过低，自我感觉过于良好，造成盲目的自信，学习也会受到影响。因此，只有适时调整自己内在的成败标准，才能维持自己的学习自信心。

5. 正确认识成败的原因

学习有成功，但也难免会失败。人在成功或失败时，肯定会产生相应的情绪，但积极或消极的情绪并不直接等于自己能力的高低。因此，在反应过后，需要冷静下来，客观而正确地认识自己成败的原因，以便获取下一次成功，避免下一次失败。一般来说，一个人的成败主要还是取决于一个人的努力程度。能力不是一成不变的，更不是天生的，而是通过努力不断积累起来的。

如果认为能力是成功的关键，而能力又是天生的、不可改变的，那就会导致以下两种情况。

一种情况是，觉得自己能力高的人，认为自己肯定能成功，不需要努力，努力反而显得自己能力不高。为了显示自己的能力，往往不是选择特难的任务就是选择特别容易的任务，因为这不会导致失败，就不会丢脸，也就不会对自己的能力产生怀疑。

另一种情况是，觉得自己能力低的人，认为自己不适合学习，怎么努力也不会成功，老师和同学也别来帮助我，帮助我也没用，因为能力是天生的，后天改变不了。因此，教师要引导学生学会正确的自我归因。

6. 自我奖励

当学生获得了满意的成绩后，要设法让学生对自己进行奖励。奖励的方式多种多样，可以是暗示自己"我真行""我成功了""坚持就能成功"等，也可以是参加一些自己喜欢的活动等。

但要注意，并不是只有获得好成绩后才能获得奖励。每个人的起点不同，每个人都可以在自身的起点上进步和发展。只要自己取得了满意的进步，即使外在分数不高，也是值得奖励的。因此，教师要引导学生设立自己的成败标准。

(三) 环境管理策略

学习环境是可以人为地选择、改善与创设的。设置学习环境是为了使周围的环境更有利于学习活动的展开。

1. 要有专门的学习场所

一个好的环境可以增加安全感，放松心情，减少学习不安定情绪和分心，从而增强学习效率。学习场所要满足以下条件。首先，要注意调节自然条件，如流通的空气、适宜的温度、明亮的光线以及和谐的色彩等。其次，要设计良好的学习空间，如空间范围、室内布置、用具摆放等。如果条件允许，应当有一个相对固定的学习场所，以减少家庭成员间的相互干扰，形成一个相对安静的学习环境。最后，要注意桌面的整洁，各种学习用具要摆放在固定的地方，用完后归还原处。

2. 排除干扰

排除干扰策略通常要求学生在视觉和听觉干扰最小的地方学习。

知识链接 7-1

视觉干扰对学习的影响

在学习时，视线中不要出现图画和其他吸引人的东西，并且要减少有可能发生其他活动的目标。沃尔特和西伯特设计了一个非常生动的故事情节来说明视觉干扰对学习的影响：一位正在自己房间里学习的女学生，视线中突然出现自己童年时代的一张照片，使她回忆起过去快乐的时光；接着又发现了一张自己喜爱的唱片，使她不由自主地哼起了歌曲；紧接着看到了一本自己还未读完的消遣杂志，使她猜想起还未阅读的内容；之后又看到了一张好朋友的照片，使她惦记起这位朋友来；最后她终于放弃学习，跟朋友打电话聊起天来。

(资料来源：潘飞南. 大学生学习环境管理策略探讨[J]. 江西教育学院学报(社会科学版)，2003，24(2): 44-49.)

在避免听觉干扰方面，一般要求选择一个安静的学习环境，避免噪声，比如可以将手机关机，以免分心和打乱思绪。此外，听音乐对学习也会产生影响：第一，不经常听音乐的学生在学习时可能会感觉到音乐的干扰，经常听音乐的学生则可能不会；第二，声乐可能比非声乐更具干扰性，因为语言更能抓住学习者的无意注意；第三，熟悉音乐比不熟悉音乐的干扰要小；第四，音乐的音量直接影响学习表现，大音量的音乐存在潜在的干扰；第五，音乐比工业噪声干扰要小。这些研究表明，音乐对大多数学生来说，确实是一个干扰的背景因素。另外，复杂的脑力劳动在安静的环境下效果最好。

(四) 寻求支持策略

学习总是需要与人交流，教师和同学是学习最重要的社会性人力资源，必须善于利用。

1. 教师的帮助

教师不仅是一个知识库，而且是学习的引路人和促进者。因此，除了教师的讲授以外，学生一旦有什么疑问无法解答，最好向教师请教。值得注意的是，教师并不一定能给予满意的解答，但这并没有关系，一个人不可能什么事都知道。另外，教师的解答并不一定就是对的，教师也只是从一个角度出发看事物，也只代表一种理解，因此，不要过分迷信老师的权威性。关键是得到教师在知识、解决问题以及学习方法上的启发。

2. 同学间的合作与讨论

同学间的相互合作和讨论有助于彼此相互启发，达成对事物的全面理解。同学间的合作有许多形式，一种是双方或小组学习同样的内容，相互讨论，彼此提问和回答；另一种是双方或小组共同完成同一项任务。此外，同学间还可以相互辅导。当自己不懂时，可以请教已经弄懂了的同学，由于同学之间背景知识相同，同学根据自己的理解进行的辅导可能比老师的辅导更好懂；当自己弄懂了而别人不懂时，可以主动辅导别人，这不仅仅是付出，同时自己也能有所收获，是双方受益。因为要想辅导别人，自己必须先厘清思路，并且还要组织语言表达自己的思想。无疑，这有助于加深对内容的理解。

(五)工具的利用策略

学习工具是学习中必不可少的学习资源，学会有效利用学习工具对人的一生来说都是非常重要的。

1. 参考资料的利用

选用参考资料时，要注意所选资料宜精不宜杂，与自己的学习内容相吻合，具有较强的针对性，与自己的现有水平相适应，编写体例要条理清晰，具有一定的权威性。

使用参考资料时，要注意配合教材；有选择性地参考重要内容，不必从头到尾地学习；遇到不懂之处，要参考其他资料，或请教老师，或与同学讨论。

2. 工具书的利用

工具书是学习的"无言的老师"和"案头顾问"。它包括字典、词典、百科全书、年鉴以及索引等。选择工具书时，要注意选择最新版本和有权威的出版社或作者群，以保障知识的科学性和时代性。使用工具书时，一是要注意了解并熟悉检索方式，二是要注意将工具书中的信息与书本上的上下文结合起来理解。

3. 图书馆的利用

进入图书馆，首先要会根据图书目录查阅所需要的书籍。检索的方式多种多样，如按书名或著者检索、分类检索等，书名或著者检索既可以按笔画查找，也可以按拼音查找。在图书馆看书，要注意记读书笔记和摘要。

4. 广播电视的利用

广播电视不仅给人提供娱乐，也能增长人的知识，开阔人的视野。但要注意，要有选择地收看，如新闻述评、科技常识、军事天地、文艺欣赏、电脑世界以及英语讲座等。并且要严格控制时间，可以有计划地连续收看一两项重要内容学习，如新闻联播、英语讲座或电脑世界等。

5. 计算机与网络的利用

计算机的使用不仅可使人增长有关计算机科技方面的知识，提高计算机操作技能，而且有助于各科课程的学习。它可用作教学工具和学习工具，如可选择一些计算机辅助教学软件来自学、预习、复习所学的课堂知识；也可利用计算机中的一些工具软件(文字处理、电子表格、画笔以及某些高级编程语言)获取和处理信息、解决问题，以及表达自己的思想等。但要注意计算机游戏的影响，可作为学习奖励，但不可多玩。

第三节　学习策略的教学与训练

教会学生学习、教会学生思考已是当前教育学家和心理学家的共识，学习策略的教学探讨，已成为当前国内外研究甚为关注的问题。新型教师应该为学习者提供策略的咨询和指导，而大多数教师既缺乏策略的意识，也没有策略教学的经验。因此，探讨策略教学的问题已迫在眉睫。

一、学习策略教学概述

自 20 世纪 50 年代以来，认知心理学家采用信息加工观点，把人看作信息加工系统，用模型表示人类心理过程和结构的某些方面。这已成为当代心理学的发展趋势，并逐渐成为教育心理学的重要理论基础。它把教师和学生看作信息的主动加工者，使教学的重心从知识转向认知，教学的效果直接取决于学生学习时头脑中已有的认知结构和实际加工时的学习材料，教学目的也开始变为帮助学生发展适合运用于各学科的学习策略，于是学习策略教学便应运而生了。

(一)学习策略教学的含义

学习策略教学的概念，是到 20 世纪 80 年代后期学者才开始使用的。它是指系统地教授学习策略，使学生最终成为学会学习的人的教学活动。

学习策略教学的含义.mp4

温诺格兰德(Winogrand，1989)认为，学习策略教学的宗旨是有助于学生自主学习，掌握信息加工与处理、问题解决、善于开动脑筋、积极选择等策略进行有效的学习，使学生在学习过程中始终具有学习的选择性和思想性。

因此，学习策略教学策略并不是某种具体的方法或要求，而是一种抽象的、一般的方法。用这种抽象的、一般的方法教学要遵循的基本要求有以下几点。

第一，教学是一种分析教学任务和为特定情境设计恰当策略的问题解决形式。

第二，学习策略首先是个人用来完成教学目标计划的，而计划都烙上了每个学生的学习风格和特点。

第三，为了更有效地学习，教学要求学生掌握具体的学习技能知识和技巧，如浏览、篇章结构的修正、记忆术等。

第四，在大多数教学情境中，学习策略是为创造性教学目标服务的，而不是为知识性教学目标服务的。

(二)学习策略教学的类型

就目前的学习策略教学类型来看，至少包括以下三种类型。

1. 意识训练

意识训练即对策略有较多的了解，认识到策略的有效价值，常留意并关注策略的运用及其运用的有效性。例如：注意在学习中总结有效的学习方法；注意向同伴学习有效的方法；总想把新学的方法运用到解题中；等等。

2. 元认知训练

元认知训练即对自己认知过程的监视、调节和控制。元认知的主要功能是给主体提供有关认知活动进展的信息，以保证主体可以随时调节，采取更接近目标的解决办法与手段。例如，下列一些行为就属于元认知的表现：自己发现并纠正练习中的错误；上课走神时，自己能及时地把注意力转回课堂；监督自己的学习进度，完成预期的学习任务；依据任务完成的情况对自己做出评价；等等。

元认知训练贯穿于整个策略教学，在不同的策略教学阶段，向学生提出不同的问题，促使学生在不同阶段围绕它们来检查自己的学习活动，具体问题如下。面对问题时，选择什么合适的策略？这种策略的使用条件是什么，是否符合当前问题所提供的情景？这种策略的使用程序是什么，使用后，思考选用的策略是否有效？无效是什么原因导致的？应该重新选择什么策略？使用有效后，考虑这种策略为什么有效？该策略的有效价值是什么？还可运用于类似的地方吗？

3. 具体策略训练

具体策略训练包括短时训练和长时训练。

短时训练，指学习和运用一种或几种策略于实际任务中。该训练包括给学习者提供关于策略价值的信息、使用方法以及使用时间和评价方法。

长时训练指策略训练时间更长，包括的策略更多。长时训练不仅要训练短时训练的内容，而且特别注重训练学习者监控和评价自己的操作。

在训练的初期，教师的指导要多、要细，并要及时给予外部反馈。随着训练时间的延长，应多鼓励学生依靠自我反馈、自我调节和自我控制而不是依靠老师的外部控制来进行策略的学习。

二、学习策略教学的内容

(一)一般学习策略教学

学习策略教学的主要内容就是学习策略的知识与技巧。它是学生在形成概念和知识的过程中如何运用各种认知过程及其不同组合形式来开展学习活动的技术和方法。一般而言，学习策略反映了学习的共性，具有普遍意义。它是从各种不同的具体学习策略中抽象出来的。

掌握一般学习策略有两层含义：一是要准确理解和把握各种学习策略的实质，从本质上弄清各种学习策略所要完成的任务；二是要清楚在一个学习过程中，不同阶段应该选择不同的学习策略。

目前，成功的学习策略有哪些、如何对它们进行分类等尚无统一的划分。加涅列举的学习策略包括注意的策略、编码的策略、记忆探求的策略、检索的策略、思考的策略等。

(二)学科具体学习策略

学习策略既可以是内隐的规则，也可以是外显的操作程序和步骤。它是对学习过程的规律性认识，具有一般性和普遍性。根据实践，我们把一般学习策略转化为学科具体学习策略的步骤与方法有如下几步。

1. 对具体学科学习过程进行分解

一个复杂的学习过程往往包含若干个阶段，每个阶段都有各自的任务，因此要采用不同的策略。我们在实验中，按照分解性原则，将语文学科阅读理解的学习分为四个基本阶段：划分段落、归纳段意、总结中心思想、概括写作特点。这是把一般学习策略转化为学科具体学习策略的第一步。

2. 搞清楚每个阶段学习的性质，确定学习策略

对学习过程进行划分后，紧接着就要对每个阶段的学习内容及其性质进行分析，据此来确定每个阶段的一般学习策略。我们认为，一般学习策略是调节个人行为和认知加工过程的一般方法。它主要包括识记策略、精细加工策略、组织策略和元认知策略(自我调节策略)。例如：划分段落属于对课文内容的初步感知，应该采用精细加工策略；归纳段意包括排除字词障碍、读懂每句话、搞清句与句之间的联系、总结段落的主要意思等，应该采用精细加工策略和组织策略；总结中心思想属于对各段内容的综合和概括，应采用精细加工策略和组织策略；概括写作特点是对写作方法的分析，应采用精细加工策略。

3. 根据不同学习内容，找出一般学习策略的具体表现形式

搞清每个阶段的学习内容与一般学习策略后，就要寻找一般学习策略的具体表现形式。例如，词语理解属于对词语的精细加工，但是光知道这些还不行，还必须研究如何具体进行精细加工。

在实践中我们总结出了对词语进行精细加工的三种形式：一是查工具书策略；二是口语转换策略，即将抽象晦涩的词语转换为意思相同或相近的口语；三是语境联系策略，即把具体的词语放在上下文来理解它的含义。

(三)学科学习经验提升的学习策略

一般学习策略最初都是来自个体的学习经验，因此，引导学生把自己和同学的学习经验总结提炼出来并上升为具体的学习策略是实现学习策略学科化的重要途径。例如，一名小学生学了《沁园春·雪》和《白雪歌送武判官归京》后，结合具体诗句，从描写的景物、表达的意境、抒发的思想感情三个方面对两首诗词进行了比较。实际上，这里就包含了诗歌比较阅读的图式。教师不能只满足于学生能解决具体问题，而应因势利导，将其中所包

含的诗歌比较阅读策略概括出来,明确地指给学生。这样,学生掌握了诗歌比较阅读的图式,就能独立地进行诗歌比较阅读。

三、学习策略的教学与训练的途径

关于学习策略的教学与训练,目前学术界已有大量的研究,并取得了有益的成果。具体来说,有以下几种主要的教学训练途径。

(一)指导性发现法

指导性发现法的基本思路是,教师对学生进行的提问,可以引导学生发现正确的策略。有关的一项典型研究是柯林和史密斯(Collin & Smith,1982)等人的询问教学法(出声思考法)。这种策略教学方法,就是教师首先提出一系列问题,其中既包括策略得到运用的内容,也包括已被证明策略没有任何效用的内容,通过这些问题反映学生在特定的策略方面是欠缺的。然后,再对与策略相关和无关的因素进行提问,并且这些问题中还要包含一些起干扰作用的"偏题"。

实验中,一旦学生发现了某些方面的策略,教师就要确切地询问认知规则模式,同时详细阐明保证策略可以应用的充分必要条件。这时,教师还要提供其他探查问题直至策略得以完全的构建。提问要通过对当前策略与其他策略的比较,以及对认知规则如何才能迁移到新情境的预测的评估连续进行。

柯林和史密斯等人认为,询问教学模式具有科学性,并因此坚信,学生能够接受教师使用的这种方法,同时也能将其运用到现实的情境中去。当然,他们也看到,这种方法尽管可以使学生比较迅速地获取信息,但它对教师的要求是很高的。也就是说,能够胜任这种教学法的教师,不仅要有敏捷的思维,而且要善于构建问题和事例。

(二)观察学习

观察学习来自班杜拉的社会学习理论。该理论认为,一种行为的习得是与学习者对示范者行为的观察分不开的。因此,在观察学习的过程中,示范是一个至关重要的因素。事实上,近期的一些研究显示,示范不仅对行为的习得是必要的,而且对学习策略的获得也有举足轻重的作用,其中成对问题解决和象征性示范是较为有效的训练方式。

1. 成对问题解决

成对问题解决是劳赫德(Lichhead)等人于1980年倡导的教学方式,是指由两个学生共同解决问题,当一个学生(示范者)说出他正在解决问题的过程时,另一个学生(观察者)要不断地监控示范者以使其力求准确,同时还要不断地陈述作业过程。在整个实验过程中,要求每个示范者都要在问题解决中运用大量的策略,并熟悉这些策略及其操作方式。实验结果表明,观察者通过对示范者解决问题过程的观察可以理解人类的弱点,解决问题的难度,可选方法及其优点、缺点。

2. 象征性示范

象征性示范常被用来对儿童进行策略教学,其中一项比较著名的研究是利普曼

(Lipman，1985)的儿童哲学计划。实验中，由学习者阅读一系列虚构的儿童小说，小说中的角色既存在课堂情境中，但又不像某一个具体的儿童。这些角色将诚实、友谊、同一性、公平、善良和自由等重要的哲学观点运用于有关自然、语言、伦理、社会等主题的情境中，并且他们的思维过程还要为学习者提供良好的策略模式。实验结果表明，学习者通过对这些小说的阅读、讨论和练习，在思维技能和策略方面都得到了较好的发展。

(三)指导性参与

指导性参与是给学习者提供有关策略运用的时间和场所，使其通过练习将策略的运用习惯化。通过指导性参与对学习者进行学习策略教学的一项典型研究是由汉森和皮尔森(Hasen & Pearson)等人1983年提供的。他们引导四年级学生实施一项指导性参与的复杂的阅读策略，实验持续10周，每周2天，实验干预发生在前期和后期的阅读活动中。

首先，在阅读一篇课文前进行一次讨论，让学生比较自己的生活与课文情境的优点。讨论涉及了图式激活(schema activation)的效用信息，它的执行可提高学习者对课文的有效学习。全部讨论在同一个阅读组进行。其次，让学生自己阅读课文，并回答教师提出的解释性后置问题，这些问题可以帮助学生对课文做出解释性的理解。

该项研究一个最重要的发现产生于训练结束时的阅读测量中，测量结果显示：差的阅读者已能够记住阅读材料的部分字面内容，并能回答某些更具推理性的问题；好的阅读者获益的情况则没有统一性。另外，虽然汉森和皮尔森等人假定，他们已经改变了差的阅读者的课文加工过程，但由于没有对前期测验和后期测验进行直接测量，因此尚无充分的证据来阐明作为教学功能的加工转换过程。不过，无论如何，指导性参与教学通过重复呈现学习策略，完全可以使学习者对其得到学习、过度学习，直至自动化。同时，该方法还有一个最大的优势，就是可以很容易地与实际的学校教学结合起来。

(四)定向解释

通常来说，学习者对这类信息的增加可以在后继作业与训练作业极其相似的时候，使相应的策略持续有效。而这种连续的策略运用又可以有条件地使学习者将其成功和失败分别归因于适当策略和不适当策略的执行，并且特别在策略执行、效用信息的提供，以及因策略执行产生的操作改良同时发生的时候，这种归因更有可能产生。

关于定向解释的条件，雷德(Reid，1985)等人在一项研究中概括为以下三点：一是要有一套用来改善记忆的策略；二是除了这类认知策略外，还要增加归因训练；三是要告知学生，他们在训练期间已得到改良的操作起因于认知策略中的某些策略。同时他们在研究中还发现，掌握具体策略知识有助于对策略做广泛的概括。具体策略知识主要包括有关何时、何地、如何使用策略等内容。

教师的定向解释越好，学生的理解程度就越高，并且学生实际解决问题的行为品质与教师定向解释的品质具有协变关系，即良好的问题解决是与理想的定向解释联系在一起的。从这个意义上来看，教师在定向解释教学中所充当的一个重要角色就是具体策略知识的传达者。简而言之，他们在教学中要向学生提供全部有关的认知和元认知策略的信息。

(五)双向教学

双向教学来源于维高斯基(Vogotsky，1978)和费尔斯坦(Feuerstein，1980)等人的理论观点和相关的支持性研究。他们认为，促进儿童良好策略使用的一种重要方式是提供一定的机会以便让儿童与实施教学的教师之间进行沟通交流。根据这一思路，双向教学的基本要求为：首先，教师在实际对话中轮流执行各种策略；其次，策略加工过程通过多种类型的课程向学生公开展示；最后，教师在教学干预开始时，对活动给予很负责任的指导，并将自我规范逐渐迁移给学生。

为了更好地理解双向教学，我们有必要将之与定向解释做一番比较。二者的差异在于：定向解释信息从教师流向学生，双向教学则是师生间持续、彼此反映的互动过程；定向解释假定学生可以迅速内化一种策略，双向教学则认为这种内化是渐进的，并且这种内化只能在良好加工的许多事件显示后才会发生。另外，在使用定向解释时，教师会确切地告诉学生什么是期望的加工过程，并且在学生发生困惑时，还要对其进行调整，不过，这种调整远不及双向教学中的显著。

四、学习策略的教学课程

学习策略的教学课程早已有之，如记忆术训练课程，但这只是就记忆这一种最基本、最具体的技巧而言的。因此，它仍停留在较低的层次上。近年来，学术界在这方面的研究取得了许多新的成就，并产生了一些更高层次的策略训练课程，概括起来，比较重要的有以下几种。

(一)德·波诺的思维技能训练课程

德·波诺的思维技能训练课程主要涉及一个简单、实用、适于不同年龄和能力学习者的教学程序。德·波诺认为，该程序考虑到了现实生活中需要的各种能力，并可以在没有充分先行知识的前提下进行学习，该课程由60节课组成，其中每课都集中一个基本的加工过程，其实际教学过程是，教师先解释一节课的目标并阐明原理，然后进行练习。每节课都有不同方面的8个练习项目，这些项目表现出人们在生活中可能遇到的一系列各种情境。学生以小组为单位完成这些项目，并通过讨论和反馈来明确课程的加工，同时借助视觉手段帮助理解和记忆其中的原理。

此后，卡温顿(Covington，1985)也提出了一个小学高年级学生的思维技能训练课程。该课程由15课组成，每节课包含一个插图故事，并提供一个由学生解决的问题。全部课程共涉及16个基本的思维规则，这些规则又都渗透到要求学生解决的部分问题中，其目标是使学生通过问题的解决最终掌握这些规则。

(二)琼斯等人的学习策略指导课程

琼斯等人认为，课程由两部分组成。一是通过学习策略掌握学习阅读课程，它的目的是通过对小学生和初中生进行学习策略教学，来提高其掌握独立阅读理解课文的技巧和能力。它包括小学到初中9个年级各1套，共9套教材。每套教材都由许多单元组成，各单元的教学都是首先由教师向学生解释将要学习的策略，其次再循序渐进地指导。整个教学过程都包含了一系列具体的思维过程。二是模型概括与分析课程，它的适用对象是高中生和大学生，其目的是指导学生把模型作为一种有效手段组织和分析那些来自教学材料的信息，最终使学生掌握和运用模型来表达信息(主要是书面表述)，以便为学生作文能力的发展打下基础。该课程一般都是从学生熟悉又简单的材料开始，采用小步子方法开展教学。

(三)赫伯的内容指导课程

赫伯的内容指导课程的目的是提高小学四年级到高中三年级的学生独立学习和理解教师指定的学习材料的能力。据此，赫伯认为，教师的任务是教给学生阅读材料内容的方法，而最基本的教学方法是教师在学生阅读课文中的关键性章节时，给予指导并组织讨论。在一堂课内，教师的指导基本由三个环节组成：一是指导学生如何做好阅读准备；二是具体指导学生的阅读过程；三是充分发挥学生阅读的自主性。赫伯强调，在一次课中，这三个环节缺一不可且每个环节的完成水平如何都将直接影响着教学指导的效果。

(四)升塞雷的学习策略指导课程

升塞雷的学习策略指导课程的目的是帮助学生学习和应用大学水平课文中所涉及的知识。总之，就是试图教给那些不会使用典型材料的大学生一些学习策略和技巧。其包括"基础"策略的教学和"支持"策略的教学两部分。

该课程的教学过程：首先，激发学生掌握学习策略的诱因；其次，确定本单元的学习策略，这些策略一般都具有可操作性，能使学生有效地进行学习，并在教学和指导后得到改进；最后，根据相应的学习情境，在教师的指导下进行策略教学，并对训练结果进行评价、反馈与矫正。

(五)温斯顿的认知学习策略课程

温斯顿的认知学习策略课程适用于大学生，其目标是指导那些没有策略和技巧的学生掌握一些常用的理解和记忆策略。它的教学主题可分为两部分：一是背景知识教学；二是学习方法教学。通常，这两大主题基本保持不变，而围绕着它们的具体内容可以灵活变动。另外，教学方法也有较大的选择性，常用的有微型讲座、小组讨论、角色扮演、同伴辅导和实践反馈练习等。课程的教学时间分配是每班每周一学时。

1. 简述学生学习中有哪些主要学习策略。
2. 如何运用组织策略促进学生的学习？
3. 论述如何进行有效复述。
4. 在学习中如何应用时间管理策略。
5. 资源管理策略都有哪些？
6. 请根据初中生学习的特点来为他们选择适用的学习策略。
7. 请利用组织策略来学习本章内容，并为本章主要内容列出提纲。
8. 论述如何进行学习策略的教学与训练。

第八章 问题解决能力与创造性思维的培养

本章学习目标

- 理解并掌握问题的内涵、问题的类型划分。
- 理解并掌握问题解决的含义和影响因素。
- 理解并掌握启发式策略的种类。
- 理解并掌握问题解决能力的训练策略。
- 理解并掌握创造性思维的概念、特点,以及与问题解决的关系。
- 理解并掌握学生创造性思维的培养方法。

重点与难点

重点:问题解决的含义和影响因素。
难点:学生创造性思维的培养方法。

学生很勤奋,为什么成绩上不去?

小红上四年级了,和多数同学一样也报了奥数班。她是一个非常用功的孩子,每天做奥数班留下的题目都要花一小时左右的时间,非常吃力。老师教过的内容,她照猫画虎可以做出来,但题目稍微变化一点她就不会了。奥数班分快班和慢班,老师通知小红的妈妈,由于小红几次考试成绩都不好,要把她调到慢班去。周末妈妈带着小红去见老师,小红拉着老师的衣角说:"老师,您别把我调到慢班,我一定好好做题,下次我一定考好。"看到这个情景,妈妈的眼泪都快流下来了。老师对小红说:"我知道你非常用功,也很听话,但是要想有进步,不仅要刻苦,你还得多动脑筋,掌握做题的方法,要提高自己的问题解决能力。"

【问题思考】

人类最大的能力就是解决问题的能力,教育的核心任务就是培养学生的问题解决能力,并且使学生有能力创造性地解决问题。小红的妈妈知道老师说得对,但是,什么是问题解决能力,又怎么能提高问题解决能力呢?授人以鱼不如授人以渔,与其以让学生掌握尽可能多的知识为目标,不如在教学中兼顾知识与方法。

本章在分析学生问题解决能力及创造力影响因素的基础上,探索学生问题解决能力及创造性思维的培养方法。

(资料来源:本书作者整理编写。)

第一节 问题解决能力概述

我们生活在这个世界上，随时随地都会遇到问题，遇到问题以后就需要想办法解决，因此问题解决是人们日常生活中一个基本的部分，在人们的实际生活中具有特殊的地位。人类掌握知识的目的是解决所面临的问题，事实上我们每个人都是问题解决者。问题解决是高级形式的学习活动，发展学生的问题解决能力，以及让学生在解决问题的过程中学习知识，获得各种思维技能是教学的一个重要目标。

一、问题解决概述

(一)问题的内涵

1. 问题

问题也可以称为问题情境，就是个人不能用已有的知识经验直接加以处理并因而感到疑难的情境。我们这里所说的问题是属于必须自行找到方法从而达到目的的难题。例如，问别人多大年龄、做什么工作、家住在什么地方等，这类问题不属于问题解决的范围。但如果问别人汽车在途中坏了怎么办、遇到歹徒抢劫怎么办等，就在问题解决的研究范围。

由此可见，简单的问题不同于难题，前者的解决只要依据已有的经验就可立即做出回答，而后者的解决需要进行认知操作。因此，问题情境纯粹是个人主观的看法，如果当事人不进入情境，没有感到心理困境，则任何问题也不能构成问题，而太难的问题对于能力不足或毫无经验的人来说，也不会构成问题情境，如把高考题给小学低年级学生做，虽然题目本身的条件清楚、目的明确，但在小学生那里不会构成问题。

2. 问题的类型划分

心理学家采用两分法对问题加以分类。因为他们所采用的标准不同，所以划分的结果也不同。一般来说，在对问题的分类上，有五种不同的两分法。

1) 界定不清晰问题与界定清晰问题

界定不清晰问题，是指对问题的起始状态、目标状态及转换状态中的一项或几项缺乏明确的界定。例如，假如你是某国农业部部长，假设过去几年中农作物的产量非常低，问题是你要怎样才能增加农作物产量？这个问题的初始状态(某国的农业现状)和目标状态(到底要增产多少)都不清楚，所以它是一个界定不清晰问题。

界定清晰问题，是指问题的起始或给定状态、问题的目标状态及用于转换状态的方法均已清楚地规定的问题。例如，下象棋就是一个界定良好的问题，它的界定清楚，开局、每个棋子能走动的步子都是明确的，目标也是非常明确的，即要尽快"将死"对方。

2) 对抗性问题与非对抗性问题

对抗性问题是指存在一个有理性的对手，尽力在阻止问题解决者实现其意图，例如下象棋。

非对抗性问题是指无对手参与的问题，问题解决者面临的是一些不会主动应答的材料，这些材料不会主动破坏问题解决者的目标，如解字谜游戏。

3) 一般领域问题与专门领域问题

有些问题，问题解决者不具有大量的与之相关的专业知识，这类问题称为一般领域问题，也有人称为语义贫乏问题。专门领域问题，也有人称为语义丰富问题，是指问题解决者具有大量的与问题有关的专业知识。

例如，下象棋对于一个初学者来说，由于不具备大量象棋方面的知识，因此下象棋属于一般领域的问题；而对于一个象棋大师来说，由于积累了大量的下棋经验，因此下象棋就成了专门领域的问题。

4) 常规问题与非常规问题

常规问题，是指那些可运用已有的方法或程序加以解决的问题。对这类问题，问题解决者虽然不能立即知道问题的答案，但他知道应该运用什么方法找到答案。例如，888×888=？对大多数成人来讲就是一个常规问题。而非常规问题是指那些问题解决者没有可直接利用的解决方法，必须自己创造、生成新的解决方法的问题。例如，给你一满杯水，要求你倒出其中一半的水出来。如果你以前从未解决过类似的问题，那么它就是一个非常规问题。

5) 有固定答案问题和无固定答案问题

有固定答案问题是指在现存知识中已有肯定答案，这种问题很多，如几何数学题的解答、化学实验的结果。无固定答案问题是指这类问题或者根本没有答案，或者有很多答案，或者到现在为止还没有找到答案。例如，"什么蔬菜对人身体健康最有利？"这个问题有很多答案，但没有唯一肯定的答案。

(二)问题解决的概念

1. 问题解决的心理学含义

如果说在某种情境的初始状态和目标状态之间存在障碍就构成问题的话，那么问题解决就是运用一系列认知操作，扫除障碍，从而将初始状态转化为目标状态的过程。

问题解决的心理学含义.mp4

要将初始状态转化为目标状态，中间必须经过各种不同的状态。这些初始状态、中间状态和目标状态就称为"问题空间"。这样问题解决也可看作从初始状态开始，经过一系列的中间状态，最后达到目标状态的过程。

因此，我们认为问题解决是思维活动的方式之一，是由一定情境引起的，按照一定的目标，应用各种认知活动、技能等经过一系列的思维操作的过程。

综上所述问题解决是一种非常复杂的活动，包括整个认识过程、情绪过程和意志过程，其中思维活动是关键性的。当人面临一项任务而又缺乏现成的手段时，就会出现问题，它诱发思维活动去求解。一旦找到能完成该任务的手段或方法并实施，问题就得到解决。可以说，问题解决是思维活动最一般的形式。这种形式的思维活动一般具有明确目的，受意识控制。

2. 问题解决的类型

问题解决有两种类型，即常规性问题解决和创造性问题解决。

1) 常规性问题解决

常规性问题解决是指解决的是有固定答案的，只需使用原先已经学会的、现成的方法就可以解决的问题。

2) 创造性问题解决

创造性问题解决，是指解决的是没有固定答案的，要运用已有知识，通过发现新方法、新途径、新步骤来解决的问题。各种发明创造、技术革新都是创造性问题解决。当然，常规性和创造性是相对的。

3) 常规性问题解决和创造性问题解决的关系

有些问题对一些人来说是常规性的，而对另一些人来说则具有创造性。例如，机器坏了，对技术员来说只是一个常规性的问题，而对没有接触过这种机器的人来说就是一个创造性的问题。这就如同创造想象与再造想象之间的关系，根据语言的表述或非语言的描绘(图样、图解、模型、符号记录等)在头脑中形成有关事物形象的想象，为再造想象。例如：建筑工人根据建筑蓝图想象出建筑物的形象；没有领略过北国冬日的人们，通过诵读某些描写北国冬日风光的文章，可在脑海中形成北国风光的情景。

再造想象有一定的创造性，但其创造性的水平较低，而创造想象是一种有意想象。它是根据一定的目的、任务，在脑海中创造出新形象的心理过程。用积累的知觉材料作为基础，使用许多形象材料，并把它们加以深入，通过组合，创造出新的形象来。在新作品创作、创造时，人脑中构成的新形象都属于创造想象。

(三)问题解决的特点

1. 问题情境性

问题解决是由一定的问题情境引起的，它使个体积极思考，运用一系列认知技能去寻求答案、解决问题。没有问题情境就没有问题解决，而问题解决的结果是问题情境的消失。因此，当个体再次遇到过去解决过的问题时，他是不会觉得难的，因而也不会再次构成问题情境。例如，勾股定理对于未学过的初中生是一个问题，当他学完之后，这种问题情境也就不存在了。

2. 目的指向性

问题解决是自觉的行为，具有明确的目的性。问题解决活动必须是有目的指向的活动，它总是要达到某个特定的目标状态。在解应用题时，其目的就是求出问题的答案。那些没有明确目的指向的心理操作，不能称为问题解决。

3. 操作序列性

问题解决包含一系的心理操作，而不是单一的心理操作。它需要运用高级规则进行信息的重组，而不是已有知识、经验简单地再现。例如，在猜"明月松间照，清泉石上流"这个字谜时，首先要想象，使头脑中呈现"影子"和"响声"的形象；其次要联想，在头脑中再现"影响"这个词；最后要思维，通过分析、综合、比较，把"影子"和"响声"结合到一起，从而判断出谜底是"影响"。那些只包括一个心理步骤，只需要简单的记忆提取的活动，如回忆初中同学的名字，虽然具有明确的目的性，但没有操作序列性，因此也不能称为问题解决。

4. 认知操作性

问题解决的活动必须有认知成分的参与，它的活动依赖一系列认知操作来进行。有些活动，如拧螺母、举哑铃等，虽然它们也有目的，而且参与了一系列的操作活动，但这些活动基本上没有重要的认知成分参与，主要是一种身体的活动，因而也不属于问题解决的范围。

二、问题解决的阶段

问题解决的过程是分阶段的，一般倾向于把问题解决的思维过程分为发现问题、分析问题、提出假设和验证假设四个阶段。

(一)发现问题

问题解决是从发现问题开始的。发现问题是认识问题的存在，并产生解决问题的需要和动机。问题只有在被发现的时候，才能引起人们解决问题的思维活动。问题是客观存在的，有的问题较为明显，易于发现；有的问题是别人发现的，只需要解决问题的方法；而有的问题比较隐蔽或不易被人发现。有人善于提出问题，有人对问题熟视无睹，如巴甫洛夫从人们司空见惯的"见食物，流口水"的现象发现了条件反射，进而揭露了动物和人的高级神经活动规律。研究表明，发现问题的能力是个体思维发展水平的重要标志。

(二)分析问题

任何问题都包括要求和条件两个方面，这是问题构成最普遍的形式。要求是指问题解决要达到的目标，条件是指问题解决过程中所能利用的因素和必须接受的限制。分析问题就是分析问题的要求与条件，找出它们之间的联系与关系，把握问题的实质，找出问题解决的方向，这是解决问题的起点。

(三)提出假设

提出假设就是提出解决问题的可能途径、方法和策略。学生提出的解题设想、教师制订的教学计划、军事指挥员确定的作战计划，在正式实施之前都具有假设的性质。提出假设是具有创造性的阶段，也是解决问题的关键步骤。没有假设，问题就无法解决，提出假设是科学发展的必由之路。

一般而言，对同一个问题，每个个体往往提出多种假设，这就需要进行选择，以确定最佳方案。最佳方案的产生不在于假设的数量，而在于假设的质量。当然，质量和数量是紧密联系在一起的。良好的假设常常是从众多的假设中挑选出来的，所以，思路敏捷、开阔，能够集成多种假设的人，一般是善于解决问题的。

(四)验证假设

验证假设就是通过一定的方法来确定假设是否符合实际，是否符合科学原理。验证假设的方法有两种。直接验证，即通过实践来验证。一个假设在实施之后如果获得预期的结果，就证明它是正确的；否则这个假设就是不正确的。间接验证，即通过推论来验证。

直接验证虽然可靠，但局限性很大，有些假设不可能或不允许进行直接验证。例如，军事指挥员的作战计划、卫星发射、医生的手术方案,都不能使用直接验证的方法。在确定这些计划方案的时候,都必须进行可行性验证。这种验证是实施者用推论的方式进行的。通过讨论淘汰错误的假设,保留合理的假设,选择最佳假设,这是人们解决问题时常用的验证方法。事实上,间接验证的结果是否正确,最后还要用直接验证的结果来验证。

无论领域如何不同,问题情境怎样,解决问题的难易程度如何,解决问题都具有以下几个共同特点。

第一,解决问题是解决新的问题,即所遇到的问题是初次遇到的问题。例如,某一个数学问题,如果不是第一次进行解答,而是第二次、第三次解答甚至多次解答,就称不上解决问题,只能说是一种操练,解决问题与练习是不同的。

第二,在解决问题的过程中,要把掌握的简单规则(包括概念)重新组合,以适用于当前问题。因此,原先习得的简单规则,是解决问题思维的素材。

第三,问题一旦解决,人的能力或倾向性就随之发生变化。在解决问题中产生的高级规则(已有规则的组合)会储存下来构成学生"知识宝库"(认知结构)中的一个组成部分,以后遇到同类情境时,借助回忆即可做出回答而不再视为问题。因此,解决问题是更为高级的一种学习活动。

第二节　问题解决能力的培养策略

教学的最终目的是要使学生能自如地解决问题。那么,解决问题是如何展开的,怎样才能培养学生问题解决的能力,都是历来教育学家和心理学家探讨的重点。

一、问题解决的策略

问题解决策略是在解决问题的过程中,搜索问题空间、达到目标状态所运用的策略总称。一个人在解决问题时都会采取一定的策略。

某种策略对问题解决是否有效取决于两个方面:一方面是采取的策略是否正确,另一方面是问题的性质和内容,即采取的策略是否适合该问题的解决。问题解决的策略主要有以下几种。

(一)算法式策略

算法式策略是指在解决问题的过程中,将所有可能的方案一一尝试,如果发现一个方案是错误的,就换另一个方案继续尝试,直到找到最正确的方案为止。例如,你要用一串钥匙开一扇门,不知道哪一把钥匙能开门,于是一把一把地试下去,直到门被打开为止。这是一种不断尝试、不断出错误,最终成功的策略。采用算法式策略,能够有效解决问题,但是费时费力。因此,在日常生活中人们更倾向于采取启发式策略。

算法式策略.mp4

(二)启发式策略

从某种层面来讲,算法式策略和启发式策略的关系更像新手和专家的关系。算法式策略是一种通过不断尝试、不断出错误，最终成功的搜索方法；而启发式策略是一种运用已经积累的知识和经验解决问题的方法。

例如，同样是一串钥匙开一扇门，你不知道哪一把才是能打开门的钥匙。如果你是一个新手，没有经验，你可能会按照算法式策略，一个一个地去试；如果你是个老手，你可能就不会用刚才那样笨的办法，因为如果钥匙有几十把甚至上百把，那何年何月才能打开门呢？你会根据自己的经验猜测，如看看门锁是什么牌子的，先拿同样牌子的钥匙试试看，也许就会一举成功。

虽然启发式策略不一定能解决问题，是投机性地选择试验，要冒一定的风险，但是它能够有效地节省解决问题的时间，使解决问题的效率更高。而且，启发式策略能够更加突出认知操作过程，也就是突出大脑智慧在问题解决过程中的作用，有助于了解思维活动的过程。

启发式策略具体包括以下四种类型。

1. 手段—目的分析

"目的"指问题的目标状态，"手段"指达到目标状态所用的"算子"，也就是想要达到目标状态所运用的每步解决方式。下面以英语学习为例来说明手段—目的分析策略。"There are many books on the desk."想要明白这句话的含义，首先要知道各个单词的基本意思，其次要知道"There be 句型"的含义，最后才能准确地进行翻译和理解。在这里，理解这句话是目标状态，了解单词的含义及句型的意义就是手段，也就是算子。因此，手段—目的分析策略是指在明确原始状态和目标状态的前提下，找到缩小原始状态和目标状态差距的算子，然后一一实现这些算子，直到达到目的。

2. 逆向搜索

和手段—目的分析策略相似，逆向搜索策略也要求在原始状态和目标状态之间进行算子的运用。但是，不同之处在于，逆向搜索是从目标状态向原始状态进行搜索，寻找合适的算子。

逆向搜索.mp4

以一道数学题目为例，小明和小红一起去文具店买文具：小明买了7个本子，每本1元；小红在文具店花的钱是小明的两倍，小红买了10个本子，其中有8个本子每个1.5元，另外两个本子的价格一样。请问，另外两个本子每个多少钱？想要知道"另外两个本子每个多少钱"，就要知道"另外两个本子一共花了多少钱"；想要知道"另外两个本子一共花了多少钱"，就要知道"小红一共花了多少钱"，还要知道"其中的8个本子一共花了多少钱"；想要知道"小红一共花了多少钱"，就要知道"小明一共花了多少钱"。就这样一步一步地逆向推导，直到找到达到目标状态的最重要的一个算子。

3. 爬山法

顾名思义，爬山法是指在问题得到解决的时候，将问题的目标状态(答案)比喻成山顶，将问题的初始状态(已知条件)比喻成山脚，将问题的解决过程比喻成一次爬山的过程。从山脚向山顶爬的时候，不可能一下子就爬上山顶，需要在山脚和山顶之间切分，设立一个个小的爬山目标，如从低到高依次可以有果园、索道、"农家乐"等小目标，先爬到果园，然后爬到索道，再爬到"农家乐"，最后到达山顶。爬山法与手段—目的分析策略的不同是它强调每个步骤的顺序性。

4. 类比迁移

前文所述的三种策略都很少运用自己已有的知识和经验，而类比迁移策略是一个非常依赖已有经验的策略。

解决问题时，它是使用最多的一种策略，即在解决问题的过程中，回想自己曾经成功解决的、与当前问题比较类似的问题，分析以前的问题情境与当前的问题情境在哪些方面存在一致性，再将以前的成功策略运用到当前的问题解决中。它反映了迁移在问题解决中的作用。例如，在学习物理"电磁感应现象"时，许多人对"导体是否做切割磁感线运动"感到迷惑，常常错误地认为"只要导体的运动方向与磁感线方向垂直，导体就做切割磁感线运动"。学习这部分知识时，不妨采用类比的方法，可以把磁感线想象成一根根下垂的面条，把导体想象成锋利的刀子，导体在磁场中运动就相当于刀子在面条中运动，只要刀子的运动能切断面条，导体就做切割磁感线运动，这样理解起来就容易多了。将抽象的知识用自己已经知道的形象的事物来理解，很快就能掌握了。也可以用下面的例子说明类比迁移策略。

1) 将军问题(基础相似物)

一个小国落入一个独裁者残暴的统治之下，这个独裁者拥有坚固的城堡，他住在里面发号施令。城堡位于该国中心，周围有农田和村庄。从该城堡向各个方向延伸出许多条道路，就像一个轮子的轴。一位将军在边境率领军队起义，发誓要攻破这个城堡，将该国从独裁者手中解放出来。将军知道，假如他用整个军队攻占城堡，一定可以立刻攻破它，但将军得到消息，独裁者已在每条路上埋下地雷，只有少量的人才能安全通过，因为独裁者也需要有部队和工人进出通道，但任何大部队通过都会使地雷爆炸，不仅会炸毁路导致行人不能通行，而且独裁者还会因此摧毁许多村庄以此报复，因此大部队直接攻击城堡是不可行的。

将军很勇敢，他把军队分成小分队，把各小分队分派到不同道路上，当一切准备就绪时，他就发出信号，每个小分队就从不同方向出发，这样，所有小分队都安全地通过地雷区，然后全力攻打城堡，用这样的方法将军攻占了城堡，推翻了独裁者。

2) 肿瘤问题(目标相似物)

假如你是一名医生，面临患恶性肿瘤的病人，这个病人不能动手术，但如果不摧毁肿瘤，他就会死亡。有一种射线可用来摧毁肿瘤，如果用高强度射线辐射肿瘤，肿瘤虽然会被摧毁，但高强度射线也会使肿瘤通道上的健康组织受到损伤。强度较低的射线对健康组织虽然无害，但也不会摧毁肿瘤，用什么方法才能既能让射线摧毁肿瘤，又避免伤害健康组织呢？

在将军问题中，大部队分成小分队，各小分队同时靠近城堡可征服敌军；在肿瘤问题中，把射线强度减弱，同时从几个不同方向发出射线，聚集射线则可达到摧毁肿瘤所需的强度。把解决"将军问题"(基础相似物)的方法用到解决"肿瘤问题"(目标相似物)上，就是运用了类比迁移策略。心理学的研究表明，在告诉被试将军故事可能与解决射线问题有关后，约有 80% 的被试解决了问题。如果不说明两个问题之间的相互关系，则只约 40% 的被试解决了肿瘤问题。

二、问题解决的影响因素

问题解决的思维过程受多种心理因素的影响。有些因素能促进思维活动对问题的解决，有些因素则妨碍思维活动对问题的解决。下面讨论几种主要的影响因素。

(一)问题表征

问题表征是在头脑中对问题进行信息记载、理解和表达。要解决一个问题，不仅有赖于我们分解该问题的策略，而且有赖于我们对该问题如何进行表征。

(二)思维定势

思维定势是个体先前的思维活动形成的心理准备状态对后继同类思维活动的决定趋势。定势常常是意识不到的，有时有助于问题的解决，有时会妨碍问题的解决。最初研究思维定势在解决问题中的作用的心理学家是梅尔(Maier，1930)。在他的实验中，对部分被试利用指导语给予指向性的暗示，对另一些被试不给予指向性暗示。结果，前者绝大多数被试能解决问题，而后者几乎没有一个能解决问题。

定势对问题解决的妨碍作用可以从陆钦斯(Luchins，1942)的实验中看到。在实验中，告诉被试有三个大小不同的杯子，要求被试利用这三个杯子量出一定量的水。其实验程序如表8-1所示。实验结果表明，通过序列1~5的实验，由于被试形成利用B-A-2C这个公式的定势，结果，对序列6和序列7，也大都用同样方式加以解决，竟然没有发现原本应该显而易见的简单办法(A-C和A+C)。在这个例子中，定势使问题解决的思维活动刻板化。

表8-1 陆钦斯的量水问题实验序列

序 列	三个杯的容量			要求量出水的容量
	A	B	C	
1	21	127	3	100
2	14	163	25	99
3	18	43	10	5
4	9	42	6	21
5	20	59	4	31
6	23	49	3	20
7	15	39	3	18

(三)功能固着

功能固着是指一个人看到某个物品有一种惯常的用途后，就很难看出它的其他新用途。这是一种特殊类型的定势。这个概念是德国心理学家邓克尔(Duncker，1945)首先提出的。在一个实验中，他让学生想办法在一块垂直的木板上放置蜡烛，并使蜡烛能够正常地燃烧。东克尔给每个学生三支蜡烛，以及火柴、纸盒、图钉和其他东西。被试中有一半人分到的是放在纸盒里的材料，另一半人分到的东西都散放在桌面上。东克尔发现，把东西放在盒子里提供给被试,会使问题解决变得更困难,因为此时盒子被看作一种容器,而不是能够参与解决问题的物体。在这个实验中,解决问题的方法是先将盒子钉在木板上,把它当烛台用。

功能固着也是思维活动刻板化现象,在日常生活中经常碰到,例如:硬币好像只有一种用途,很少想到它还能用于导电;衣服好像也只有一种用途,很少想到它可用于扑灭烈火。这类现象使我们以习惯的方式使用物品,从而妨碍以新的方式去使用它来解决问题。

(四)酝酿效应

当反复探索一个问题的解决而毫无结果时,把问题暂时搁置一段时间,几小时、几天或几个星期,然后再回过头来解决,反而可能会很快找到解决办法。这种现象被称为酝酿效应。在酝酿期间,个体虽然在意识中终止了解决问题的思维过程,但其思维过程并没有完全终止,依然在潜意识中断断续续地进行着。通过酝酿,最近的记忆和已有的记忆被整合在一起,弱化了心理定势的效应,并容易激活比较遥远的思维线索,因此容易重构新的事物,产生对问题的新看法,使问题得以顺利解决。

酝酿效应.mp4

(五)知识经验

知识经验越丰富,越有利于问题的解决。善于解决问题的专家与新手的区别在于,前者具有有关问题的知识经验并善于运用这些知识来解决实际问题。例如,一名刚参加工作的年轻医生与一位老医生,在面对一名具有很多症状的患者时就采取了不同的处理方式。年轻医生不确定病人患了什么病,于是便为病人开出了各种各样的医学检查单,在有了一套几乎完整的症状信息之后,才做出正确的诊断。但有经验的老医生很可能会立即认定这些症状符合某种或少数几种疾病的诊断模式,仅仅对病人做了有限的检查后便很快做出了相当准确的最后诊断。

那么,知识经验为什么能促进问题的解决呢?

西蒙等人对这个问题进行过研究。他们把具有 25 个棋子的国际象棋棋盘以 5 秒的时间向国际象棋大师和一般棋手呈现(5 秒的时间,被试完全能看清棋盘,但不能存入长时记忆)。

此案例分两种实验条件:第一种是把象棋好手下到一半的真实棋盘布局呈现给这两组;第二种是在棋盘上随机摆上 25 个棋子的布局呈现给这两组。呈现棋盘撤走后,要求被试把刚才看过的棋盘布局在另一棋盘上摆出来。结果发现:对于真实的棋盘布局,国际象棋大师能恢复 25 个棋子中的 23 个,而一般棋手只能恢复 6 个;对于随机排列的棋盘布局,国际象棋大师和一般棋手能恢复的数量是相等的,都是 6 个。

研究还表明,国际象棋大师在看棋盘上的有规律的 25 个棋子时,并不是看 25 个孤立的棋子,而是以组块为单元,加上组块之间的关系来看这棋盘的。根据对国际象棋大师的研究,西蒙认为,一个专家必须储存 5 万~10 万个组块的知识,因此要获得这些知识至少要 10 年的积累。他能熟练地解决本领域所遇到的各种问题,新手需要冥思苦想才能解决的问题,对专家来说也许只要检查一下储存的解法就可以了。

(六)动机和人格

人在解决问题的过程中,总会有一定的动机,例如,人们的社会责任感、学习态度、学习兴趣等都可成为活动的动机。

心理学家研究表明,适当的动机水平有利于问题的解决,过强或过弱的动机则不利于问题的解决。因为太强的动机水平,会使人处于高度的紧张状态,所以容易忽视解决问题的重要线索;而动机太弱,个体又容易被无关因素吸引。

个体的人格差异也会影响解决问题的效率。理想远大、意志坚强、自尊、自信、自立、自强等优良的人格品质都会提高解决问题的效率,而缺乏理想、意志薄弱、骄傲懒惰、缺乏自尊、自卑等消极的人格特点都会妨碍问题的解决。

总之,影响问题解决的心理因素是多方面的。它们不是孤立地起作用,而是互相联系、互相影响,综合地影响着问题解决的思维过程。

三、问题解决能力的训练

教师可以通过掌握问题解决的常规步骤,来培养学生的问题解决能力。教师在教学活动中应重视学生问题解决能力的训练,为此应很好地运用以下几种教学策略。

(一)构成良好的问题空间的策略

学生在解题时首先碰到表征问题,其关键是要在头脑中构建良好的问题空间,也即理解题意。因此,教师应从三个方面进行指导。

一是要准确理解问题表述的语意,要求学生仔细阅读题目,从文字上看清解题的目标和条件,克服粗心大意的毛病。

二是要由表及里深入把握题意,帮助学生克服由问题情境呈现的方式不同造成的认知障碍。青少年学生在问题解决过程中需要感性经验、直观形象材料的支持,因此在把握题意时,教师要尽可能作出示意图,以利于表征问题。

三是要正确判断问题类型,帮助学生将当前问题纳入自己头脑中已形成的问题类型。首先,教师要在平时注意解题类型的归纳,以便学生在头脑中形成相应的认知结构,为正确解题创造必要条件;其次,要善于去伪存真,把握问题实质。

(二)有效填补认知空隙的策略

在设计和实施方案去填补认知空隙方面,教师指导学生应注意以下三个方面。

1. 要利用迁移的积极影响,克服定势的消极作用

教师要引导学生解题时不仅要正确判断题目类型,而且一旦发现问题,就要及时分析、审视,善于变通,换角度求解,不为定势所束缚。

2. 注意运用解决问题策略

当有些问题不能简单归入某一类型,或使用已有知识不能求解时,应积极运用一些问题解决的策略。教师应结合学科教学,应给学生具体的解题策略指导,使学生不仅掌握解题知识,还帮助学生掌握学习策略。

3. 调控解题时的心理状态

教师要让学生学会调控自己的心理状态,使自己处在动机强度适中,情绪平和、愉悦

的心境中解题，以取得最佳的解题效果。

(三)解题后再反思的策略

解题后的反思是提供有效的解题保障、提高教学质量、发展元认知思维的重要环节。所以教师应注意培养学生解题后再反思的能力。对此，教师应指导学生进行以下三点反思。

一是反思解题过程。教师要帮助学生克服重结果、轻过程的倾向，引导学生养成解题后再反思的好习惯。这包括反思问题表征、问题归类、求解思路和操作过程。反思时应避免解题定势的影响，换一个角度审视，这样，往往易于暴露问题。

二是反思解题方法。教师应该要求学生解题时，不能满足一题一解，而要积极寻求其他可能的解法，争取一题多解。这样做，可以发展学生的发散思维。

三是反思解题途径。学生往往满足于问题的解决而不注意解题后的反思总结，使解题经验得不到及时的提炼和概括。因此，当题目完全解好，解题结果和过程也都核查无误后，对解题的反思尚未结束，学生还应对解题途径进行反思和总结。

(四)提高问题解决能力的策略

要帮助学生提高问题解决的能力，教师可以做下列几件事。

1. 形成接纳意见的气氛

教师应鼓励学生积极投入解决问题的活动之中，创造性地看待问题，要让学生有时间酝酿和讨论，对学生的个别差异给予注意。

2. 仔细地界定问题

学生在解决问题之前必须正确理解问题。教师应当让学生用文字界定问题并进行练习，检查学生对问题是否理解，包括目标、给定的算子及运用算子操作有何限制，培养学生仔细界定问题的好习惯。

3. 表演如何分析问题

教师通过表演给学生示范如何分析问题，教会学生区分重要信息与非重要信息。然后让学生考虑并写出他们面临什么样的问题，必须使用哪些条件，以及如何运用它们来解决问题中的每个子问题，习惯对问题的解决做计划。

4. 提出假设

教师鼓励更多的人尽可能多地提出不同的方案，而对它们的方案不做任何价值评判，以培养学生创造性地从多角度解决问题的能力，避免人们过早地局限于一种解决问题的途径。

5. 评价每个假设的优点、缺点

先让学生考虑或写出解决同一个问题几种假设的意义，然后教师自己把这个过程表演给学生，帮助学生决定哪一种是最好的假设，让学生知道最初自己选择的不一定是最好的。教师应教会学生在选择途径时，把时间价值、金钱投入和道德要求结合起来，评价每个假

设的优点、缺点，然后选择解决途径。

6. 考虑影响问题解决的因素

教师应告诉学生影响问题解决的因素有哪些，让他们知道解决问题过程中遇到障碍是正常的。只要他们正确认识这些障碍并加以克服，就可以解决问题。

7. 运用类比

运用类比有助于学生把新的信息与先前的知识整合起来。这种整合有利于从记忆中"唤"起更多的信息，把解决相似问题的成功经验迁移到当前的新问题上，从而减少错误与所需时间。

8. 提供练习解决问题的机会并给予反馈

教师可以介绍自己解决实际生活、工作、学习中问题的经验，也可以用有问题答案的练习让学生练习解决问题，还可以鼓励学生和家长提出可供全班同学考虑的问题，可以建立问题解决学习中心，奖励学习"问题解决"成绩好的优秀学生，以鼓励学生正确有效地思维。教师要把问题解决的结果及时反馈给学生，以激发学生解决问题的积极性。

第三节 创造性思维概述

创造力是问题解决能力的最高表现，培养学生的创造力和创造精神是教育所追求的重要目标之一。创造力的核心内容就是创造性思维。

一、创造性思维的概念

创造性思维，是指人们运用新颖的方式解决问题并产生独特的、有社会价值的产品的思维过程。新理论的提出、新技术的发明、文学作品的创作等都属于创造性活动。

创造性思维的概念.mp4

在人类的创造性活动中，一般有两种情况。

一是"真创造"，它是一种产生了独创性成品的活动。这种独创性成品是在人类历史的发展过程中是首创的。

二是"类创造"，它也带来了某种独创性的成品，但这种成品在人类历史上并非首创，只是就个人而言，其成品具有独创性。比如，高斯在少年初期就独立地发现了计算 1+2+⋯+100 的简单方法，表现出一种新颖独特的创造性的思维能力，但这种能力只能称为"类创造"，这与其成年后提出"高斯定理"的思维能力虽然没有本质区别，但毕竟用首尾相加的办法计算连续正整数之和，在高斯之前就有人提出过。因此，提出"高斯定理"才是真正的创造性活动。

从实践上看，"类创造"往往表现在青少年阶段。在"类创造"中培养出来的能力和良好的个性品质，可以为以后在工作和生活中进行"真创造"打下良好的基础。

独特性是指与众不同或前所未有，它是创造性思维的主要特征之一。但是具有独特性的产物不一定都是创造，还要看它是否有社会价值。精神病人的胡言乱语是独特的，但不能说它是创造。因此，某种产物不仅要具有独特性，而且要符合客观规律，具有社会价值，才是创造(林荣德，1990)。

二、创造性思维的特点

(一)思维的流畅性

思维的流畅性.mp4

思维的流畅性，是指在限定时间内产生观念数量的多少。在短时间内产生的观念多，思维流畅性强；反之，思维缺乏流畅性。

美国心理学家吉尔福特(Gujlford)把思维流畅性分为四种形式。

(1) 用词的流畅性，是指一定时间内产生含有规定的字母或字母组合的词汇量的多少。

(2) 联想的流畅性，是指在限定的时间内能够从一个指定的词当中产生同义词(或反义词)数量的多少。

(3) 表达的流畅性，是指按照句子结构要求能够排列词汇的数量的多少。

(4) 观念的流畅性，是指能够在限定的时间内产生满足一定要求观念的多少，也就是提出解决问题答案的多少。前三种流畅性必须依靠语言，后一种既可借助语言也可借助动作。

(二)思维的灵活性

思维的灵活性是指摒弃以往的习惯思维方式，开创不同思维方向的一种能力。例如，让被试"尽可能举出报纸的用途"，他会有"学习用""包东西""当坐垫""折玩具""剪成碎片扬着玩""裹在身上取暖""用来引火"等各种各样的答案。富有创造力的人，其思维比一般人思维出现的想法散布的范围大，而缺乏创造力的人的思维通常只想到一个方向且缺乏灵活性。

(三)思维的独特性

思维的独特性，是指产生不寻常的反应和打破常规的一种能力，此外，还有重新定义或按新的方式对我们的所见所闻加以组织的能力。例如，在吉尔福特的"命题测试"中，向被试提出一般的故事情节，要求他们按照自己的意思给出一个适当的题目，富有创造力的人给出的题目较为独特，而缺乏创造力的人常常被禁锢在常规思维之中。当然，具有创造性思维的人还对新颖独特的观念具有高度的敏感性，具有及时把握它们的能力。

三、创造性思维的基本过程

创造性思维的基本过程的研究主要是通过对创造发明者的自述或科学家、艺术家的日记、传记等材料的分析完成的。英国心理学家华莱士(Wallas)提出了创造性思维的四阶段说：准备期、酝酿期、豁朗期、验证期。

(一)准备期

准备期指创造活动前，积极搜索有关资料和信息，筛选与问题有关的观念，积累有关知识经验，为创造做准备的时期。通常准备期要花费较长时间，能否实现创造取决于准备时间的长短和对前人所积累的有关同类问题的知识经验的掌握与否。

(二)酝酿期

酝酿期是指在积累一定知识经验的基础上，人对问题和信息资料进行周密细致的探索和深刻的思考，以力图找到解决问题的途径和方法。这个阶段从表面上看并没有明显的外部活动，创造者的观念仿佛处于"冬眠"状态，有时还搁置对问题的思考，从事着其他事情；但实际上是在潜意识和意识的思维活动中断断续续地涌动着，有时会在一些无关活动中受到启发，使问题得到创造性解决。这个阶段的最大特点是潜意识的参与，虽然有些问题让人百思不得其解，只能搁置一旁，但潜意识思索并未停止，正在搜集灵感和可能的解决方案，一旦酝酿成熟，答案就会自然而出。

(三)豁朗期

豁朗期指新思想、新观念、新形象产生的时期，又叫灵感期。经过酝酿期之后，灵感常常因无意中遇到某种情境而使解决的办法突然明朗起来。获得灵感的经典例子是伟大的希腊科学家阿基米德(Archimedes)解决测定王冠含金量的问题。据记载，国王购买了一顶华丽的王冠，想知道王冠是不是纯金的。阿基米德接受了这项艰巨的任务，但反复思考不得其解。一天他在洗澡时，发现他的腿所排出的水量等于排出水的体积。他立刻想到，如果把王冠浸没水中，它将置换出相同体积的水，由此便可确定王冠是不是纯金的。阿基米德就是在灵感突然闪现的一瞬间解决了这个问题。

(四)验证期

验证期是对豁朗期出现的新思想、新观念进行验证、补充和修正，使其趋于完善的阶段，也是对整个创造过程的反思过程。在这个阶段，经过理论和实践的多次反复论证和修改，无数次的汰劣存优，创造性活动获得了圆满的结果。如果验证失败，则问题仍未得到解决，需要返回到前面的准备期或酝酿期。验证期既可以采取逻辑推理的方式进行检验，也可以通过实验或实践活动检验所获得的创造性成果。

第四节　创造性思维的培养策略

目前，我国的社会所面临的许多经济、社会和环境问题确实需要创造性的问题解决。在学校中，培养学生的创造性思维是很有必要的。但是教师如何促进学生的创造性思维呢？要想培养学生的创造性思维，首先要对影响学生创造性思维发展的因素进行分析。

一、影响创造性思维发展的因素

影响创造性思维发展的因素多种多样，而且同一种因素既可能促进也可能阻碍创造性思维的发展。这与因素的性质与程度有关。

(一)智力、遗传素质和脑的活动方式

一般来说,创造性似乎需要中等以上的智力。研究表明,智商和创造性并无直接的因果关系。非常聪明的人可能非常有创造性,智力非常一般或者在两者之间的中等智力的人可能较有创造性,也可能创造性较少,而智力低下的人同样缺乏创造性。

由于人类大脑两半球的单侧化,在右半球加工的信息与具体形象思维能力、空间认识能力、直觉能力以及想象能力有关。两半球的和谐发展与协同活动是创造性发展的物质基础。

(二)信息贮存量

我们的所有观念都是通过提取记忆储存中的信息加工而成的,因此,思维必须以大量的信息为基础。产生观念的流畅性、灵活性和独特性都与信息量有关。从这个意义上说,如果贮存的信息量越多,创造性思维发生的可能性就越大;相反,如果贮存的信息量越少,创造性思维发生的可能性就越小,即便有,也属偶发现象。

(三)动机

创造性思维者一般都受好奇心的驱动,即渴望找到问题的答案。这样他才会对各种问题都很敏感,会时时感到有一些问题在向他挑战,他才会对各种新观念保持较高的敏感性,从而不知疲倦地解决问题。但是,动机过于强烈,就会变成创造性思维的障碍,它促使你立刻找到答案,从而限制你的视野,使你接受已有的(也许是不合适的)解决方法。当人们不受生活琐事或紧迫任务束缚时,是萌发创造性思维的最佳时机。

(四)个性

中国民间有这样的说法,有一家主人带着一只小猴和一头小驴在一起生活,这只小猴很机灵,它总在房上跳来跳去,那个主人见人就夸:"我的小猴太聪明了。"后来小驴看小猴老受表扬,有一天终于自己也很费劲地踩着柴垛艰难地上了屋顶,结果一上屋顶就把主人的瓦给踩破了,结果被主人给拖下来暴打一顿,这个小驴做了小猴做的事情,为什么小猴受表扬,而小驴要挨打呢?其实这样的境遇,发生在很多人的身上,就是我们过分地效仿了他人的行为,我们刻意强调了社会通行的标准,所谓的时尚和流行,是有一种潮流趋势,让我们迷失自己的心,而趋同于统一的标准,这样的事情比比皆是。

人们对艺术、建筑、文学、科学等领域中有创造性的人的个性特征进行了科学的研究,一般来说,有创造性的人倾向于:有见识、有洞察力、喜好独立判断、善于吸取经验教训,以及语言流利,兴趣广泛。他们对理论观念与符号转换的兴趣大于对实际而具体的事物的兴趣。创造性的人有雄心、有决心、敢于前进,且能预计自己的"命运",他们常常不落俗套、倔强、好表现。有的研究还提出,创造性和智力均高者,自信心和自重感强,不采取守势,社会地位高,积极寻找志趣相同的人,还表现出很强的注意广度和集中注意的能力,同时也会出现猎奇和犯规的倾向。有高度创造性的人,焦虑水平一般中等适度。焦虑水平太低或太高时似乎都会抑制创造性。

(五)人格

在心理学上,人格因素与认知因素紧密相关。同样地,人格因素与创造力之间的关系

相当密切。心理学家吉尔福特的研究表明，具有创造性的个体有以下特征：一是有高度的自觉性和独立性；二是具有旺盛的求知欲；三是有强烈的好奇心；四是知识面广，善于观察；五是工作中讲究理性、准确性和严格性；六是有丰富的想象力、敏锐的知觉，喜欢抽象思维，对智力活动有广泛兴趣；七是富有幽默感；八是意志品质出众，能排除外界干扰，长时间地专注于某个感兴趣的问题之中。一些研究也表明，影响创造力的人格因素主要有：胆怯、过分地自我批评、懒惰、从众、褊狭、刻板、骄傲等。

(六)环境

创造性的培养不是一朝一夕之功，而是长期实践的结果。因此，社会、家庭和学校环境都会影响创造性思维的发展。家庭的教育方式和家庭氛围，是影响孩子创造性发展的主要因素。如果家庭教育过分严格，家长过分严格要求孩子，孩子的创造性就差；如果家庭氛围比较民主，就会有利于孩子创造性的发展。例如：家长给孩子买什么样的玩具，是只看价格还是分析孩子的破坏行为；是看重孩子的考试分数还是注重孩子的分析创造能力；是要求孩子事事服从家长和教师还是允许孩子有自己的见解，这些都会对孩子的创造性有重要的影响。

二、创造性思维的培养方法

(一)激发学习动机，培养学习兴趣和求知欲

学习动机是激发学生学习主动性、积极性的重要动力，也是发展创造性思维的必要条件。研究表明，学习中缺少主动性、积极性的人，难以形成和发展创造性思维。

兴趣也是发展创造性思维的因素之一。一个人若是对某一事物产生浓厚兴趣，就会深入地钻研和思考问题，坚持不懈地探索，发现创造的秘密。因此兴趣对发展创造性思维能力有着重要的作用。

求知欲也是激发创造性思维活动的因素之一。求知欲旺盛的人，总是不满足于现成的答案或书本上的结论，而是积极地思考，对答案做出新的解释。在思考的过程中，能发现未掌握的新知识，甚至有可能创造出以前没有过的新事物。

为了培养学生的求知欲，可以为学生创造变化的新异的学习环境，认真解答他们提出的问题或启发他们自己去寻找答案。

(二)改变传统的评定成绩观念，创设良好的环境，鼓励学生进行创造

传统评定学生学习成绩的观念，只强调学生循规蹈矩，死记硬背，以便考试得高分，能顺利考上好的学校。结果教师讲什么学生就听什么，考试考什么学生就背什么，使学生在固定答案的圈子中解答问题，使整个教学与学生的思维僵化。

要培养学生的创造性思维，教师应根据学生的学习情况，鼓励学生在学习活动中自己去领会或发现事物间的联系，而不是一直给学生灌输知识。教师的责任是启发、协助、鼓励学生主动地、独立地去发现问题、分析问题和解决问题。教师要鼓励学生的创造行为，不要预先树立是与非、对与错的绝对权威。特别是小学生回答问题时，不必限定他们盲目地接受成人认可的答案，不妨鼓励超常的创造性答案。例如，成人常问的问题："树上有5

只鸟，被猎人打死1只，还有几只？"公认的答案："都吓跑了，一只也没有了。"但有一个儿童回答："还有3只。"他的解释：树上住着一个鸟家庭，有鸟爸爸、鸟妈妈和3只不会飞的小鸟，猎人打死了鸟爸爸，鸟妈妈吓跑了，剩下3只不会飞的小鸟。该儿童的回答，不但观点合理而且合情，这类超常的创造性思维应予以多多鼓励。

与智力相比，创造性思维的发展受环境的影响较大。父母、教师对孩子管教过严，学校过分注重成绩，不许提"越轨"问题等都对孩子创造性思维的养成有抑制创造行为的影响。因此，要培养学生的创造性思维，教师应为学生创设一个能容忍标新立异者和偏离常规者的环境，一个民主的教学环境或无权威的学习情境，让学生感到心理上的安全和自由。教师在教学工作中，要善于提出问题，鼓励和启发学生独立思考，鼓励他们质疑争辩、自由讨论。指导学生掌握发现问题、分析问题和解决问题的科学思维方法。

(三)培养学生的发散思维和聚合思维的能力

不少心理学家认为，发散思维是创造性思维最主要的特点，是测定创造力的主要标志之一。吉尔福特认为，发散思维具有独创性、灵活性和流畅性三个特点。独创性是指对问题能提出超乎寻常的新颖独特的见解，因此它更多地表现发散思维的本质。灵活性是指思维灵活，触类旁通，随机应变，不受功能固着、定势的约束，因此能产生超常的构想，提出不同以往的新观念。流畅性是指智力活动灵敏迅速，能在短时间内产生较多的观念，它是发散思维的量的指标。独创性、灵活性和流畅性三者是相互联系而又相互制约的，有流畅性才有灵活性。灵活性本身也是一种流畅性，只有既有流畅性又有灵活性，才有可能创造出超乎寻常的新颖独特的观念。因此，要培养学生的发散思维能力，应从培养学生的独创性、灵活性和流畅性入手，着重启发学生从不同方面对同一问题进行思考。数学教学中的"一题多解"，作文教学中的"一事多写"，就是培养发散思维能力的方式。

培养学生的聚合思维能力主要是要培养学生抽象、概括、判断和推理的能力。教师在教学过程中，将分析的内容、要点写在黑板上，跟学生一起讨论，最后得出结论，这是培养学生聚合思维能力的一种行之有效的教学方法。

(四)形成和发展"心理安全"和"心理自由"

美国心理学家罗杰斯(Rogers，1959)提出，要想培养学生的创造力，必须形成和发展学生的"心理安全"和"心理自由"。因为创造性活动从本质上讲就是与众不同的，在一般人眼中是"异常的"。所以有创造力的人，必须在心理上感到"自由"和"安全"。其中，"心理自由"是"心理安全"的结果。罗杰斯认为，心理自由的人有下列几个特征。

(1) 能够坦然承认自己的身份，而不怕被人笑话或奚落。
(2) 至少能象征性地表达自己的冲动和思想，而不必压抑、歪曲或隐瞒它们。
(3) 能幽默地以不同寻常的方式来处理印象、概念和词句，而不会感到内疚。
(4) 把未知的和神秘的东西或者视为要应付的严重挑战,或者视为儿戏。

(五)培养优良的个性

创造性思维的发展不仅和智力因素有关，而且和一系列非智力因素和个性特征有密切的联系。实验研究发现，有创造力的儿童富有责

培养优良的个性.mp4

任感、热情、有毅力、勤奋、富于想象、依赖性小、喜欢自学、勇于克服困难、好冒险、有强烈的好奇心、能自我观察、有较强的独立性、兴趣广泛、善于思考、不盲从等。因此，要培养学生的创造力，应结合教学实际，增强学生独立性、勤奋、自信和坚持等优秀品质的培养。

 思考题

1. 什么是问题？
2. 问题有哪些类型。
3. 什么是问题解决？
4. 什么是创造性问题解决？
5. 请解析常规性问题解决与创造性问题解决的关系。
6. 问题解决过程分几个阶段？
7. 什么是问题解决的策略？
8. 问题解决的策略主要有哪几种？
9. 启发式策略包括哪几种类型？
10. 问题解决的影响因素有哪些？
11. 什么是思维定势？
12. 问题解决能力的训练策略有哪些？
13. 什么是创造性思维？
14. 创造性思维的特点有哪些？
15. 谈谈如何运用问题解决的一般方法来解决实际生活中的问题。
16. 联系实际谈谈如何培养学生的创造性思维。

第九章 技能的学习

本章学习目标

- 理解并掌握技能、动作、动作技能、练习曲线、高原现象、认知技能的概念。
- 理解并掌握熟练和习惯的区别。
- 理解并掌握形成高原现象的原因。
- 理解并掌握认知技能和动作技能的关系
- 理解并掌握动作技能形成的阶段和基本特征。
- 理解并运用影响动作技能形成的因素,进行动作技能学习的指导。

重点与难点

重点： 高原现象、练习曲线。
难点： 运用动作技能形成的因素,进行动作技能学习的指导。

引导案例

小明在学习英语时,发现词汇量会影响阅读能力。积累的词汇量越多,阅读能力就越强,反之亦然。于是小明背诵300~750个单词时,会暂时停顿3个月,背诵900~1000个单词时,会暂时停顿12个月,背诵1200~1800个单词时,会暂时停顿18个月。

收发电报的动作技能,练习到15~28天,成绩会突然停顿一段时间。虽然一直在练习,但成绩并不上升,反而会下降。

【问题思考】

案例所描述的两种现象,属于技能练习中的"高原现象"。高原现象,是在练习曲线中出现的某一时期练习成绩不随练习次数提高而提高的停顿现象。案例中无论是英语学习的心智技能的停顿还是收发电报的动作技能的停顿,都属于高原现象。

克服高原现象,既要合理安排练习时间,还要注意改变原有的练习方法,代之以新的活动方式或方法。

(资料来源：本书作者整理编写。)

我们知道,学生学习各科知识不能只停留在领会的水平,必须使它们转化为相应的技能,才能使知识在完成任务中起到相应的作用。例如：学写字,不能只领会笔画、笔顺、执笔与运笔的知识,还要做到能流畅顺利地书写；学习数学不能只领会数和形的概念、法则、定理,还要转化为合理的具体运算、论证的技能。领会某种知识需要有某些已形成的基本技能，如要领会教材中的知识就需要有阅读的技能，而已领会的知识又成为与它相应新技能的基础。本章所要讨论的就是有关技能学习的问题。

第一节 技能概述

一、技能的内涵

技能是指个体运用已有的知识经验，通过练习而形成的能完成某种任务的一定的动作方式或智力活动方式。例如，打字、阅读、写作、解题等都是复杂程度不同的技能。人的技能越多，就越能适应各种环境和工作，技能有初级和高级之分。

技能的内涵.mp4

初级的技能是指在一定的知识基础上，按照一定的方式通过反复练习或者由于模仿而达到会做某件事或能完成某种工作的水平。例如：刚学会写字的学生，可以说他有了写字的技能；刚参加工作的教师，可以说他有了讲课的技能。

高级技能活动方式的基本成分已经因反复练习而自动化了。例如，书法家的写字技能、优秀教师的讲课技能。这种技能也叫技巧、技艺或熟练。高级技能是进行创造性活动的重要条件。

技能形成和发展的自然前提是人的先天素质。这主要是指神经系统、脑、感觉器官和运动器官的解剖生理特点，脱离这一前提，人就无法形成某种技能，更谈不上发展。例如，双目失明的人无法拥有绘画的技能。然而，对于具备一定素质的人，其技能的形成与发展也取决于个人的练习。一个具备良好发音条件的人，如果主观上不努力，也不一定会成为一名优秀的播音员或歌唱家。

技能随社会的发展而发展，并为社会历史条件所制约。例如，古代人没有驾驶现代交通工具的技能，也没有操作计算机和编制计算机程序的技能。这些技能只有到了现代才能为人们所掌握。人的技能的发展依赖人类社会发展水平，在不同的社会历史条件下，技能的形成和发展也不尽相同。例如，西方人用刀叉吃饭，中国人使用筷子吃饭等。

二、技能、知识与能力三者之间的关系

(一)技能、知识与能力三者之间的区别

1. 知识、技能与能力属于不同的范畴

技能与知识、能力三者之间的关系.mp4

知识是人对客观事物和现象的属性、联系和关系的反映，是人类社会历史经验的总结和概括。人类已积累的知识经验是社会的财富，它既是人的心理活动的结果，又是个体心理活动的对象和内容。当它以思想、观念等形式被个体所掌握时，就变成个体意识和个体知识系统。因此，知识属于心理活动的范畴。技能是通过练习在个体身上固定下来的自动化的动作方式或智力方式。感知、表象、记忆、思维和肌肉运动是组成技能的必要环节。因此，技能基本上也是属于心理活动过程的范畴。能力是指心理活动

的可能性和动作的可能性,是个体顺利完成活动任务的直接有效的心理特征。因此,技能属于个性心理特征范畴。

2. 知识、技能与能力概括的水平不同

知识、技能与能力虽然都是巩固了的概括化系统,但概括的水平不同。知识是对客观事物和现象的属性、联系和关系的抽象的、系统的概括;技能是对动作方式和操作程序的具体的概括;能力是对调节人的认识活动和行为方式的心理活动功能的较高水平的概括。

3. 知识、技能的掌握与能力的发展不同步

一般来说,能力的形成与发展较知识、技能的获得要晚。

(二)技能、知识与能力三者之间的联系

知识与能力是掌握技能的前提,并制约着技能掌握得快慢、难易、灵活性及巩固程度,而技能的形成与发展将有助于知识的掌握和能力的发展。所以,任何技能的形成与发展都离不开与之相应的知识和能力。学生学习各种知识不能直接转化为能力,只有把知识运用到实践中去,经过技能这一环节,才能形成作为个性特征的能力。技能是知识转化为能力的中间环节。

三、熟练和习惯

熟练是高水平的技能。它是通过练习而巩固了的、自动化了的动作方式。但是,自动化了的动作方式除熟练外还有习惯。熟练和习惯既有联系又有区别。

(一)熟练和习惯的联系

熟练和习惯都是自动化了的动作方式。任何习惯离开了熟练的动作都是无法完成的。例如:有卫生习惯的人,其刷牙、洗脸、扫地等动作是很熟练的;有看书习惯的人,其阅读动作也是很熟练的。正因为这样,人们在完成习惯动作时,意识的调节与控制作用是很低的。

(二)熟练和习惯的区别

熟练和习惯的区别有以下几点。

熟练与习惯的区别.mp4

第一,习惯是实现某种自动化动作的需要,实现了这种动作也就满足了这种需要。如果这种需要得不到满足,就会引起不愉快的或不满意的情绪体验。例如,一个人养成了每天看报的习惯,一天不看报就会感到不安。熟练则不同,它本身不是一种需要,而是实现与需要相适应的某种目的而采取的一种动作方式与手段,因此熟练不一定与机体的需要直接发生联系。熟练是否实现,并不直接引起愉快或不愉快的情绪体验,所以习惯与人的主观需要、情感有关,而熟练不一定。

第二,熟练是通过有意识、有目的、有组织地练习而形成的。虽然有的习惯也可以通过有意识、有目的、有组织地练习而培养,如学习习惯、卫生习惯等,但很多习惯都是无

意中多次重复某种动作而形成的,如走路姿势、躺在床上看书等。

第三,熟练水平有高低之分,但无好坏之别;习惯可以根据对个人和社会的意义分为好习惯和坏习惯。劳动习惯、文明行为习惯有益于他人、自己和社会,是良好的习惯;不讲卫生、吸烟等习惯就是坏习惯。习惯对人的生活、学习和工作都有很大影响。

第四,熟练既和一定的情境又和一定的任务相联系;习惯则只与一定的情境而不与一定的任务相联系。也就是说,熟练是由任务开始的,而习惯是由一定情境开始的。因此,熟练是主动的,而习惯是被动的。

第五,熟练和习惯的客观标准不同。熟练要与一定的客观标准或者别人的示范或者活动的产品做对照,习惯则不是如此,它只是和先前动作方式做对照。熟练与一定的客观标准做对照,因此,在练习过程中,它逐渐向一定的标准动作模式发展;而习惯则只是与先前动作方式做比较,所以它越来越保持原来的动作系统,使其固定化、定型化。因此习惯是保守的,而熟练是不断向一个标准模式趋近的。

第二节 动作技能的形成

一、动作技能的概念

动作技能也称运动技能或操作技能,是指由一系列外部动作所组成的系统,如书写、打字、弹琴、跑步、做体操、修理自行车等。动作技能主要借助于骨骼、肌肉和与之相应的神经过程来实现,是通过练习和实践逐步形成的。

二、运动、动作与活动三者之间的关系

运动是人体的一项运动机能。例如,手的抓握运动、言语器官的发声运动、腿部的伸屈运动等,都是人体的运动机能。这些运动机能有的是与生俱来的,如眨眼、手碰到灼热的物体时会自动缩回等,这是一种缺乏自觉目的的不随意运动。人的绝大多数运动,甚至包括那些很初级的同动物动作相类似的运动,如走、跑等空间的移动,都是在生活经验中获得的。也就是说,大多数运动是条件性的,是通过有意识、有目的地学习和练习形成发展的,因此它们是一种随意运动。正如著名生理学家谢切诺夫所说,儿童在出生时,除了绝对不随意的运动(如吸吮、吞咽、呼吸、咳嗽、打喷嚏等)以外,再无任何正确组合起来的运动,而所有这些运动,都是在儿童时期一点一点学会的。比如,看东西、走路、说话、用手抓握东西等。

动作是指具有一定的动机和目的并指向一定对象的运动。动作与运动不同,运动仅仅依赖机体的运动机能,动作则带有社会性,它受前辈人和当代人所创造的对象制约。例如,学会走路,既学习了前人的走路经验,也依赖机体的(身段、手足的)运动机能。动作是通过运动来实现的,但动作并不是个别运动的简单、机械的组合,而是复杂程度不同的完整的和有目的的运动系统。例如,书写字母"a"的动作是由下列运动组成的,拇指、食指和中指以一定方式握住笔,接着拿起笔,在一定的地方笔尖与纸接触,然后笔尖从右向左向上,

并且按逆时针方向做个圆周运动，停在原来的点上，向下沿着斜直线运动，在达到圆周底边的水平时向右拐弯，并完成从左向右的弧线运动。

活动是由共同目的联合起来并完成一定社会职能的动作系统。活动和动作都是以实现预定目的为特征的，但动作受单一目的制约，活动则受一种完整目的与动机系统制约。例如，学习活动是由阅读、书写、运算等一系列动作构成，这些动作与学习的目的相联系，并实现着准备参加祖国现代化建设的社会职能。

人们所从事的各种活动，如学习活动、体育活动、生产劳动等都是为了实现一定的社会职能，并由一定的目的组织起来的一系列运动和动作实现的。形成与活动目的相适应的动作技能，不仅是为实现活动的目的所需要，而且是为产生最佳活动效果所必需的。

三、动作技能的分析

要想研究技能，首先要有具体的研究手段。一般来说，技能大都从动作的反应时间和准确性两方面加以分析。

(一)动作的反应时间

动作的反应时间是指从刺激出现到开始做出动作反应之间所经历的时间，简称"反应时"。反应时的长短可以相对地反映出技能动作的熟练程度及复杂程度。

依据动作发展应有简单反应和复杂反应之分，动作反应时也分相应的简单反应时和复杂反应时两类。

简单反应是对单一的刺激做单一的确定反应，如铃声一响立即按下电键。这种反应对刺激和反应方式都无须辨别和选择，因此反应时也短。对于听觉来说，这种反应时可短到0.1秒。

复杂反应是要求根据各种可能出现的刺激，选择符合要求的反应方式做出反应。刺激可以有几种，反应方式也可以有两种或更多种。因此，在要求做出的反应复杂时，就需要对刺激和反应方式加以辨别和选择。比如，要求红灯亮时左手按键，绿灯亮时右手按键，黄灯亮时两手都按键，这样就要先辨别刺激，然后再选择方式做出反应，反应时也就长。

简单反应时的个体差异不大，复杂反应时则有很大的个体差异。即使加以训练，有的人能有较大的缩短，有的人则不能，这就反映出不同人技能上的差异。

当然，刺激物及人本身的特点对反应时是有影响的。刺激强度越大，反应时越短。人处于积极准备状态下，反应时也会缩短。情绪、疲劳和疾病都会影响反应时的长短。

(二)动作的准确性

动作的准确性是指动作的形式、速度和力量三方面是否恰当协调，是否符合目的的需要。动作的准确性是在中枢神经系统的控制调节下，由整个机体的协调活动实现的。

动作的准确性.mp4

1. 动作的形式

动作的形式是就动作的方向和幅度而言的。动作的方向是指动作的轨迹，它应指向所要达到的目的。动作的幅度是指动作量的大小，即动作路径的长短。动作方向不对，根本谈不上达到目的；动作幅度不对，过小或过大，也不能达到目的。它们都是不准确的动作。

2. 动作的速度

动作的速度，是指动作部位在单位时间里所移动的路程的多少。动作的速度是机体的一种能力，它的范围通常在每秒几毫米到1000毫米。

动作的速度是以动作的目的为转移的，动作任务的性质不同，要求的任务也不同。在运动竞赛中，要求动作速度越快越好，但在其他一些活动中，快中就会出错。比如：穿针引线要求手的动作速度要慢；护士打针进针时要快，但推入药剂时要慢。根据不同任务，调节相应的不同动作速度，也是准确完成动作的条件之一。

3. 动作的力量

动作的力量，是指动作所表现出来或所能表现出来的力量。动作的力量也是完成动作任务的必要条件之一。许多活动需要克服一定的阻力和障碍，需要动作表现出一定的力量。即使没有阻力或障碍，动作也需要具有克服任何障碍力量的潜在可能性。

动作的准确性对于完成任何职业活动都是必需的，它是构成各种技能必不可少的一部分。许多机械操作都要求有较高的准确性，高速度的操作更是如此。例如，飞行操作的很小失误都可能导致机毁人亡，操作的准确性也就成了考核飞行员的重要的技能指标之一。

四、动作技能的种类

动作技能根据不同的分类标准，可分为以下几种。

(一)连续性动作技能和非连续性动作技能

连续性动作技能是指以连续、不间断的方式所完成的一系列动作。如唱歌、说话、打字、滑冰、弹琴等。在这些技能中，动作的持续时间一般较长，动作与动作间没有明显可以直接感知的起点和终点。

非连续性动作技能是由突然爆发的动作组成的。完成这种技能的时间相对短暂(少于5秒)，动作与动作之间具有可以直接感知到的起点和终点，如投掷标枪、射击、伸手推门、挪动棋子等。

(二)封闭性动作技能和开放性动作技能

封闭性动作技能是指可以不参照环境因素而执行的技能。这种技能主要依靠由本体感受器输入的反馈信息来调节。如体操、游泳、掷铁饼、急行跳远等。封闭性动作技能一般都具有相当固定的动作模式。学习这种技能的关键是反复练习，最终使动作达到标准的动作模式。

开放性动作技能，是指动作随外界情境变化而相应变化的技能，如打乒乓球、篮球、排球等。开放性动作技能要求人们具有处理外界信息变化的能力和对事件发生的预见能力。

(三)精细的动作技能和粗大的动作技能

精细的动作技能，是指在狭小空间内进行，并要求精巧地协调动作的技能。它一般由小肌肉的运动来实现，如雕刻、绣花、写字、弹钢琴等。

粗大的动作技能，是指需要大力气和大幅度动作的技能。它一般由大肌肉的运动来实现，而且经常要求整个身体参与，如跑步、游泳、打网球等。

(四)工具性动作技能和非工具性动作技能

工具性动作技能是指操纵某种工具的技能。如写字、绘画时操纵笔，打字时操纵键盘，生产劳动时操纵各种生产工具，等等。

非工具性动作技能是指不需要操纵工具，仅表现为机体的一系列骨骼、肌肉运动的技能。如唱歌、跳舞、做体操等。

五、动作技能形成的阶段和特点

(一)动作技能形成的阶段

动作技能的形成是通过练习逐步掌握某种动作方式的过程。复杂动作技能的形成，一般经历三个主要阶段。

1. 动作的认知阶段

学习一种新技能的初期，练习者或者通过别人的指导，或者观察别人完成这种技能来了解和认识动作的基本要求。他自己也做一些初步的尝试，在头脑中形成一种动作表象。但是，这时练习者的注意范围比较小，只能集中于个别动作上，不能控制动作的细节。这是因为练习者在生活中已经形成许多习惯动作，而这些习惯动作往往与当前学习的动作方式不相符合。这样，在学习新的技能时，练习者的动作经常发生错误。这一阶段的主要特点是，了解这一技能的基本要求和特征，练习者的注意力和记忆力很紧张，动作在意识的控制下进行；动作不稳定、速度慢、不协调、有不少多余动作；能初步运用反应结果的反馈信息，但只能利用非常明显的线索，如指导者的提醒。

2. 动作的联系阶段

通过认识和练习，练习者逐步掌握一系列局部动作，并开始将这些动作联系起来，但是各个动作还结合得不太紧密，在从一个环节过渡到另一个环节，即转换动作的时候，常出现短暂的停顿。练习者的协同动作是交替进行的，即先集中注意力做出一个动作，然后再注意做出另一个动作，反复地交替，进行不同的动作。这种交替慢慢加快，然后逐步形成整体的协同动作。在这一阶段，练习者的注意和记忆的紧张度有所降低，但负担仍然很重。稍微分心，还是会出现错误的动作。由于局部动作被综合成更大的单位，动作之间相互矛盾和干扰减少，多余的动作趋于消除。练习者发现错误的能力也加强了。这一阶段的主要特点是技能的局部动作被综合成更大的单位，最后被综合成连贯技能的整体。

3. 动作协调和技能完善阶段

动作协调和技能完善阶段是技能形成的最后阶段。在这个阶段，人们学习的各种动作在时间和空间上彼此协调构成一个连贯的、稳定的动作系统。他们在完成动作时的紧张状态和多余动作都已完全消失；意识对动作的控制作用降到最低限度，只对同时进行许多动作中的一项起着直接控制作用，整个动作系统从始至终几乎是一气呵成的；注意的范围也扩大了，并根据外在条件的变化而迅速、准确地完成动作。这一阶段也称为熟练期。动作的连贯主要由本体感受器提供的动觉信号来调节。由于技能已经完善，人们能熟练地运用这种技能去完成自己的各种任务。以后，随着新任务的出现，又会产生掌握新技能的要求，人的技能便从一个水平向另一个更高的水平不断发展。因此，技能的完善是相对的，而不是绝对的。

(二)动作技能形成的特点

动作技能形成的过程中，技能的特点会发生一些变化，具体表现如下。

1. 意识对动作的控制作用减弱，整个动作系统转向自动化

在技能形成的初期，人的内部言语起着重要的调节作用。人们每完成一个技能动作，都要受意识的调节与控制。意识的控制作用稍有减弱，动作就会停顿下来或出现错误。在这种情况下，人们显得很紧张属于正常现象。例如，学生刚学写字的时候，不仅常常用手把笔攥得很紧，而且面部肌肉紧张，甚至全身用劲。随着技能的形成，意识对动作的控制逐渐减弱，整个技能或技能中的大多数动作逐渐成为一个自动化了的动作系统。人们在完成一项技能时，只关心怎样使技能服从当前任务的需要，而不关心个别动作的进行。由于动作系统的自动化，扩大了人脑加工动作信息的容量，完成动作的紧张程度也就缓和了。

2. 动作反馈由外反馈逐步转向内反馈

技能形成中，反馈对技能动作的学习和完善起着重要的调节作用。比如，往木板上钉钉子，每砸一锤都要看看前一次用锤的结果。如果前一次砸轻了，这一次应该用力猛些；如果前一次砸偏了，这一次应该纠正方向。没有前一次动作的反馈做指导，技能就不能顺利地形成，也不能继续得到完善。在动作技能中，反馈可分为外反馈与内反馈两种。外反馈是指由视觉、听觉等提供的反馈，它们具有外部的源泉。如旁观者的指点、某种机械的信号等。内反馈是指由肌肉或关节提供的动觉反馈，它们是动作的自然结果。例如，在钉钉子时，落锤的轻重、方向提供的动觉反馈就是内反馈。在技能形成的不同阶段，不同反馈的调节作用也在变化。在技能形成的初期，外反馈与内反馈都很重要，但来自外界的视觉反馈起着更重要的作用，人们根据动作反应后所看到或听到的结果，对反应进行调整和矫正，使动作朝向所要达到的目标。随着技能的形成，外部感觉的控制逐渐为动觉的控制所代替，内反馈在技能动作的调节中便起着越来越重要的作用。例如，在拼音文字的打字动作中，不善于打字的人，打字时要用眼睛在键盘上寻找每个字母，而一个打字熟练的打字员，可以完全不用眼睛盯着键盘，而只靠打字时产生的动觉来控制手的打字活动。

3. 动作的稳定性与灵活性增强

人刚开始学某种技能时，动作是不稳定的，这种不稳定既表现在个别动作的准确性上，也表现在动作之间的转换和过渡上。在技能形成以后，它就会以相对稳定的方式表现出来，成为某种稳定的动作模式。一个熟练的体操运动员能够反复按同一方式完成某套体操动作，并以此传授给别人，因为他的体操技能达到了相对的稳定程度，形成了某种稳定的动作模式。在不同的人身上，同一技能的动作模式可能不完全相同，它们表现动作技能间的不同

结合，因此形成不同人的动作技能风格，如武术的不同流派、书法的不同风格等，都表现了技能的相对稳定性。技能的稳定性并不意味着它是刻板的、一成不变的。熟练的技能是与各种变化了的情境相适应的技能。因此，当情境出现变化时，技能熟练的人能灵活地运用自己的技能动作，使技能的发挥不受某种固定的动作模式的限制。竞技场上许多武林高手出奇制胜的绝招，常常是和他们灵活的应变能力分不开的。技能的灵活性是长期学习和练习的结果。初学某种技能的人，动作呆板，执行的条件稍有变化，动作的完成就会遇到困难，而在不同的情境中经过练习，掌握了应付各种情境的动作系统，他们的技能才变得灵活起来。

4. 建立起协调化的运动模式

一系列局部动作联合成一个完整的动作系统，即一种协调化的运动模式，这是运动技能形成的另一个重要标志。技能是由一系列动作构成的。技能动作的协调化表现在两个方面。①连续性的统一协调，这是动作在执行时间上的协调。走路时先动一只脚，后动另一脚；打拳时先打一式，接着打另一式。前后连贯，一气呵成，这是时间上的协调或连续性的统一协调。②同时性的统一协调，这是动作在空间上的协调。走路时，移步配合上手的摆动；驾驶汽车时，脚踩油门，手扶方向盘，紧密配合，融为一体。这是空间上的协调或同时性的统一协调。许多技能，既需要连续性的统一协调，又需要同时性的统一协调，从而构成协调化的运动模式。

六、影响动作技能形成的因素

动作技能的形成受许多因素的影响，有主观因素，也有客观因素。主观因素如动机水平、学习者的知识经验等；客观因素如动作技能的性质、练习方式、练习时间的分配、练习结果的反馈或强化。下面着重介绍几个主要的影响因素。

(一)知识经验与理论

知识不是技能，而技能必须运用知识，知识越丰富，对克服技能学习的难点越有帮助。只学习理论不学习操作，很难学会技能，因为知识和运动分析器没有建立起联系。只模仿别人的操作，技能学习也不能得到进一步发展。理论可以加速技能的获得，可以免去或减少学习中的错误。

我国的心理学工作者曾做过动作概念对动作技能形成作用的实验。实验是让大学生、中学生形成镜画(按多角星形的景象来画这个图形)技能。结果发现，凡是已经形成镜画技能的被试，他们都掌握了镜画技能的动作概念；凡是未形成镜画技能的被试，他们都没有掌握镜画技能的动作概念。这就说明动作概念是否掌握，决定着技能是否形成。实验还发现，大学生被试掌握镜画技能的动作概念，一般比中学生被试掌握该概念要早。因此大学生被试形成镜画技能时平均练习总遍数、总用时和练习中的平均总错误数，都少于中学生被试；大学物理专业学生由于较早地掌握了镜画技能的动作概念，其形成镜画技能时练习的总遍数，比文科专业的学生要少得多。这说明动作概念掌握的时间，对技能的形成起着重要作用。

(二)讲解与示范

学生学习动作技能通常是从教师讲解开始。讲解方式一般用口语,但有时也用文字、图解、模型、挂图等方式进行。讲解的目的是增强学习者的认知效果。在教师的讲解过程中,其内容应包括如下方面。①教学目的。告诉学习者要学习什么;通过练习后,动作技能应达到什么标准等。②动作技能的性质。告诉学习者学习的是什么技能,是简单的技能还是复杂的技能,是工具性技能还是非工具性技能。假如是工具性技能(如操作机器、驾驶车辆等)还应简单介绍工具的性能与功用。③学习程序与步骤。告诉学习者有关技能学习的步骤、动作顺序、练习时间与分配方式等。④注意事项。告诉学习者在什么时候最容易发生错误和危险,以及有关的安全防范措施。

讲解应该简单扼要,过多的讲解,可能会减弱学习者的兴趣与动机。因此,过度冗长的讲解应尽量避免,有些内容应在练习进行到适当程度时再进行讲解。

讲解是讲给学习者听的,示范则是做给学习者看的,因此,示范都是以动作方式展示的。示范性的动作有两种,一种是由教师做动作示范,另一种是看教学电影。无论是哪种示范,其动作都应明确,并应把技能中的每个动作都清楚地表现出来,使学习者清楚地看到。如果采用的是电影,可以采用几种方式放映,先按平时速度将全部影片放映一遍,使学习者获得一般的印象,再以慢镜头分段展示慢动作,使学习者能清楚地看到每个动作。

通过研究发现,教师的讲解方式和动作示范与技能的形成有十分密切的联系。有人曾做过这样一个实验,实验用的技能学习材料是两种复杂程度不同的拼图玩具,学习者是小学五年级的学生,实验时按学生平均能力分为五组,由教师做示范动作,要求各组被试在观看教师示范时做不同的反应:有的要求边看边说教师正在做什么,有的只许看不许发问,还有的边看边背诵与技能无关的数字。虽然教师对各组所做的示范动作都一样,但各组的说明方式不同。对第一组、第二组被试只做示范动作,不做任何说明;对第三组被试做示范动作并做简要说明;对第四组被试做示范动作并做详细说明;对第五组被试只纠正错误不做说明。其结果如表9-1所示。

表9-1 不同示范方式对技能学习的影响

组别	规定学生反应	教师示范与说明	示范后独立操作简单拼图所需时间(分)	示范后独立操作复杂拼图所需时间(分)
一	边看示范边背诵与技能无关的数字	只做示范动作,不做任何说明	5.7	25
二	边看示范边说出教师正在做什么	只做示范动作,不做任何说明	3.1	22
三	只观看不发问	做示范动作并简要说明	3.5	16
四	只观看不发问	做示范动作并详细说明	3.2	14
五	边看示范边说出教师正在做什么	只纠正错误不做说明	2.2	12

除此以外，在做示范动作时，示范方式对技能学习也有重要影响。常用的方式有三种。①相向示范：在教室情境中，教师与学习者面对面示范。这种方式的缺点是容易产生左右反向认知混淆的不良影响。②围观示范：教师居中，学习者围成圆圈。这种方式的缺点是学习者从不同角度观察会发生混淆错误。③顺向示范：学习者在教师背后，且居高临下，这是一种比较好的示范方式，因为这种方式可以不受左右反向及不同角度的不良影响。

在实际生活中，讲解与示范是同时进行的。例如，教授书法时，教师讲解如何磨墨、如何握笔、如何按纸、如何写字，通常都是伴随着实际示范动作进行的。

(三)练习

有目的地多次执行某种动作以形成技能的过程，叫作练习。练习虽然是多次地执行某种动作，但并不是同一动作的机械重复，而是以改善动作方式为目的的重复。例如，为了提高打字技能而反复学习打字，叫作打字练习，它包括加快技能完成的时间，提高技能的精确度，使动作间建立更完善的协调。技能是在练习中形成的，但并非所有的练习都能达到同样的效果。有一些练习可以使动作方式达到高级水平，另一些动作方式只能达到低级水平；有一些练习能很快地完成技能的掌握，另一些练习则收效比较慢。因此，研究练习的性质及影响有效练习的因素很有必要。

1. 练习曲线

练习的结果可以用"练习曲线"来表示。练习曲线也叫学习曲线，是表示一种技能形成过程中练习次数和练习成绩之间的曲线。练习曲线一般分为两类。一类为上升型。用横坐标表示练习时间，用纵坐标表示单位时间完成的工作量。随着练习时间的增加，单位时间所完成的工作量也逐步增加，如图 9-1(a)所示。另一类为下降型。用横坐标表示练习次数，用纵坐标表示完成动作所需时间、完成动作错误次数，随着练习次数的增加，完成动作所需时间逐渐减少，完成动作的错误次数日益下降，如图 9-1(b)、图 9-1(c)所示。

练习曲线.mp4

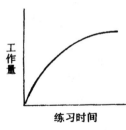

(a) 表示工作量对练习
时间的关系

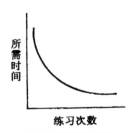

(b) 表示每次所需时间
对练习次数的关系

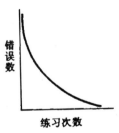

(c) 表示每次练习的错误
对练习次数的关系

图 9-1 典型练习曲线

2. 练习进程的特点

在技能形成中，不同技能的练习进程不完全一样，但它们之间又有某些共同的规律和特点。

1) 练习成绩随练习的进程而逐步提高

在多数情况下，练习开始时，成绩提高得很快，比较明显，以后技能的进步逐渐减慢，如跳高、短跑等。形成这种现象的原因有：①练习开始时，人们受新鲜感和好奇心等强烈动机的驱使，有兴趣，热情十足，因而进步快，以后人们对要学习的技能失去新鲜感，热情下降，进步缓慢；②练习开始时，人们可以利用生活中已学会的技能解决问题，新、旧技能间有一些共同的成分，因此学习新技能的进步相对明显一些，后来由于新、旧技能的差别越来越大，人们仅仅依靠旧的技能已无法满足新技能的要求，这时候，继续提高成绩就比较困难了；③在练习的初期，人们将努力集中在掌握个别动作上，因此成绩提高较快，以后，人们把注意转向动作的协调、转换上，进步就不明显了。

在其他一些情况下，技能的进步也可能先慢后快，如游泳。或者在练习的前后期，成绩一直均匀地上升，这种情况不是很多见。这些特点和技能性质、学习者对练习的态度、对练习的准备以及个性特征都有一定的关系。

2) 练习进程中存在高原现象

练习成绩的进步并非直线地上升，有时会出现暂时停顿现象，叫作高原现象。最早用实验方法证明高原现象的是1897年布瑞安(Bryan)等人的研究。布瑞安等人研究了收发电报中动作技能的进步，结果发现，在收发练习15～28天后，收发成绩一度停顿下来，虽然一直练习，但成绩未见提高，这就是练习进程中的高原期。高原现象在学习

高原现象.mp4

中是常见的，如许多英语学习者曾经感到英语学习达到一定的层次以后，想要再进一步提高英语学习成绩变得非常困难，仿佛学习停滞不前了，即使继续努力也收效不大。

高原现象是练习成绩一时性的停顿现象，过了这一时期，人的练习成绩会提高，它与生理的极限和工作效率的绝对顶点是不同的。而且，并不是所有的技能学习中都必然存在高原现象。那么，高原现象是怎样产生的呢？什么情况下会产生高原现象？有关的原因可能很多，如长时间而集中的技能训练中，学习的热情下降，身体过分疲劳，练习方法不当，意志品质差，旧的技能结构的限制，等等。其中旧的技能结构的限制，可能是引起高原现象的一个重要原因。我们知道技能是一个相对稳定的动作系统，其中每个动作都是按一定的结构方式联系在一起的，它使人们有可能按照某种比较固定的方式去完成任务，在一定的范围内取得较高的工作效率。但是，由于技能的内部结构已经稳定下来，改组内部结构比较困难，因此会限制人们按照新的方式去组织动作成分，建立新的结构。在这种情况下，旧的技能结构规定了工作效率所能达到的一定水平，因而产生了高原现象。在这个意义上，通过改组旧的技能结构，并根据新的技能结构进行认真的训练，就能排除高原现象，使技能取得新的进步。许多优秀运动员一次又一次打破世界纪录，和他们不断探索新的技能结构的巨大努力是分不开的。

3) 练习进程的起伏现象

在练习成绩随练习提高这一总的趋势下，有时出现较大的上升，有时反而下降，在练习过程中，引起成绩下降的原因有很多，如客观环境中存在某些干扰的因素，主观上人们对某项任务的态度发生变化，心态不好、身体状况不佳等都会使成绩骤然下降。此外，在高原现象出现后，人们需要改组旧的技能结构。这时旧的动作方式还会出现在新的技能结

练习进程的起伏现象.mp4

构中，并产生干扰作用，因此使工作效率出现短暂的下降。

在技能发展的最后阶段，练习成绩相对稳定下来，不再继续提高，人们称为技能发展的极限。但也有一些研究表明，这种极限并不是不可突破的。

4) 练习存在个别差异

练习者的个别特点及对学习的准备程度和对练习的态度，都会影响练习的成绩，产生练习的个别差异。

3. 影响有效练习的因素

技能要通过练习形成。练习的效率受很多因素和条件的制约。正确地利用这些条件有利于技能的形成与发展。

1) 确定练习的目标

有没有明确的目标，是影响练习效率最重要的因素。练习与机械地重复一个动作不同，它是在一定的目的支配下，改进动作的方式与方法。一个人天天写字，书法不一定有明显的改进；一个人天天骑车，骑车的本领不一定有显著的提高。这都是因为人们只是简单地重复这些动作，没有改进技能动作的明确目标。确定练习的目标有三方面的作用：①使练习者具有强烈的动机和巨大的热情；②使练习者对练习的结果产生积极的期待；③为检查和校正练习的结果提供依据。

2) 灵活应用整体练习和分解练习

我们通常把技能学习分成整体练习和分解练习两种。整体练习是把某种技能当作一个完整体来掌握，人们从一开始就着眼动作间的联系和关系，并从始至终对动作进行练习。分解练习又称局部练习，是指在练习时，人们把某种技能分解为若干部分或某些个别的、局部的动作，通过学习和掌握这些局部的动作，逐渐达到学习各个技能的目的。对不同的动作技能来说，整体练习和分解练习表现出不同的作用。当一种技能容易被分解为个别、局部的动作时，采用分解练习可获得较好的效果，如学习排球、步枪射击等。练习时可以从组成技能的局部动作入手，逐渐学会连贯的动作技能。可是，对某些难以分解成局部动作的技能来说，应用整体练习效果会更好些，如打字等。在技能形成的前期，适宜采用分解练习；随着技能的形成和发展，应更多地采用整体练习。另外，简单的技能最好用整体练习，比较复杂的技能最好用分散练习。

由于整体和部分只有相对的意义，因此，整体练习与分解练习不能截然分开。在进行局部练习时，人们有时并不把技能分解成一个个孤立的动作，而是把动作分解成某些较大的动作单元，按单元进行练习，并把新学习的单元与已经学会的单元逐渐联系起来。这种整体—分解的练习或渐进性分解练习法，对学习复杂的动作技能特别有帮助。

3) 适当安排练习时间

正确地安排练习时间对练习效果有很大影响。练习时间的安排有两种，即集中练习和分散练习。集中练习是指长时间不间断地进行练习，每次练习中间不安排休息时间；分散练习是指相隔一定时间间隔进行的练习，每次练习之间安排适当的休息时间。一般来说，分散练习的效果比集中练习的效果要好。对于分散练习来说，每次练习持续时间不应过长，每次练习的时间不应太短。

4) 练习中必须有反馈

只有当练习者从他们的操作或动作的结果中得到反馈(练习的效果)时,练习才对学习起到积极的作用。反馈是动作技能形成的重要条件,它既可以来自内部,即"感觉"自己的动作是否正确,也可以来自外部的观察,如射击运动员观察打过的靶面,篮球运动员计算自己的投篮命中率,等等。

桑代克是最早研究行为结果的心理学家之一,在一个实验中,他要求被试在看不见的情况下画一条 4 英寸长的直线。对其中一组被试给予反馈,如在被试画得好时说"不错,很好";另一组被试练习的次数一样多,但是没有得到任何反馈。结果发现第一组被试画直线的成绩随着练习而逐渐提高,而第二组被试在多次重复画直线之后成绩没有提高。桑代克认为这样的结果符合他提出的学习"效果率"的观点,即行为的结果决定了学习是否可以完成,如果学习行为得到了强化,就会促进学习。

但是,索恩布里吉和卡森的研究认为,影响学习效果的关键因素不是强化,而是被试是否知道行为的结果,即被试是否得到了反馈。在索恩布里吉和卡森的研究中,任务与桑代克的一样,但是增加了一组被试:告诉被试画出的直线是长了还是短了,长了多少,又短了多少。实验结果发现,这组被试(反馈组)的学习效果最好,得到强化的被试组(强化组)其次,而没有得到任何结果的被试组(无反馈组),学习效果最差。反馈是怎样发挥作用的呢?辛格认为,反馈增强了知识的精确性,改善了学习者对自己行为的知觉和评价,从而提高了动作技能的水平。另外,是否及时地获得反馈信息对练习效率也有重要的影响。反馈越及时,学习效果越好。

5) 影响练习成绩的其他心理因素

首先,人对活动的态度。当人们对当前进行的活动抱着积极的态度时,练习的成绩容易获得进步;相反,人们在活动中消极、疲惫,对练习成绩漠不关心,练习的成绩很难提高。其次,自信心。一个人对自己的能力缺乏自信,他的抱负水平低,练习的成绩就不会有很大提高。有些运动员上场比赛时缺乏胜利的信心,会妨碍他取得优异的成绩。当然,过于自负,骄傲自大,也会降低自己的意志努力和注意的紧张度,从而影响对技能的掌握。再次,人练习的情绪状态。轻度的焦虑有助于获得良好的成绩;相反没有焦虑或焦虑过重都会给练习成绩带来不良影响;另外,积极、愉快的心情能促进技能的掌握。最后,人的意志品质。顽强、坚毅、勇敢的意志品质能促进一些复杂的技能的掌握。

6) 避免技能之间的干扰作用

已经掌握的技能可以影响新技能的掌握,这种现象叫作技能的迁移。迁移有正负之分。凡起积极影响作用的,叫作正迁移,如学过英语的人比较容易学习法语、德语等。凡起消极影响作用的,叫作负迁移,负迁移也叫干扰。比如,对着镜子画画容易出错,这是由于已经建立的手眼协调在上述条件下发生了冲突,因此旧技能对新技能的学习产生了干扰作用。

在掌握新技能的过程中,应当合理利用正迁移的作用,避免干扰作用,使已经学到的技能服务于将要学习的技能。这样就能避免浪费过多的精力,提高效率,收到事半功倍的效果。

第三节 认知技能的形成

一、认知技能的概念

认知技能，也叫心智技能或智力技能，是指借助人的内部言语在头脑中进行的动作方式或智力活动方式。它包括感知、记忆、想象和思维，但以抽象思维为其主要成分，所以有时也叫思维技能。如运算、作文时的思维活动的操作方式等。

二、认知技能的种类

(一)感知技能

感知技能是指人对客观事物的外部属性和联系的认知活动的方式。感知技能的形成，使感受性得到发展，并在分析器内和分析器之间形成新的联系系统。例如，掌握收听莫尔斯电码传递技能的电报员，在听到长短不同的信号时，由于听觉与视觉形成联系系统的作用，可以不用预先做记录就能立即译出电文，这种联系系统对完善客观现实的感性反映有着十分重要的作用。

(二)思维技能

思维技能是指人对客观事物的本质属性和内部联系的认知活动方式。英国心理学家巴特利特(Bartlett)把思维看成一种复杂的技能或多种技能的集合。

三、认知技能和动作技能的关系

认知技能和动作技能既有联系又有区别，它们统一存在于人的实践活动中。感知、表象、记忆、思维和肌肉运动是组成技能的必要环节。动作技能是认知技能形成与发展的最初依据，也是它的经常体现者。认知技能又是动作技能的控制与调节者。在完成比较复杂的活动任务时，既需要动作技能，也需要认知技能，两者缺一不可。

在实践活动中，确定某种技能是认知技能还是动作技能，取决于其活动的主要成分。例如，球类活动是以肌肉运动为主，但又受人智能的控制和调节，因此把它归为动作技能。而体育运动中的棋类比赛，主要是依据头脑进行思维活动所做出的决策，支配手挪动棋子的位置，因此把它归为认知技能。

但是，动作技能中所包含的有些因素与认知技能无关。首先是因为动作技能包含着肌肉系统，它们的活动既依赖中枢神经系统的功能，也依赖外周系统的功能。因此，肌肉的组织和结构在动作技能活动中往往是重要的。其次是因为动作技能常常是对连续进行的动作的调节，而认知技能是对认知程序，即对符号系统的调节，而且又是间断性的。

也就是说，在动作技能活动中最需要考虑的是建立准确的参数来指导动作，以及当动作发生偏误时经常用这些参数来检查并予以调整。在认知技能领域中，似乎很少运用上述方法。另外，在认知技能研究中所出现的问题，对理解动作技能关系不大，如如何使用这些技能和一般事实性的知识。因此，关于动作技能研究的结果，只有一小部分能用来理解认知技能。

四、认知技能形成的阶段

认知技能形成的阶段.mp4

关于认知技能的形成问题，由于人类认知活动具有复杂性，迄今在科学上尚未有定论。认知心理学家安德森认为，人类的知识有两种：一种是陈述性知识，由人们所知道的事实组成，如北京是中国的首都；另一种是程序性知识，由人们所知道的如何去做的技能组成，如开车的知识。陈述性知识主要是指可以用语言交流的知识，但不是非此不可，它可以用抽象命题及意象的形式；程序性知识则常不能用语言表述清楚。例如：许多人都会骑自行车，却讲不清这种知识；许多人能熟练地说本民族语言，但表述不清语法规则。陈述性知识高度熟练后，可转变为程序性知识。而程序性知识也就是认知技能，即完成各种智力程序的能力。但是，认知心理学对陈述性知识做了较充分的研究，而对程序性知识研究甚少。

20世纪50年代，原苏联心理学家加里培林从活动的心理学观点出发，致力于智力活动形成问题的研究，提出智力活动按阶段形成的假说。经过几十年广泛而系统的研究，已被原苏联心理学界确认为是智力技能形成的一种理论。

智力技能的形成是一个从外部的物质活动向内部的智力活动转化的过程，一般要经历下述五个阶段。

(一)活动的定向阶段

活动的定向阶段，即让学生了解、熟悉活动，使他们知道做什么和怎样做。从而在头脑中建立关于认知活动和活动结果的表象，以便对活动本身及其结果定向。

(二)物质活动或物质化活动阶段

物质活动或物质化活动阶段，是指借助实物、模型或图表等进行手的操作活动。

(三)出声的外部言语阶段

出声的外部言语阶段，是指不依赖实物而借助出声言语进行活动的阶段。

(四)无声的外部言语阶段

无声的外部言语阶段，是指以词的声音表象、动觉表象为主体进行与外部言语相似的默语活动阶段，如儿童的默读、心算等。

(五)内部言语阶段

内部言语阶段是心智技能形成的最后阶段，不需要更多的意识参与就能在头脑中自动地进行。主要特点是简化和自动化。

1. 说明技能、动作、动作技能、练习曲线、高原现象、认知技能的概念。
2. 熟练和习惯有什么区别？
3. 说明动作技能形成的阶段和基本特征。
4. 影响动作技能的因素有哪些？
5. 形成高原现象的原因是什么？
6. 认知技能分为哪几种？认知技能和动作技能的关系如何？

第十章　个性差异与教育

本章学习目标

- 理解并掌握智力、智力测验、气质的概念。
- 理解并掌握智力测验的方法。
- 理解并掌握智力形成的原因和条件。
- 理解性格和气质的关系。
- 理解并运用培养学生良好性格的方法。

重点与难点

重点： 智力形成的原因、培养学生良好性格的方法。
难点： 智力测验的方法、针对不同气质类型个体因材施教。

剧院门口的风波

某剧院的演出正式开始了。10 分钟后，剧院门口来了 4 位迟到的观众，检票人员按照惯例，禁止他们入场。

先到的 A 面红耳赤地与检票人员争执起来。他分辨说，剧院的时钟走快了，他不会影响到任何人，打算推开检票人员径直跑到自己的座位上，因此与检票人员闹得不可开交。

随后到来的 B 立刻明白，检票人员是不会放他进入剧场的。但楼上还有检票口，从那里进入或许容易些，于是他就跑到楼上去了。

差不多同时到达的 C 看到不让他进入正厅，就想："第一场大概不太精彩，我还是暂且到小卖部转转，到幕间休息再入座吧。"

最后到来的 D 说："我总是不走运，偶尔来一次剧院，就这么倒霉！"接着就闷闷不乐地回家了。

【问题思考】

原苏联心理学家达维多娃巧妙地设计了去剧院看演出迟到这一特定的问题情境，形象地揭示了四种基本气质类型的观众在面临同一情境时截然不同的行为表现。气质使人的心理活动染上了一种独特的色彩。

（资料来源：本书作者整理编写。）

第一节 智力与教育

一、智力概述

(一)智力的概念

智力又称智慧或智能,是指进行抽象思维、解决问题和学习的能力。学习过程是一种特殊的认识或认知活动,它包括感知和记忆各种经验或事实,必要时还要辅以想象和思维。可见,学习活动离不开智力因素。

(二)智力种类

近年来,关于智力问题的许多争论主要集中于确定有多少种不同的智力类型,以及每种智力如何描述。

斯腾伯格描述了3种智力:分析性智力、实践性智力和创造性智力。

吉尔福特提出了180种智力:6种心理操作(如思维、记忆和创造性等)×5种内容(如视觉、听觉和言语等)×6种产品(如关系和意义等)。

加德纳和哈奇(Gardner & Hatch,1989)描述了8种多元智力。根据加德纳的多元智力理论,讲解概念时应采用多种方式,调用各种智力类型。

其实对于我们每个人来说,有多少种智力类型并不重要,重要的是树立起一种观念:在某个领域中的表现并不能说明在其他领域中也会有类似的表现。同在一个班级的学生,有的学生的计算能力很强,却既写不出一篇好文章,也画不出一幅好图画;有的学生如果进入一个全是陌生人的房间时,他能很快地推断出陌生人之间的关系和感情,而有些学生永远也不会使用这种技巧。这就说明智力是存在个体之间的差异的。

我们必须避免将儿童看作聪明的或不聪明的,因为可以有多种方式来显示其是否聪明。遗憾的是,传统的学校教育只关注极少的一部分行为表现,如成绩突出。如果学校想让所有学生都成为聪明的学生,就必须采用更为广泛的行为评价标准,而不只是奖励非常有限的几种智力表现。

二、智力测验

心理学家给智力下的定义多种多样,如智力是抽象思维的能力、智力是学习知识的能力、智力是解决问题的能力、智力是适应环境的能力等。不论心理学家给智力下的定义如何不同,有一点达成了共识,即智力反映了一个人的聪明程度,而且这种聪明程度可以通过智力测验所测定的数值(智商)来衡量。

(一)智力测验的由来

在我国古代就已经用一定的手段和工具来测定人的智力,刘勰用左手画方,右手画圆的方法来考察人的注意分配,扬雄用言语和书法的速度来判断人的智慧,这些都具有智力测验的性质。

系统采用测验方法来测量人的智力，是20世纪初法国心理学家比奈和医生西蒙提出来的。比奈早年就从事测验研究，曾花费3年时间测验了自己的两个女儿，并于1903年出版了《智力的实验研究》一书。

1904年，比奈受法国教育部的委托，参加筹建研究呆傻儿童的委员会，并承担研究任务，研究一套测定呆傻儿童的方法，以便把他们跟一般儿童区分开来。

1905年，比奈在西蒙的帮助下，编制了一个包括30个项目的正式测验，每个项目的难度逐渐增加。根据儿童通过项目的多少来评定他们智力的高低。这就是最早的量表——比奈—西蒙智力量表(Binet-Simon Intelligence Scale)。

1908年，比奈和西蒙对已编制好的量表进行了第一次修订。测验项目由30个增加到58个。测验的年龄为3~15岁，每个年龄组的测验项目为4~5个。

1916年，美国斯坦福大学教授特曼(Terman)将比奈—西蒙智力量表介绍到美国，并修订为斯坦福—比奈智力量表(Stanford-Binet Scale)。

1937年和1960年，斯坦福—比奈智力量表又经过两次修订，成为目前世界上广泛流传的标准测验之一。

(二)斯坦福—比奈智力量表

斯坦福—比奈智力量表是一种年龄量表。它以年龄作为测量智力的标尺，规定某个年龄应该达到的某一智力水平。下面是斯坦福—比奈智力量表的部分内容。智力测验的项目是按年龄分组编制的；每个年龄组的测验都由6个项目组成，每个项目代表两个月的智力。内容包括绘画、折叠、给单词下定义、判断词义、回忆故事、进行推理活动等；随着年龄的增加，项目的难度也逐渐增加。

用斯坦福—比奈智力量表来测量人的智力，首先要计算出人的心理年龄或智力年龄(mental age)，简称"智龄"(MA)，即受测者通过测验项目所属的年龄。如果一个孩子只能通过斯坦福—比奈智力量表5岁组的全部项目，而不能通过6岁组的项目，那么这个孩子的智龄为5岁；如果他不仅通过了5岁组的全部项目，还通过了6岁组的4个项目、7岁组的3个项目、8岁组的2个项目，而9岁组的项目一个也没有通过，这个孩子的智龄就是6岁6个月。很明显，一个孩子的智龄越大，他的智力发展水平就越高。

智龄是对智力的绝对水平的度量，它说明了一个儿童的智力实际达到了哪种年龄水平。早期的智力测验(如比奈1905—1908年的测验)就是用它来表示儿童智力的发展水平的。但是，智龄的大小并不能确切地说明一个孩子的智力发展是否超过了另一个孩子。智龄相同的两个孩子，由于实际年龄不同，他们的智力是不一样的。为了将一个孩子的智力水平与其他同龄孩子进行比较，还必须考虑智龄与实际年龄的关系，并对个体的相对智力做出估计。特曼采用智商的概念，来表示智力。智商的概念由德国心理学家施特恩(Stern, 1914)首先提出。

智商也叫智力商数(intelligence quotient)，常用IQ表示。智商是根据一种智力测验的作业成绩计算出的数值，它代表了个体的智力年龄(MA)与实际年龄(CA)的关系。计算智商的公式为

$$智商 = \frac{智龄(MA)}{实龄(CA)} \times 100$$

智力商数.mp4

按照这个公式，如果一个 5 岁儿童的智龄与他的实际年龄相同，那么这名儿童的智商就是 100，说明他的智商达到了正常 5 岁儿童的一般水平，如果一个 5 岁儿童的智龄为 6.6，那么他的智商就是 132。智商 100 代表智力的一般水平。如果智商超过 100，说明儿童的智商水平高；低于 100，则说明儿童的智商水平低。

用智龄和实际年龄的比率来代表智商，叫作比率智商。比率智商有一个明显的缺点，人的实际年龄逐年增加，而他的智力发展到一定阶段可能稳定在一个水平上，这样，采用比例智商来表示人的智力水平，智商将逐渐下降，这是和智力发展的实际情况不相符的。

(三)韦克斯勒智力量表

斯坦福—比奈智力量表是对个体智力状况的综合测量，只能给人一个相当笼统的概念。但是智力并不是一种单一的能力，它包含着各种结构成分。在同一人身上，智力的各个成分可能有不同的发展水平。

为了更真实地反映一个人的智力状况，韦克斯勒(Wechsler)编制了若干套智力量表。韦氏成人智力量表(Wechsler Adult Intelligence Scale，WAIS，1955)，适用于 16 岁以上的成年人；韦氏儿童智力量表(Wechsler Intelligence Scale for Children，WISC，1949)，适用于 10～16 岁的未成年人。韦氏学前儿童智力量表(Wechsler Preschool and Primary Scale of Intelligence，WPPSI，1967)，适用于 4～6.5 岁的儿童。这些量表测量了范围较广的能力。

韦氏量表包含了言语和操作两个分量表，可以分别度量个体的言语能力和操作能力(见表 10-1)。言语分量表包含的项目有词汇、常识、理解、回忆、发现相似性和数学推理等；操作分量表包含的项目有完成图片、排列图片、事物组合、拼凑、译码等。韦氏这一改进有明显的好处。应用韦氏量表，不仅可以度量智商的一般水平(综合智力)，还可以度量智商的不同侧面：言语智商和操作智商。言语智商和操作智商虽然有很高的正相关(+0.77 到+0.81)，但用这两种量表测得的是不同的能力。

韦克斯勒提出测量智商的新办法。把比率智商改为离差智商，是用个人的实得分数和同龄被试的总平均分数比较，从而确定一个人的智力在同龄儿童中的相对位置，以此来判定他的智力水平。

韦克斯勒离差智商.mp4

表 10-1 韦氏成人智力量表举例

测验名称		测验内容	测验实例
言语量表	常识	知识的广度	水蒸气是怎么来的？什么是胡椒
	理解	实际知识和理解能力	为什么电线常用铜制成？为什么有人不给售货收据
	心算	算术推理能力	刷一间房子 3 个人用 9 天,如果 3 天内要刷完这间房子需要多少人
	两物相似	抽象概括能力	圆形和三角形有何相似？蛋和种子有何相似
	背数	注意力和机械记忆能力	按次序复述以下的数字：1，3，7，5，4；倒数以下的数：5，8，2，4，9，6
	词汇	语词知识	什么是河马？"类似"是什么意思

续表

测验名称		测验内容	测验实例
操作量表	图像组合	处理部分和整体关系的能力	将拼图小板拼成一个物体,如人手、半身像等
	填图	视觉记忆及视觉的理解性	指出每张画缺了什么,并说出名称
	图片排序	对社会情境的理解能力	把三张以上的图片按正确顺序排列,并说出一个故事
	积木拼图	视觉与分析模式能力	在看一种图案之后,用小木块拼成相同的样子
	译码	学习和书写速度	学会将每个数字与不同的符号连在一起,然后在某个数字的空格内填上正确的符号

(资料来源:韦氏成人智力量表,1955。)

三、智力形成的原因和条件

(一)遗传的作用

一切生物,无论是植物还是动物,它们的后代和前代在形态、结构和生理特征上,总会表现出某些相似的特征。这种把生物具有的性状,相对稳定地传给后代的现象叫遗传。

遗传是通过遗传物质的载体——细胞内的染色体实现的。人体细胞的染色体共23对。卵子受精时,23对染色体一半来自卵子,一半来自精子。遗传学上把染色体上的遗传因子叫基因。由基因决定着性状的遗传。

关于遗传在智力发展和个别差异形成中的作用,心理学家曾从三方面进行研究。

一是研究血缘关系亲疏不同的人在智力上的类似程度。如果遗传对智力有作用,那么血缘关系越亲密的人,智力的发展水平应该越相似。这种研究通常用同卵双生子和异卵双生子来进行。

二是研究养子养女与亲生父母和养父母智力发展的关系。如果遗传对智力发展有作用,那么,孩子与亲生父母能力的相关应该比与养父母能力的相关高。

三是对同卵双生子进行追踪研究。这些孩子从小就被分开生活在不同的环境里,若干年后,对他们进行比较。如果遗传的确有作用,那么同卵双生子即使生活在不同环境中,他们的发展也应保持较高的相关性(见表10-2)。

这些结果表明,血缘关系近的人在智力发展水平上确实有接近的趋势。

同卵双生子智力的相关高于异卵双生子和同胞兄弟姐妹,亲生父母与子女的智力相关高于养父母与养子养女,无血缘关系人的智力相关很低。而且,在不同环境下长大的同卵双生子,智力的相关仍很高。

这说明,遗传因素对智力的发展的确有一定的作用。当然,这些材料同样也表明,对所有被试来说,在同一环境中生活者,他们智力的相关都比在不同环境中生活者智力的相关要高一些。即使没有血缘关系的人(如养父母与养子养女),由于生活在同一环境,他们的智力也有一定的相关。这说明，在智力的发展中，环境的作用也是很重要的。

表10-2　血缘关系、环境与智力发展的关系

关系和类别	相关系数
无血缘关系而又生活在不同环境者	0.00
无血缘关系但自幼在同一环境长大者	0.20
养父母与养子养女	0.30
亲生父母与亲生子女(生活在一起)	0.50
同胞兄弟姐妹出生后在不同环境长大者	0.35
同胞兄弟姐妹出生后在同一环境长大者	0.50
异卵双生子不同性别而在同一环境长大者	0.50
异卵双生子同性别而在同一环境长大者	0.60
同卵双生子出生后在不同环境长大者	0.75
同卵双生子出生后在同一环境长大者	0.88

特曼对超常者40年的追踪研究表明，天资优秀的儿童其身心发展优于一般儿童。他们开始走路和说话的时间较早，身材较高，体重较重；他们的学习成绩比一般儿童好，学习兴趣广泛；他们的社会智能也比一般儿童强，他们多为团体中的领袖人物，情绪也较成熟稳定；而且，他们的子女的智商也比一般人高，在他们的1571名子女中，其平均智商为130，最高者竟达200。这说明了遗传的某种作用。

遗传对智力的影响主要表现在身体素质上，如感官的特征、四肢及运动器官的特征、脑的形态和结构的特征等。身体素质是能力发展的自然前提，这个自然前提对能力的发展有重要的影响。例如，一个人手指的长度是一种身体素质，是由前代人遗传而来的。一个人的手指只有具备了某种适当的素质，对发展音乐和书法的才能才会有影响。感官的特性、神经系统的特性，对能力的发展都有作用。

但是，身体素质不等于能力。具有相同身体素质的人，可能发展多种不同的能力；而良好的身体素质由于没有良好的培养、训练，能力也有可能得不到应有的发展。可见，否定遗传的作用是不科学的态度。同样地，夸大遗传的作用，认为能力可以直接通过生物学的方式遗传给后代，也是不正确的。

(二)环境和教育对能力形成的影响

1. 产前环境的影响

胎儿在出生之前生活在母体的环境中，这种环境对胎儿的生长发育以及出生后智力的发展，都有重要的影响。我国古代早有"胎教"的主张。现代科学的研究也证明，重视产前环境的影响有重要意义。

产前环境的另一个影响，是由母亲服药、患病等因素造成的。例如，怀孕期间母亲服用致幻剂，会造成染色体受损，使胎儿发育受到影响。怀孕期间母体营养不良，不仅会严重影响胎儿脑细胞数量的增加，而且会造成流产、死胎等。营养不良发生的时间越早，对胎儿的影响也就越严重。用动物做的实验还表明，母体缺乏维生素C、D，会影响胎儿生长

发育的速度，引起肢体缺陷和学习能力降低等现象。

2. 早期经验的影响

从婴儿出生到青少年时期，是个人生长发育的时期，也是能力发展的重要时期。儿童身体发育的资料表明，人的神经系统在出生后的头 4 年获得迅速发展，为能力的发展提供了物质基础。

发展能力要重视早期环境的作用，这已为越来越多的事实所证明。由动物抚养大的孩子，能力发展明显落后，这已是大家熟知的事实。人们发现，孩子落入动物环境的时间越早，智力发展所受到的损害就越严重。这种孩子即使回归人类社会，也难以发展到正常人的智力水平。在一些国家里，孩子进入育婴院后，因其教育条件很差，往往失去与成年人进行社会交往的机会，在这种环境中长大的孩子，智力一般要比在正常环境中长大的孩子差些。

某些实验研究表明，丰富的环境刺激有利于孩子能力的发展。孩子出生后，如果睡在有花纹的床单上，床上挂着会转动的音乐玩具，他们仰卧时，就能自由地观察这一切，两个星期后，他们就会试着用手抓东西。而没有提供环境刺激的婴儿，这种动作要 5 个月时才出现。研究还发现，缺乏母亲抚爱的婴儿，可能会出现智力发展的问题。有安全感的孩子喜欢探索环境，而探索环境正是能力发展的重要条件。

3. 学校教育的影响

学校教育是对年青一代施加有目的、有计划、有组织的影响。学生通过系统地接受教育，不仅掌握知识和技能，还能发展能力和其他心理品质。能力不同于知识、技能，但又与知识、技能有密切关系。对儿童和青少年来说，发展能力是与系统学习和掌握知识技能分不开的。

在学校中，课堂教学的正确组织有利于学生能力的发展。有些优秀教师要求学生回答问题必须准确、严密、迅速，作业必须一丝不苟。经过长期训练，学生思维和言语能力有明显提高。"名师出高徒"，也说明了教育、训练对发展能力的意义。吸引学生参加课外科技小组、绘画小组、体操小组……丰富校内外生活内容，也有利于学生能力的发展。在课外活动小组中，常常涌现出许多小发明家、小气象家、小农艺家、小画家，这对他们能力的发展和一生的事业都将产生深远的影响。

(三)能力的发展和人的主观能动性

能力的提高离不开人的主观努力，即人的自觉能动性。如果一个人刻苦努力，积极向上，具有广泛的兴趣和强烈的求知欲，那么他的能力就会得到一定的发展。相反，一个人饱食终日、无所用心，工作上没要求，事业上无进取，对周围的一切事物态度冷淡、没兴趣，他的能力就不可能有较好的发展。因此，人的能力的发展，是与其他心理品质的发展分不开的。高尔基说过，才能不是别的什么东西，而是对事业的热爱。当人们迷恋自己的工作，对工作充满热情时，就会对能力的发展提供巨大的动力。坚强的意志对能力的发展也有重要意义。一些人的成功往往不是因为他们具有高于常人的天赋，而是因为他们拥有坚强的意志品质，有明确的目的性、果断性、自制力、独立性与顽强性。

我国著名数学家华罗庚先生说得好："根据我的体会，所谓天才就是坚持不懈努力的结果。"应指出，能力的发展还依赖自我分析与自我评价的能力。只有善于进行自我评价的人，才能及时发现自己能力的优点和缺点，并通过自己的努力不断提高自己，使能力朝着确定的目标发展。能力的形成与发展依赖多种因素的交互作用，虽然各种影响因素在决定能力高低与发展历程中所占的比重无法精确估计，但有一点是可以肯定的，遗传、环境和主观上的不断努力在能力发展中的作用是缺一不可的。

四、智力的差异与教育

(一)智力水平的差异与教育

智力水平的差异，主要是指智力高低的差异。国内外有关的研究表明，智力水平在人口总体中表现两头小、中间大，呈常态分配，即智力极高的和极低的是少数，绝大多数人智力处于中等水平。我国心理学工作者对 228 000 名儿童的智力调查结果表明，智力低下和智力超常的儿童各占 3‰。智力等级如表 10-3 所示。

表 10-3 智力等级

智　商	级　别	百分比(%)
139 以上	极优	1
120～139	优秀	11
110～119	中上	18
90～109	中等	46
80～89	中下	15
70～79	临界	6
70 以下	智力低下	3

1. 智力超常儿童的心理特点与教育

智力超常的儿童，是指智力发展或某种才能显著超过同龄人的儿童，其智商一般在130以上或某方面有惊人的能力。

智力超常的儿童的特点是，感知觉敏锐，观察准确，记忆力强，注意力集中，想象十分丰富，思维灵活，言语发展较早，有广泛的兴趣和好奇心，求知欲旺盛，学习勤奋有坚持性，而且有强烈的好胜心和顽强的意志。

在相当长的时间里，天才儿童的概念主要由智商数值来说明。20世纪50年代后，吉尔福特提出智力是多维的，并指出智力测验不能全面鉴别天才儿童的所有能力。20世纪70年代美国仑朱利提出"三圆圈天才儿童"的概念，他认为天才儿童具备以下条件。

(1) 中等以上的智力(包括一般智力和特殊智力)。
(2) 对任务的承诺(包括强烈的动机、责任心等)。
(3) 较高的创造力。

天才儿童是这三种心理成分相互作用、高度发展的结果。我国心理学家认为，超常儿童的心理结构不仅限于智力和创造力，还包括一些非智力的心理特征(查子秀等，1990)。

超常儿童被一些人称为神童。其实神童并不神秘，优越的自然素质是超常儿童发展的物质基础。

早在20世纪20年代，平特纳(Pintner，1921)的研究认为，儿童从出生到5岁是智力发展最快的时期。这一论断与20世纪60年代布鲁姆在《人类特性的稳定与变化》一书中的结论是一致的。布鲁姆认为，如果以17岁时所达到的普通智力水平作为100，那么儿童从出生到4岁的智力就达到了50%，从4~8岁获得另外的30%，而最后的20%则是在8~12岁获得的。根据这些研究可以认为，儿童早期阶段的智力发展较快，并且对以后的发展有很大的影响。教育开始得越早，儿童潜在能力发挥得就越大；相反，教育开始得越晚，儿童潜在能力发挥得就越小。

超常儿童今后能否在事业上做出成就，取决于许多条件。如果有理想的教育条件，就会在事业上做出大的成就。

2. 智力落后的儿童的心理特点与教育

智商在70以下者为智能不足。智能不足并不是某种心理过程的破坏，而是各种心理能力的低下，其明显的特征是智力低下或社会适应不良。智能不足可分为以下三个等级。

(1) 轻度，智商70~50。生活能自理，能从事简单劳动，但应付新奇复杂的环境有困难，学习有困难，很难领会学习中抽象的科目。

(2) 中度，智商50~25。生活能半自理，动作基本可以或部分有障碍，只能说简单的字或极少的生活用语。

(3) 重度，智商在25以下。生活不能自理，动作、生活都有困难。

智力发展很差的呆傻儿童的一般特点为：知觉速度缓慢，范围狭窄，内容笼统、贫乏；对词和直观材料的记忆都很差，再现时歪曲和错误较多；他们的语言发展迟缓、词汇量少、缺乏连贯性；在认知活动中缺乏概括力；严重丧失生活自理能力。

儿童智能不足的原因有很多。大多数智能不足者都不是生理疾病所致，也未有过脑损伤的病史。这些人的父母智力水平也较低，家庭往往缺乏良好的学习环境，或者在成长过程中营养条件较差，这些可能是儿童智力落后的原因。智能不足的孩子由于其心理缺陷，无法与正常孩子随班上课，因此有必要设置特殊教育机构。对这些孩子，我们应该给予特别的关心和帮助，使他们获得发展智力的机会。

(二)智力表现早晚的差异与教育

有些人在儿童时期就才智过人。据我国历史记载，春秋战国时期秦国的甘罗12岁出使赵国立了功，秦始皇赐任为上卿。东汉时期的张衡，10岁能博览群书，对研究天文地理兴趣浓厚，终成我国古代历史上著名的天文学家，并在数学、地理、机械、文学、绘画和工艺等方面都有独到的成就，他发明的地动仪远在1800多年前就能测定千里之外的地震。初唐的王勃9岁读《汉书注》，就能发现错误，写于《汉书注指瑕》十卷。白居易五六岁就可以即席赋诗，16岁作《赋得古原草送别》。

我国的谢彦波上小学三年级时就掌握了初中数学，四年级学习高中数理化，五年级攻读大学解析几何和微积分，11岁进入中国科技大学少年班。德国著名数学家高斯3岁就能纠正父亲算账中的错误，7岁能用等差数列求和公式计算1至100的和，9岁能解几何级数求和问题，14~17岁就有许多重要的发现，奠定了现代数学的基础。他们都是早慧儿童的典型。

有些人则在中老年才表现出杰出的智力,即大器晚成。比如,我国的画家齐白石,40岁才显露出绘画才能;英国生物学家达尔文 50 多岁才开始有研究成果并写成生物学著作《物种起源》;蒸汽火车的发明者史蒂芬森,17 岁还是个文盲,18 岁才开始念书,至 34 岁才制造出世界上第一台采用蒸汽做动力的火车。

总之,人的智力表现有早有晚。人才早慧是和其优异的先天素质、良好的教育环境及本身良好的个性品质是分不开的。其中早期教育是儿童才智得以早期发展和表现的主要原因。人才晚成的原因也是多方面的,一般和当时的社会制度、自己的努力程度及所攻专业的特点有一定的关系。有人研究统计 301 位诺贝尔奖获得者的年龄,结果表明 30~45 岁是获得成果的最佳年龄段。

第二节 气质与教育

一、气质的概念

在现实生活中我们经常可以听到"看这个人多有气质"这样的赞扬,但心理学中气质的意思与这里的不太相同。心理学的气质这一概念与我们平常所说的秉性、脾气相近似。

气质的概念.mp4

在日常生活中,我们可以看到,有的人做起事情来精力充沛、生龙活虎、干脆利落,有的人举止有度、不紧不急、慢慢腾腾,有的人脾气暴躁、感情冲动、风风火火,有的人多愁善感、感情脆弱、郁郁寡欢。人与人在这些心理特性方面的差异都属于气质上的不同。

气质是人生来就具有的心理活动的稳定的动力方面的特征。气质不是推动人进行活动的心理原因,而是使人的心理活动具有某种稳定的动力特征。

心理活动的动力特征,是指心理过程的强度(如情绪体验的强度、意志努力的程度)、心理过程的速度和稳定性(如知觉的速度、思维的灵活程度、注意力集中时间的长短)以及心理活动指向性特点(有的人倾向于外部事物,从外界获得新印象;有的人倾向于内心世界,经常体验自己的情绪,分析自己的思想和印象)等方面在行为上的表现。气质不仅表现在情绪活动中(如冯特就是持这种观点),也表现在包括智力活动等各种心理活动中。它仿佛使人的全部心理活动都染上了个人独特的色彩。

具有某种气质类型的人,常常在内容很不相同的活动中显示出同样性质的动力特点。例如,一个学生具有安静迟缓的气质特征,这种气质特征会在学习、工作、参加考试、当众演说、体育比赛等各种活动中表现出来。

人的气质特点不以活动的内容为转移,它具有一个人生来就具有的自然特性。如果你花上几分钟观察托儿所的婴儿,你会注意到即使是不到一岁的孩子,他们的行为动作都不一样。如果你到托儿所工作一个星期,也许你就能分辨出哪些孩子好动、爱哭,哪些孩子总是安静、快乐。尽管这些差异可能是因为这些孩子在家里受到不同的对待,但儿童心理学家认为这些一般的行为特征可能在出生时就显示出来了。

个体一出生,就具有由生理机制决定的某种气质,正所谓"江山易改,本性难移"。

我们可以观察到，新生儿有的爱哭闹，四肢活动量大；有的则比较安静，较少啼哭，活动量小。这种先天的生理机制构成个体气质的最初基础，在儿童的游戏、作业和交往活动中表现出来。同时，由于成熟和环境的影响，在个体生长发育过程中气质也会发生改变。例如：在集体主义的教育下，脾气急躁的人可能变得能克制自己；行动迟缓的人，可能变得行动迅速起来。一个人的气质具有极大的稳定性，也有一定的可塑性。

二、气质的类型

气质的类型.mp4

"气质"是一个很古老的概念。早在公元前5世纪，古希腊医生希波克拉底就认为，人体内有四种体液：黏液、黄胆汁、黑胆汁和血液，由于这四种体液在人身体中的比例不同，产生了不同的行为表现和气质特点。后来古罗马医生盖伦继承了这种体液学说，并把人的气质类型分为胆汁质、多血质、黏液质和抑郁质四种。

"气质"一词在希腊语和拉丁语中都是比例关系的意思。利用体液比例解释气质类型是缺乏科学根据的，但是气质和四种气质类型的名称为许多学者所采纳并沿袭下来，至今仍被人采用。

(一)胆汁质

胆汁质的人在情绪方面，无论是高兴还是愤怒，体验都非常强烈，反应迅速，感情明显外露，言语激烈，动作有力而又不易控制。智力活动具有极大的灵活性，但理解问题粗枝大叶。在行动上生机勃勃，工作表现顽强有力，但不太讲究方式，易急躁。概括来讲，胆汁质的人以精力旺盛、易于冲动、反应迅猛为特征。整个心理活动笼罩着迅速而突发的色彩，具有外倾性。

胆汁质典型的行为特点有：脾气暴躁、性情直率、精力旺盛、能以很高的热情埋头于事业，兴奋时，决心克服一切困难，精力耗尽时，情绪一落千丈。

(二)多血质

多血质的人，情绪易表露也易变化，体验较强。易于接受新事物，思维灵活，反应迅速，注意力容易转移。易适应变化的生活环境，喜欢交往，但易轻率。概括来说，多血质的人以活泼好动、敏捷善感、灵活多变为特征，具有外倾性。

多血质典型的行为特点有：热情、有能力、适应性强、喜欢交际、精神愉快、机智灵活、注意力易转移、情绪易改变、办事重兴趣、富于幻想、不愿做耐心细致的工作。

(三)黏液质

黏液质的人，情绪兴奋性不强，心理比较平衡，变化缓慢，善于克制自己，情绪不易外露。他们喜欢沉思，注意稳定且转移困难，任何问题都需要较多的时间考虑，对已经习惯的工作往往表现出很高的热情和毅力，不易适应环境。概括来说，黏液质的人以安静稳重、忍耐沉着、反应迟缓为特征，具有内倾性。

黏液质典型的行为特点有：平静、善于克制忍让，生活有规律，不会因为无关的事情分心，埋头苦干，有耐久力，态度持重，不卑不亢，严肃认真，不爱空谈，但不够灵活，注意力不容易转移，因循守旧。

(四)抑郁质

抑郁质的人，情绪体验深刻，有很强的敏感性，很少表露自己的感情，但对生活中遇到的波折容易产生忧郁的情感，而且持续时间较长。善于观察和体验一般人觉察不出的事物的细微差别。很少表现自己，不喜欢与人交往，有孤独感。概括来说，抑郁质的人是以情感深刻稳定、细致敏感、缄默迟疑为特征，具有内倾性。

抑郁质典型的行为特点有：沉静、容易相处，人缘好，办事稳妥可靠，做事坚定，能克服困难，但比较敏感，容易受挫折，孤僻、寡断，疲劳不容易恢复，反应缓慢。

在古今文学作品中，我们经常可以看到对这四种气质类型的典型人物的生动描述，在日常生活中也会遇到每种气质类型的典型代表人物，大多数人的气质近似于某种气质类型，或是几种气质类型中某些特征的混合。

三、气质的生理基础

气质的生理基础十分复杂，气质不仅与大脑皮层的活动有关，而且与皮层下活动有关；气质不仅与神经系统的活动有关，而且与内分泌腺的活动有关。不过，高级神经活动类型与气质的关系较为直接和密切，高级神经活动类型是气质主要的生理基础。

巴甫洛夫认为，高级神经活动有两个基本过程：兴奋过程和抑制过程。这两个神经过程有三个基本特性：神经过程的强度、神经过程的平衡性和神经过程的灵活性。

1. 神经过程的强度

神经过程的强度，是指个体的大脑皮层细胞经受强烈刺激或持久工作的能力。它被认为是神经类型的最重要标志，具有重大的意义。研究表明：在一定限度内，强刺激引起强兴奋，弱刺激引起弱兴奋。但是，刺激很强时，并不是所有的有机体都能以相应的兴奋对此产生反应。兴奋过程强的人，对很强的刺激仍能形成和保持条件反射；兴奋过程弱的人，对很强的刺激不能形成条件反射，并抑制和破坏已有的条件反射，甚至会使神经过程"分裂"。抑制过程强的动物可以耐受不间断内抑制 5~10 分钟，抑制过程弱的动物，不能耐受持续 15~30 秒钟的内抑制，甚至会导致中枢神经系统的病变。

2. 神经过程的平衡性

神经过程的平衡性，是指个体的兴奋过程和抑制过程之间的强度是否相当。有的人这两种神经过程之间的强度是平衡的，而有的人是不平衡的，在不平衡中又有哪一种神经过程占优势的问题。

3. 神经过程的灵活性

神经过程的灵活性，是指个体对刺激的反应速度以及兴奋过程和抑制过程相互转换的速度。人与人之间在兴奋和抑制的灵活性方面存在差异，有的人灵活性强，有的人灵活性弱。

神经过程的强度、平衡性和灵活性这三种特性在个体身上的独特结合组成四种高级神经活动类型：兴奋型、活泼型、安静型和弱型。它们可以解释人的四种气质类型(见表10-4)。

表10-4　高级神经活动类型与气质类型

神经过程的基本特性			高级神经活动类型	气质类型
强　度	平衡性	灵活性		
强	不平衡		兴奋型	胆汁质
强	平衡	灵活	活泼型	多血质
强	平衡	不灵活	安静型	黏液质
弱			弱型	抑郁质

四、结合学生的气质特点进行个性教育

气质是个人心理活动稳定的动力特征。个人的各种心理活动都会表现出他固有的气质特点。气质本身没有好坏之分，每种气质类型都有优点和缺点。例如，胆汁质的人直率热情，精力旺盛，反应迅速有力，但脾气暴躁易于冲动。多血质的人感情丰富，反应灵活，易接受新事物，但是这类人情绪不稳定，精力易分散。黏液质的人安静稳重，善于自制、忍耐，但对周围事物冷淡，反应缓慢。抑郁质的人情感体验深刻而稳定，观察敏锐，办事细致、认真，但过于多愁善感，行为孤僻，反应迟缓。每种人都有可能在事业上取得成就。教育工作者了解学生的气质特点，对于做好教育工作、培养学生的优良个性具有重要意义。

(一)了解学生气质特点加强个性教育

教师要深入了解学生的气质类型和特点，根据学生的气质特征，采取不同的教育方式。任何一种气质类型，都有其积极的一面和消极的一面，教师要利用气质类型的积极一面，塑造学生的良好个性品质，并克服消极一面。

比如，对胆汁质的学生要严格要求和尊重其人格，既要触动其思想又要防止其过激行为。首先要讲明道理，其次要耐心说服，尤其注意在态度上不能简单粗暴，要避免惹怒他们而造成矛盾激化。教师应和蔼地教育他们遇事沉着，做事持之以恒，学会自制，同时要鼓励他们在学校各项活动中表现出更大的积极性，培养他们富于理性的勇于进取、大胆创新的意识。

对多血质的学生，应注意培养其认真负责的态度，要注意严格要求，使其养成做事有计划、有目标并努力落实的习惯，使其形成朝气蓬勃、满腔热情、灵活机智等个性品质。克服朝三暮四、轻浮散漫的习性。

对黏液质的学生，教师要理智、热心和耐心。在把学习和活动的任务交代给他们时，要讲清楚具体要求，要鼓励他们主动探索新问题，要诱导他们生动活泼、机敏灵活地完成任务。要防止墨守成规、谨小慎微、固执己见等品质的形成，鼓励他们积极参加集体活动，培养他们的合作能力。

对抑郁质的学生，要采取关怀支持、热心帮助的教育方法。要注意多鼓励他们发挥自己善于思考的优势，鼓励并及时肯定他们的见解。同学、教师都要多给予他们关怀和帮助。

不要在公开场合批评和指责他们，要在他们能够接受的场合和范围，鼓励他们参加活动，使其在交往与活动中树立自信心，消除胆怯和害羞的心理，防止其疑虑、孤独等消极品质的发展。

专家认为，在教育活动中要多关照胆汁质和抑郁质的学生。对于胆汁质的学生，应耐心教育他们有坚韧的毅力和自制力，让他们学会适应有计划的、平稳的学习与生活，注意学习与休息的有序交替。对抑郁质的学生，要培养他们的勇敢精神和自信心，要注意给予他们鼓励和支持，使他们在集体活动中体会到学习、交往和生活的乐趣。

知识链接 10-1

结合学生气质特点的教育案例

在我们的教育活动中，学生可能会遇到各种不同的挫折，也会有不同的心理反应。教师只有在了解不同学生的气质特点之后，施以不同方式的教育才能达到教育目的。如果几个学生犯了同样的错误，教师便不分青红皂白地将他们"各打五十大板"，其教育的效果只是微乎其微的。因为如此处理，可能只对多血质的人有教育作用，对抑郁质的人可能造成心理损伤，而对胆汁质的人有可能激化师生之间的矛盾，对黏液质的人则有可能伤害他的上进心等。由此自然会对教师自身形象和师生感情造成伤害，影响以后的教育活动。

那么，具体来说应怎样结合学生的气质特点，采取有效的教育对策呢？有一位教师的教育案例，会对我们有所启发。事情发生在北京市某中学初二年级某班的一次秋游活动中。在秋游的筹划中，教师发动学生讨论，大家提出了很多的办法，例如：经费不足没法包车就请家长帮忙；为了避开早上交通高峰可以在早晨六点半准时出发；用家长借来的单位的车把学生送到目的地后，可以及时返回，下午定时来接，也不会影响家长单位用车。方案商量好之后，次日清晨，汽车不到 8 点把全班学生送到指定地点后就返程了，大家高兴地来到旅游地点后却大吃一惊——景点的大门紧闭，周围空无一人。大家仔细一看，离开门时间还有一个多小时。面对紧闭的大门，顶着萧瑟的秋风，各种气质的学生就有不同的表现。首先是胆汁质的学生提出："老师，公园的门不高，这里又没有人管，我们不要傻等了，从门上爬进去吧！"多血质的学生则在想着自己的主意——"老师是不会让我们从门上爬进去的，一个小时不能傻等着，我要自己找地方去玩儿"；而抑郁质的学生在那里"自我伤感"起来；只有黏液质的学生在耐心等着老师的安排。

面对这些情况，教师马上向学生进行解释，并提出了补救办法。他是这样说的："同学们，今天是老师没有考虑周全，我们早到了一小时。请同学们不要着急，从门上爬进去是违反规章甚至是违法的，这样的事情我们是不能做的，我相信同学们不会去做(显然这是针对胆汁质的学生说的)。在这里我要特别提醒个别同学，要遵守纪律，不能离开班集体，要一切行动听指挥(这显然是针对多血质的学生说的)。由于老师没有计划好，个别同学今天的旅游兴致受到了一点儿影响，不过没关系，我们今天的旅游可以增加一个项目——大家做一个游戏好不好？"听到这里，学生欢呼雀跃，开始做游戏。游戏结束了，也到了旅游景点开门的时间，大家进入景区开始了愉快的秋游。

(资料来源：百度文库，https://wenku.baidu.com/.)

(二)依据气质特点进行知识、技能的教育和训练

气质不影响学生学习的内容和水平,它不能决定一个学生能学什么或不能学什么,也不影响其学习成绩。但是它影响着学生掌握知识和技能的方式和效率。所以我们要根据学生的气质类型的特点培养其独特的学习风格。胆汁质的学生要发挥其思维灵活、积极坚强的气质长处,控制粗心、急躁的缺点;多血质的学生要发挥其机智灵活、兴趣广泛等特点,要克服浮躁、不认真、不仔细的缺点;黏液质的学生要充分发挥踏实细致、认真刻苦的优势,同时要注意开发思维的灵活性;抑郁质的学生要发挥其情感细腻、观察仔细的个性特点,同时更注意培养热情、向上、乐观的心境。可以说,学生的气质特点是教师因材施教、因势利导地指导学生学习和掌握知识技能的依据之一。

教师不仅要根据学生的气质特点因材施教,而且要教育学生正确剖析自己的气质特点,加强行为的自我修养,克服自己气质的消极一面,充分发挥其积极因素,使每个学生的个性都得到健康发展。

(三)根据学生的气质特点加强职业指导

气质与职业活动的关系表现在两个方面:一方面要使个人的气质特点适应于职业活动的客观要求;另一方面在选拔人才和安排工作时应考虑个人的气质特点。

社会实践活动是多方面的,不同性质的工作对人的气质有不同的要求。因此无论是从个人的角度出发还是从用人单位的角度出发,在进行双向选择的时候,都应充分考虑到气质类型的特点和工作性质之间的关系是否协调,这对充分发挥每个人的潜力和提高工作效率都有积极的意义。

不同的气质类型影响着在某个实践领域中个人潜能的发挥。据研究,胆汁质和多血质的人,更适合做迅速而反应灵活的工作;黏液质和抑郁质的人,更适合做细致而持久的工作。气质特征为一个人从事某种工作提供了有利的条件,如飞行员、宇航员、消防员、特定项目的运动员、企业领导、教师、推销员等,对工作人员的气质类型有一些特定的要求。虽然不同气质类型的人只要发展相应的能力和性格就能适应某种工作,但是,选择适合这些职业要求的某种气质特征的人,将更容易发挥其长处,缩短训练时间,甚至防止事故发生。因此,有许多职业对人们的气质特征,进行着正式的或非正式的、明显的或模糊的选拔与淘汰。

第三节 性格差异与教育

一、性格的概念

在日常生活中,有的人懒惰,有的人勤奋;有的人正直,有的人自私;有的人慷慨大方,有的人吝啬小气;有的人谦虚谨慎,有的人骄傲狂妄;有的人赤胆忠心、见义勇为,有的人心术不正、见利忘义;等等。这些不同的心理特征正是人的性格差异。

性格的概念.mp4

心理学家从许多角度对人格进行了定义,其中,有两个基本概念是一致的:独特性以

及行为的特征性模式。(理查德·格里格，菲利普·津巴多，2003)性格是指一个人在个体生活过程中形成的，对现实稳定的态度以及与之相适应的习惯了的行为方式。

性格是一个人对待事物的稳固态度，所以它不是偶然的，并且这种态度是在习惯了的行为方式中表现出来的。离开行为方式，我们就无法观察、了解、判定一个人的性格。所以我们在判定一个人的性格时，必须注意他是经常的稳定还是暂时的逢场作戏。比如：勤劳的人，无论在什么样的劳动场合下，都是积极肯干的；但有的人只在入党前才积极肯干，这种人我们就不能说他勤劳。

性格是比较稳定的，由于性格是在不断受社会生活条件的影响、教育的影响和自我实践的锻炼下，长期塑造而成的，因此性格一经形成就比较稳固。但是事物是极其复杂的，不断发展变化的，人与人之间的接触与交往也非常复杂，这种现实影响的多样性和多变性，又决定了一个人的性格不是一成不变的。例如，有的人原来性情开朗、心直口快，但是由于遭受了某种沉重打击，就变得沉默寡言，因此，我们应当看到性格既有稳定性又有一定的可塑性。

性格是一个人具有核心意义的个性特征。这就是说，性格是从一个人的本质方面表明他的个性。一个人其工作快慢，具有某些才干，虽然是个性的一方面，但它不像性格那样贯穿于人的全部行为中，规定着一个人的行为方向和性质。性格的好坏有直接的社会意义。例如，坚定的性格对社会具有积极的意义，而虚伪奸诈的性格对社会就有消极的影响。

我们说性格在人的个性中具有核心意义，是因为个性的其他方面，如兴趣、能力等如何表现及表现的程度，都是受人的性格影响。例如：一个具有大公无私的性格的大学生，他会把自己的聪明才智奉献给祖国建设；一个自私自利的人，则处处为自己着想，即使有一定的能力和才干，也以此作为向国家和人民讨价还价的条件。

二、性格与智力、气质

(一)性格与智力

性格和智力虽然有严格的区别，但又都是在一个人统一的实践活动中发展起来的，也存在着相互影响和相互制约的关系。

智力的形成和发展受性格的制约。优良的性格能促使智力的发展。观察表明，智力发展水平的高低与学生的坚韧和自制能力水平的高低成正相关。同时，优良的性格也往往能够补偿某种能力的相对不足。俗话说，"勤能补拙""笨鸟先飞早入林"，说的就是勤奋这种性格特征能补偿能力上的某些缺陷。不良的性格特征，如马虎懒惰，对事业淡漠、敷衍塞责、狂妄自大等，则会阻碍能力的发展，甚至使能力衰退。

(二)性格与气质

在日常生活中，我们有时对人所表现出的某些性格和气质往往很难区分，性格和气质在某些特征上存在相互重叠、渗透和交融的情况。但两者并不相同，气质和性格是个性结构中既有区别又紧密联系的两个概念。

1. 性格与气质的区别

气质与性格相互联系、互相影响，但是两者又有着一定的区别。一般来说，气质主要是先天的，受人的高级神经活动类型所制约，变化较难、较慢；而性格主要是后天形成的，更多地受社会生活条件的制约，虽然也具有稳定性，但可塑性较大。现实生活当中可以看到相同气质类型的人会形成不相同的性格特征；而不同气质类型的人，又可以形成同一性格特征，可见气质同性格是有区别的。另外，气质类型无所谓好坏，各种气质类型都有它积极的一面，也都有它消极的一面，而性格有明显的好坏之分。

2. 性格与气质的联系

性格与气质是密切联系、相互制约的。

第一，气质会影响个人性格的形成。气质作为性格形成的一种变量，在个体发展的早期阶段就会表现出来。有些婴儿喜欢哭或笑，有些婴儿喜欢安静，还有一些婴儿很好动，这些气质必然会使父母或其他抚育者形成不同的行为反应，从而使婴儿在不同性质的教育和社会环境下成长，逐渐形成不同的性格。

第二，气质可以按照自己的动力方式，渲染性格特征，从而使性格特征具有独特的色彩。例如，同样的乐于助人的性格特征，多血质的人在帮助别人时，往往动作敏捷，情感表露于外，而黏液质的人可能动作沉着，情感不表露于外。

第三，气质会影响性格特征形成或改变的速度。例如，要形成自制力，胆汁质的人往往需要极大的努力和克制，而抑郁质的人比较容易形成。

第四，从性格对气质的影响来看，性格也可以从一定程度上掩盖或改变气质，使气质满足生活实践的要求。例如，侦察兵必须具备沉着冷静、机智勇敢的性格特征，在严格的军事训练实践活动中，这些性格特征的形成可能掩盖或改造胆汁质的人易冲动和不可遏制的气质特征。

总之，性格和气质是密切联系的。在实际生活中，人们总是很难把性格和气质严格进行区分，这是因为人具有生物—社会性。人的发展是生物因素和社会因素相互作用的结果。我们不能排除生物因素来看待性格的形成和发展，也不能排除社会因素来看待人的气质。不过，为了研究工作的需要和学习的方便，我们把气质和性格适当地加以区分还是必要的。

三、性格特征的分析

性格是十分复杂的，它有着多个侧面，也包含着多种多样的特征。一般来讲，在心理学上分析和研究性格结构时，大多从以下四个方面来进行。

性格特征的分析.mp4

(一)对现实态度的性格特征

人对现实的态度体系是性格特征的重要组成部分。在现实生活中，人接受现实生活的影响，以一定的态度反映现实生活。现实生活多方面的影响，则形成对现实生活的态度体系，这种态度体系即构成人对现实的性格特征，主要包括以下三点。

1. 对社会、集体及他人的态度方面的性格特征

对社会、集体及他人的态度方面的性格特征的主要表现：爱祖国，爱集体，富有同情心，善交际，乐于助人，为人正直、诚实、直率、有礼貌等。具有这方面性格特征的学生，

热爱祖国和人民，热爱班级集体，积极参加班级组织的各种活动，宽以待人、团结同学，在同学有困难时能给予帮助。与此相反的有自私、拘谨、虚伪、粗暴等性格特点。

2. 对劳动、学习态度方面的性格特征

对劳动、学习态度方面的性格特征的具体表现：爱劳动、认真负责、刻苦、严谨、富有创造精神、俭朴等。具有这样性格特征的学生在学习中能勤奋刻苦，认真完成作业。与之对立的是敷衍、马虎、墨守成规、懒惰、奢侈等。

3. 对自己态度的性格特征

对自己态度的性格特征的主要表现：谦虚与骄傲、自尊和自卑、自信与自弃、严以律己与自欲放纵。具有谦虚、自尊、自信、自律性格特征的学生，在学习中谦虚谨慎，成绩面前不自满，虚心向他人学习，相信自己的能力，不依赖他人，遵守纪律。与此相反的学生则是骄傲自满，不能正确地估计自己，常表现出自负或自卑两个极端性格特征。

(二)性格的情绪特征

性格的情绪特征又称性情，一个人经常表现出的情绪活动的强度、稳定性、持久性和主导心境方面的特征就是他的性格情绪特征。

1. 情绪活动强度方面的性格特征

情绪活动强度方面的性格特征表现为一个人受情绪的感染和支配的程度，以及情绪受意志控制的程度。有的人情绪活动一经引起就比较强烈，全部活动都为情绪所支配，染上了情绪色彩。有的人情绪体验比较微弱。

2. 情绪活动稳定性方面的性格特征

情绪的稳定性特征，表现为一个人情绪的起伏和变化的程度。有的人情绪变化较快，波动较大，一般生活中的一些细微小事，都会引起他们的情绪波动，易激动，难控制。而有的人情绪比较稳定，变化较慢，易控制。

3. 情绪活动持久性方面的性格特征

情绪活动的持久性方面的性格特征表现为情绪保持时间的长短。有的人持续时间长，情绪一经引起长时间不消失；有的人持续时间短，情绪消失快。

4. 主导心境方面的性格特征

主导心境方面的性格特征是指不同心境在一个人身上稳定表现的程度。有的人经常是欢乐愉快的，有的人经常是抑郁低沉的，有的人经常是安乐宁静的，还有的人经常是激动的。不同的主导心境反映着一个人的不同性格特征。

(三)性格的意志特征

人在自己的行为自觉调节方式和水平方面的个人特点是性格的意志特征。它主要包括以下四个方面。

1. 行为的自觉性的意志特征

属于行为的自觉性的意志特征的表现：行动是否具有明确的目的性、主动性和独立性。具有这方面性格特征的学生，有明确的生活目标和学习目标，并主动支配自己的行动去实现目标，学习积极性高，为了实现目的，既不鲁莽行事，也不盲目附和。与此相反的是盲目、独断、依赖等性格特征。

2. 行为控制水平的意志特征

属于行为控制水平的意志特征的表现：有自控性、组织性、纪律性等。具有这方面性格特征的学生，善于控制和调节自己的情绪、思想和行动，善于发动和促使从事为实现目标所必需的行为，而控制那些与实现目的无关或是妨碍目的实现的行为。学习中他们集中精力，不怕困难，能克服自己懒惰贪玩的缺点，能够接受社会、集体规范的约束，按照集体的规划和组织的要求去做，遵守纪律。与此相反的是冲动、任性、散漫等性格特征。

3. 行为坚持性的意志特征

属于行为坚持性的意志特征的表现：有恒心、坚韧等。具有这方面性格特征的学生，学习中能够克服困难，坚持不懈地努力，不达目的决不罢休。与此相反的是见异思迁、遇到困难就退缩、做事虎头蛇尾等性格特征。

4. 紧急和困难情况下表现出来的意志特征

属于紧急和困难情况下表现出来的意志特征的表现：果断、勇敢等。具有这方面性格特征的学生，在紧急情况下，能够迅速地做出决定，并采取措施，不怕艰险，临危不惧。与此相反的则是优柔寡断、鲁莽、怯懦等性格特征。

(四)性格的理智特征

表现在感觉、知觉、记忆、思维和想象等认知方面的个人特征，被称为性格的理智特征。

1. 感知方面的性格理智特征

有主动观察型和被动观察型，前者在感知中不易被周围刺激干扰，能按照自己的目的和任务进行观察，后者则明显地受环境刺激影响。知觉有细致分析特征和概括特征，前者注意事物的细节，后者则注意事物的大体轮廓。感知快慢也有个人特点。

2. 记忆方面的性格理智特征

有直观形象记忆型的，善于记忆事物的形象；有抽象逻辑型的，善于记忆语言符号、公式、定理等。

3. 思维方面的性格理智特征

有的人善于独立思考，善于发现问题，具有创造性；有的人善于分析；有的人善于综合。

4. 想象方面的性格理智特征

有主动想象和被动想象之别。有的人想象丰富，鲜明生动；而有的人想象贫乏，模糊不清。

前文介绍了性格四个方面的主要特征。性格的各种特征并不是孤立、静止地存在，也不是各种性格特征的机械组合，而是相互联系、相互制约构成的一个整体。它具有内在联系性、可塑性和稳定性。性格在不同场合有不同结合的变化性等特点。所以，在分析或描述人的性格时，切不可根据上述特征用机械化的态度去简单罗列与推测。

四、性格的类型及其鉴定

(一)性格的类型

性格的类型，是指在一类人身上所共有的性格特征的独特结合。许多心理学家曾试图对性格进行分类，但由于性格具有复杂性，至今还没有一个公认的分类法。下面简要介绍几种主要的性格分类。

1. 功能优势说

英国心理学家培因和法国心理学家李波特等主张，按理智、意志、情绪三者在性格结构中占优势的情况，把人的性格分为理智型、情绪型和意志型。理智型的人，用理智衡量一切和支配行动；情绪型的人，情绪体验深刻、举止受情绪左右；意志型的人，行动目标明确、积极主动、勇敢果断。除了标准的类型外，还有中间的类型。

2. 内外倾向说

内外倾向说最早由瑞士心理学家卡尔·荣格(Carl Gustav Jung，1875—1961)提出，后被许多心理学家采用，即按个人倾向内部世界还是外部世界，把人的性格分为内倾型和外倾型两种类型。内倾型性格的人，沉静寡言、多愁善感、反应缓慢。外倾型性格的人，开朗、活泼、善于交往。

3. 独立—顺从说

独立—顺从说按照一个人独立的程度把人的性格分为顺从型和独立型两种类型。顺从型的人，独立性差，易受暗示，服从权势，不善于适应紧急情况；独立型的人，善于独立思考，有坚定的信念，紧急情况下能够沉着镇静，有独立见解，易于发挥自己的力量，甚至喜欢把自己的意志和意见强加于别人。

4. 文化—社会类型说

文化—社会类型说以德国心理学家斯普朗格(Spranger)和狄尔泰(Dilthey)为代表。他们以人类社会意识形态倾向性为出发点来划分性格的类型。把人的性格划分为理论型(追求知识型)、经济型(实际型)、审美型、社会型(同情型)、政治型(管理型)和宗教型六种类型。认为有的人更倾向于实际，有的人更倾向于理论，有的人更倾向于政治。此外，还有卡特尔的特性分析等多种分类法。

以上各种性格分类，虽然只是从性格某一方面特征进行，都具有一定的片面性和局限性，但是在现实生活中，的确有各种性格类型的典型代表人物。对我们在教育、教学中鉴定与培养学生的性格类型具有一定的参考价值。

(二)性格的鉴定

了解和把握学生的性格特征和类型，对提高教育、教学工作质量，培养学生的良好性格，指导学生就业等都具有重大的意义。性格鉴定的方法，一般多采用观察法、谈话法、作业分析法、个案追踪法、自然实验法等。由于性格具有复杂性和特殊性，只用一种方法，想达到准确测定一个人的性格，是十分困难的。所以目前多采用综合研究法。

综合研究法，就是把观察法、谈话法、个案追踪法结合起来加以运用。例如，要研究鉴定一个学生的性格：就要有计划地观察他在各种情况下的表现，观察他的言行举止、音容笑貌、穿着打扮等外在表现；就要与他本人直接谈话，了解他对各种事物的观点和看法；就要向其家庭、学校及有关人员进行调查，搜集和研究他的作品，如书信、日记、自传、文艺作品等。然后把上述研究所得到的材料进行分析整理，从而找出反映他性格的本质特征，并判断他的性格类型。

在西方国家，性格的鉴定更多地采用测验。例如，明尼苏达多项人格测验(MMPI)、卡特尔16种人格因素测验(16PF)、罗夏墨迹测验、主题统觉测验(TAT)等都被广泛应用。目前，在我国这些量表已被修订使用。

(三)人格测验

心理学家认为，理解和描述人格有两个基本假设，一是个人的特点决定他们的行为，二是这些特点可以被评估和测量。由此，人格测验可以分为客观测验和投射测验两大类。

1. 客观测验

人格的客观测验计分和施测相对简单，也有定好的规则，一些客观测验的计分甚至解释都可以通过计算机程序来完成，最后的分数通常就是一个沿着某单一维度分布的简单数字(如从适应到不适应)，或者在不同特质上的一系列得分(如冲动、依赖、外向)，用这些得分来和常模进行比较。客观测验主要是用自陈式问卷，被试要求回答关于思想、情感和行为的一系列问题，伍德沃斯个人资料量表是第一个人格问卷(1917年)，问被试诸如"你经常在午夜会害怕吗"等问题。现在手持人格量表的人会被问及一系列问题，让他回答"对""错"或这个陈述对他的典型性程度。

经常使用的人格测量工具有明尼苏达多项人格测验(MMPI)、卡特尔16种人格因素测验(16PF)。人格自陈量表属于纸笔测量，它的优点是实施简便，评分规则简单而客观，容易数量化或绘制人格剖面图。其缺点是被试在回答问题时容易受到社会期望的影响或隐瞒自己的缺点，同时被试对自己性格的认识也不一定是正确的，因此会影响测量的效度。

2. 投射测验

你是否曾经把一朵云看成一张脸或一种动物？如果让你的朋友来看，他们看见的可能是一个睡美人或一条龙。心理学家用投射测验来进行人格测评时也依据了同样的原理。投射测验就是向被试呈现模棱两可的刺激材料(如模糊或不明确的人物图片)，要求被试解释其知觉，让他在不知不觉中将其情感、态度、愿望、思想等投射出来。人格的投射测验主要有主题统觉测验和罗夏墨迹测验。

1) 主题统觉测验

主题统觉测验由30张图像和一张空白图片组成，可以做种种不同的解释。被试从中抽取20张图片和一张空白图片，当被试看到图片时，凭个人的想象，自编一张图像上的故事。自编的故事必须包括：图像的情景、情景发生的原因、将来的演变、可能的结果以及个人的体会。主要根据故事的主题、故事中人物的关系、知觉的歪曲、不平常形式的特征、故事中反复出现的情节以及整个故事的情调(如悲观的或乐观的)等对被试的性格做出鉴定。

2) 罗夏墨迹测验

罗夏墨迹测验由10张墨迹图组成(5张黑色、5张黑色加彩色)。每张图片都向被试提出这样的问题："这可能是什么？""你看见了什么？"或"你想起了什么？"每张图片都回答之后，被试将图片再看一遍，指明墨迹的哪一部分启发了他的回答。主试根据四项标准进行统计。①部位：被试是对墨迹的全部反应还是部分反应？②决定被试的反应：是由墨迹的形状决定还是由颜色决定？把图形看作运动的还是静止的？③内容：被试把墨迹看成什么东西？是动物还是人或物体等？④独创性：被试的反应是与众一致还是与众不同？统计以后再确定其性格。

由于在投射测量中被试不知道答案的意义，因此可排除在自陈量表法中可能出现的作假现象。但投射测量的实施程序记分以及结果的解释都必须经过特殊的训练。这种测量的主观性有余而客观性不足。

五、性格的形成与发展

性格是在个体不断的社会化过程中形成和发展的，社会化过程是社会的教化和个体的内化互相作用的过程，它既受客观的社会文化环境因素的影响，也受个体主观因素的制约。所以要培养学生的良好性格，就必须善于利用和控制主观、客观因素。

(一)生物学条件的作用

一个人的性格，或勇敢或怯懦，或勤勉或懒惰，或诚实或虚伪，这些性格特征都不是人生来就有的。但是，一个人性格的形成和发展有生物学的根源，新生儿在活动水平上各有差异，而这种气质差异会影响家庭环境，特别是对母亲、父亲或其他抚育者的行为反应。婴儿在这种相互作用的性质和方法不同的环境中生活，自然会对孩子性格的形成有很大的影响。此外，高级神经活动类型的差异对儿童行为也会产生更持久的影响。性格以个人的一定素质为前提，没有素质这个生物学前提，性格就无从产生。身高、体重、体型和外貌等生理上的特点，对性格的形成也有影响。因为这些特点，有的符合文化的社会价值，有的则不符合，并经常受到人们的品评，无疑会影响一个人性格的形成。例如，生理缺陷者(残疾人、聋哑人、兔唇等)容易被人们讥笑，往往易形成内倾的性格。生理成熟的时间对性格的形成也有影响。一般研究表明，早熟者的特征是爱社交，关心遵守社会规则，给人以好的印象，社会化程度较高。晚熟者则不太会遵守社会规则，一意孤行。

(二)家庭因素的作用

家庭是社会的细胞，是儿童最早接触的环境。家庭的各种因素，如家庭的收入水平、家长的职业、家庭结构的健全程度(有父母，或只有父或母，或由继父或继母抚养)、家庭的氛围、父母的教养态度、家庭子女的多少、儿童在家庭中的作用等都会对儿童性格的形成起重要的作用。就家庭环境氛围来说，如果家庭环境不顺利，父母的困难处境及其忧伤的言语与苦恼的表情，就容易使生长在这样家庭中的孩子沉默寡言、消极悲观，甚至有点玩世不恭，或者被锻炼得比较坚强、懂事和早熟。在家庭的诸因素中，父母的教养态度，对儿童性格的形成具有深刻的影响。

儿童在家庭中的地位和作用的不同，对儿童性格的发展也是不同的。科瓦列夫对一对孪生的女大学生 4 年的观察发现，她们在同一家庭、同一小学和同一大学的历史系中接受教育，但性格有明显差异：姐姐比妹妹好交际，善谈吐，也比较果断、勇敢和主动，在谈话和回答问题时总是姐姐先回答，妹妹只表示同意或做些补充。姐妹俩在性格上形成差异的原因之一，是他们的家人从小把她们中的一个定为姐姐，另一个定为妹妹，并责成姐姐照顾妹妹，对妹妹的行为负责，做妹妹的榜样，首先执行长辈委派的任务。这样，姐姐就较早地形成独立、主动、善交际、果断等特点；妹妹则养成追随姐姐、听从姐姐的习惯。

(三)学校教育的作用

学校教育对学龄儿童性格的形成，具有重要的作用。课堂教学是学校教学的主要环节。在传授知识的过程中，训练学生习惯系统地、有明确目的地学习，克服学习中的困难，可以培养其坚定、顽强等性格特征。体育课，不仅使学生掌握运动技能，也能培养学生的意志力，培养他们的勇敢精神。校风、班风也影响学生性格的形成。

教师是学生的一面镜子，是学生经常学习的榜样。学生往往以各种情感和猜测，盯着教师。教师的言行对学生的性格会产生潜移默化的作用。有威信的教师，学生言听计从，他的高尚品格，如思想进步、强烈的责任心、富于同情心、谦虚朴素等，会对学生产生深刻的影响。没有威信的教师，学生不愿接受其教育，但他的消极性格，如粗暴、偏心、神经质等，可能对学生产生自暴自弃、不求上进等不良的影响。

(四)社会环境的作用

社会环境的影响主要是指社会风气或社会风尚的影响，也就是社会上普遍流行的爱好、风气和习惯。这种社会风气或社会风尚会通过各种渠道影响学生的爱好、道德评价和行为习惯。尤其是计算机网络、电视、电影、报纸和杂志、音像制品等，其中计算机网络的影响作用越来越大。如果这些媒体宣传和提供的内容是健康的、积极的、引人向上的，则会激发学生丰富的情感和想象，引起他们强烈的模仿意向并付诸行动，经过反复的行为实践就会巩固下来，从而成为他们性格的一个组成部分；相反，如果这些媒体宣传和提供的内容是不健康的、有害的，甚至是反动的，就可能使学生形成消极的思想情感和性格，甚至会诱使他们走上犯罪的道路。教育工作者和学生家长都应该在这一方面加强对学生的指导，使学生形成优良的性格。

(五)自我教育的作用

在性格形成中起重要作用的是个体的实践活动和自我意识的发展，随着年龄的增长，个体对现实的态度与行为方式越来越多地受到自我意识的控制，形成性格的自觉性也越来越高。有的心理学家把性格的形成分成三个阶段：第一阶段是学龄前儿童所特有的，性格受环境的影响而发展的阶段，这时儿童的行为直接取决于具体的生活情境的作用，家庭影响特别明显；第二阶段是学龄初期和学龄中期，这是形成比较稳定的性格特征的阶段；第三阶段是学龄晚期，这是随着自我意识的成熟和世界观的形成而形成自觉的、稳固的性格特征的时期。教师应当帮助学生认识自己性格的缺陷，指出培养良好性格的正确途径，教给学生自我培养性格的有效方法，并不断地鼓励、强化学生进行性格的自我教育、自我培养和自我改造。

一个人的性格特征实际上就是他的生活经历的反映，是他的生活历史的记录。一般来说，人的性格，到了青年期就已初步稳定了。但是性格的形成并不限于儿童、少年和青年时期，在人的整个生活中，性格特征都有可能发生变化。虽然这种改变是比较困难的，但由于人们生活实践的变化以及主体的主观努力，在青年期以后，性格还可能发生某些大的变化。

总之，性格的成因是很复杂的，既有外部原因又有内部原因，是内、外部因素交互作用的产物。它们的影响程度随性格特征或因个人而异。例如，生理因素可能对某些性格特征是重要的，而环境因素(文化、社会阶层、家庭等)可能对另一些性格特征较重要。就同一个性格特征而言，各成因的重要性也是因人而异的。

思考题

1. 什么是智力？谈谈你对智力测验的了解。
2. 智力形成的原因和条件有哪些？
3. 如果你是一名教师，针对不同智力水平的学生，你会用什么教学方法进行教育？
4. 什么是气质？气质的类型有哪些？
5. 性格和气质的关系怎样？
6. 教师了解学生的气质类型有什么意义？
7. 什么是性格？性格的类型有哪些？
8. 如何培养学生良好的性格？

第十一章 青少年发展性心理咨询与辅导

本章学习目标

- 理解并掌握考试焦虑的表现及原因。
- 理解并掌握学校恐怖症的类型及表现。
- 理解并掌握正确的学习方法应遵循的原则。
- 理解并掌握青少年常见的学习心理问题的咨询与辅导。
- 理解并掌握青少年常见的交往心理问题的咨询与辅导。
- 理解并掌握青少年常见的恋爱与性心理的咨询与辅导。
- 理解并掌握青少年常见的网络心理问题的咨询与辅导。

重点与难点

重点： 青少年常见的学习心理问题的咨询与辅导。
难点： 青少年常见的恋爱与性心理问题的咨询与辅导。

她为何害怕考试

小芳，女，15 岁，初三学生。出生于普通家庭，身体健康，没有任何重大疾病。父亲做小生意，母亲是全职家庭主妇，父母文化水平均为高中毕业。她是长女，还有一个妹妹。从小父母对她的学习要求非常严格，因为家中没有男孩子，父母便想把她培养成才，为家增光。小芳上小学时，学习成绩在班里名列前茅；进入中学后，学习成绩在班里中等。近三个月以来，班主任发现她情绪比较低落，上课注意力不集中，无精打采，考试成绩下降。小芳自述以前在班里成绩还不错，但升入初三以来，每次考试都想考好，可是每次面临重大考试时，总是会感到紧张不安，担心考试失败，害怕父母批评，害怕被人家瞧不起。常常吃不下睡不着，有时还头痛，注意力不集中，容易累。考试的时候常常会心跳加快，手心还会出汗，平时会做的题也不会做了，考试成绩越来越差。总想找个理由回避考试，现在都有点不想来学校了，对未来越来越担心，不知道怎么办才好。

【问题思考】

综合所收集的资料，小芳的问题产生与现实的客观刺激(考试)相联系。小芳表现出遇到考试紧张不安、情绪烦躁、手心出汗、头痛失眠等症状，该症状为考试焦虑。

(资料来源：本书作者整理编写。)

从 20 世纪 50 年代开始，埃里克森等人提出的毕生发展观为学校心理咨询提供了新的观点，以"帮助学生实现最佳发展，努力排除正常发展障碍"为宗旨的发展性心理咨询应运而生。它的提出是学校心理咨询发展史上的一个新的转折点，即从重指导、重治疗的障碍性心理咨询向重发展、重预防的发展性心理咨询转变。

发展性心理咨询隶属狭义的心理咨询范围，它是根据个体身心发展的一般规律和特点，运用心理学的知识和技术，通过语言等媒介，给不同年龄阶段的学生个体提供帮助，尽可能地帮助他们圆满完成各心理发展阶段的任务，妥善解决心理矛盾，以更好地认识自己和社会，提高心理健康水平，预防心理疾病，开发潜能，促进个性发展和人格完善的心理咨询模式。

发展性心理咨询的对象主要是针对心理基本健康、无明显心理冲突、能基本适应环境的青少年，帮助他们解决成长过程及心理发展所遇到的矛盾和困惑。具体可分为三类。

一是针对那些在恋爱、学习、生活、交往、求职等方面遇到实际困难而难以自我调节的学生。

二是想更好地寻求潜能开发、个性改变、人格塑造、能力培养、自我提升的学生。

三是对如何设计未来人生、事业发展、求职就业、恋爱婚姻、性问题有困惑的学生。

第一节　青少年学习心理咨询与辅导

青少年在学习中经常会遇到一些问题，比较突出的有考试焦虑、厌学、马虎、注意力分散、学习方法不当等，这些问题的解决情况，将直接影响青少年的身心发展。学校心理咨询服务中，很重要的一项内容就是帮助青少年解决这些问题。

一、考试焦虑

考试前学生会出现一些反常的行为，有的学生变得异常敏感，有的学生易怒，有的学生莫名地烦躁，有的学生爱顶嘴，有的学生总对父母挑刺儿，更有甚者在班上攻击别的同学，还有个别学生出现出走或自杀倾向……各种表现都说明有相当一部分学生对考试产生了焦虑情绪。

(一)考试焦虑的概念及表现

考试焦虑是中小学生常见的一种心理问题，它是指在一定的应试情境的激发下，受个体认识评价能力、人格倾向与其他身心因素制约，以担忧为基本特征，以防御或逃避为行为方式，通过不同程度的反应表现出来的一种心理状态。考试焦虑主要体现在以下几个方面。①自我认识方面。产生一些消极的自我评价，担心考试成绩不理想。②生理方面。具体表现为：心率加快、呼吸加剧、肠胃不适、多汗尿频等与植物性神经活动失调有关的身体症状。③行为与情绪表现。根据每个人不同的性格特点而有不同的表现形式。这三个方面的表现常常交织在一起。因此，考试焦虑的外在表现是一种非常复杂的现象。

考试焦虑的概念及表现.mp4

(二)考试焦虑的原因

考试焦虑的产生是诸因素相互作用的结果,既有与学生生活、学习密切相关的外部客观环境因素的影响,也有与学生个体相关的内部主观因素的影响。

1. 社会因素

中国人口多,升学、就业压力较大,竞争意识普遍较强,这种目前还无法改变的社会氛围不知不觉影响着敏感的青少年。邻居、亲戚以及周围同学难以避免的议论和比较,使一些学生长期处在无形的监控之下。一些学生在邻居、亲戚或是同学的眼里甚至已经是"准大学生"或是"准研究生"了,这种不切实际的定位和评价,更是令这些学生感到强大的无形压力,生怕考不好被人嘲笑,在别人面前抬不起头,生怕因考不上好大学或是研究生而"无颜见江东父老"。

2. 家庭因素

许多家长对孩子的期望不断升高,家长要求孩子一定考上重点初中、重点高中、重点大学等,并为此不惜一切代价,每天的口头禅是"今天考试了吗?得了多少分?排第几名?"在这种巨大的压力下,学生把取得好成绩、好名次当成学习的唯一目的。当家长的期望水平没有转化为孩子的内在需求甚至与孩子的内在需求相冲突时,当家长过高的期望值与学生的实际能力相背离时,就容易引发学生的焦虑情绪。

3. 学校因素

尽管我们大力倡导实施素质教育,但是应试教育依然是笼罩在各类教育之上的挥之不去的阴霾,"考,考,考,教师的法宝;分,分,分,学生的命根"仍然现实地存在着。在中考、高考指挥棒的影响下,以及为了实现达标升级目标的需要,当前学校片面追求升学率、优秀率的现象仍很突出,一些学校甚至制定升学率、优秀率指标。迫使教师一味看重学生的学习成绩,搞题海战术,频繁进行考试。在这种情况下,学生必须不断应对各种考试和竞争,总是处于一种极度紧张的学习状态中,会觉得压力太重,难以承受,"上学真累"是他们无助却又最真实的感受。

4. 学生自身因素

学生自我评价过高或过低,不能客观分析自己的实力,把考试结果看得太重,害怕考不到理想的分数都会产生焦虑,包括三种情形。一是害怕失败。学生不愿失败,教师和家长也不允许他们失败,他们深知失败可能带来的种种不良后果,因此常常为自己的多次失败内疚、自责。长此以往,便产生了对学习和考试的恐惧心理,从而背上沉重的心理负担。二是缺乏自信。一些学生为自己的非理性认知所压抑,不相信自己的能力,总认为自己不如别人,只会失败不能成功,为一次次的失败而担忧、焦虑。三是神经过敏性焦虑。这是一种由已经受到严重伤害的自尊心本身所引起的焦虑,表现为由于某次学习失败,自信和自尊受到严重损伤,因此"一朝被蛇咬,十年怕井绳",当再度面临类似情景时,马上会诱发紧张恐惧心理,无法正常学习和考试。

(三)考试焦虑的辅导要点

考试焦虑并非都是坏事。适度的焦虑能够激发人的潜在能力,使人努力,但如果焦虑过度了就会起副作用。这个"度"就是以是否影响人的正常生活和学习为标准。消除考试焦虑建议从以下几方面着手。

1. 对考试结果的期望要恰当

考试的竞争对手主要是自己,只要竭尽全力,就问心无愧。

2. 不要随意预测考试结果

考试失败是对考试结果的一种预测,而这种预测是无谓地分散精力,只会加重心理压力,对考试产生消极干扰。因此,这种结果的预测不是考试前要思考的问题。

3. 面临考试要充分相信自己平时的积累

有的考生由于过于担忧自己的考试成绩,临考前仍然"开夜车""搞题海战术"等,使大脑负荷过重,考试时大脑兴奋与抑制失调,影响水平的正常发挥。所以考前要合理安排学习和休息,不对自己求全责备。既会紧张学习,又会享受娱乐,有张有弛,这对保持身心平衡具有关键作用。

4. 合理利用减压法

1) 自我暗示减压法

在焦虑、紧张和烦躁时,不妨自我鼓励一下,对自己说:"该复习的我都认真复习了,还怕什么呢?考试的内容都是这些复习过的东西。""和同学相比,我花的时间一点也不少,在竞争中我并没有落后,既然如此,我又何必紧张呢?"

2) 肌肉放松减压法

找一个安静的环境,以轻松的姿势坐好,从上到下或从下到上依次紧张肌肉、放松肌肉,然后感受肌肉由紧张到放松的感觉。需要注意的是,此方法一定要持之以恒,每天1~2次,每次10~20分钟。

3) 焦点转移减压法

有意识地转移注意力是减轻心理压力的有效途径。当处于压力过大的状态时,转移自己的注意力,做一些或想一些愉快的事情有助于自己心理压力的缓解。

4) 过渡性减压法

考前一周应该慢慢减小学习强度和减少学习时间,采取过渡调节方法来缓解压力。在考试之前做好知识能力、应试技巧、生理、心理、物质等各方面的准备。提前进入考场,从容地迎接考试。考试时不要想可能得多少分,那样会加重心理负担,影响考试成绩;考试期间,每考完一门交卷后应尽快忘掉考试内容,不要去对答案、算分,以免引起心理紧张,影响下一场考试。

5) 要学会放弃

考试中必然会有不会做的题目,如果你确定无论如何都不会做,就不要再浪费时间和精力。有限的时间和精力不如用到可能得分的题目和那些你认为应该做对的题目上。

二、学校恐怖症

学校恐怖症已经成为青少年学习最突出、最普遍的问题之一,而且呈现一种叫人忧虑的现象:不仅成绩不佳的学生厌学,成绩好的学生也普遍存在厌学情绪。那么,学校恐怖症到底是怎么一回事呢?

(一)学校恐怖症的类型及表现

学校恐怖症可分为意志性学校恐怖症和非意志性学校恐怖症。

意志性学校恐怖症,是指受本人思想支配导致的自觉的有目的的厌学、弃学或其他抗拒学习的行为。例如,某些学生受到现今社会上一些不良思想的影响,认为学习就是为了将来能够赚钱,有了钱什么都会有,所以与其天天在学校里苦苦地学习,不如趁早离开学校走入社会赚钱更实际。这种情况往往解决起来相对容易些,因为我们只要通过思想教育纠正学生的错误认知就可以了。

非意志性学校恐怖症,是一种学生本人不愿意出现的行为,却又心不由己、身不由己的行为或表现。具有非意志性学校恐怖症的学生在思想上都能够意识到自己当前努力学习与自己未来前途、命运等方面的关系。相对于意志性学校恐怖症,非意志性学校恐怖症出现的频率更高,影响更严重,解决起来也更棘手。

(二)学校恐怖症产生的原因

1. 家庭教育方式不正确

大多家长望子成龙、望女成凤,因此对待孩子的学习与成长,所采取的教育方式特别容易走极端,或者过于严厉地要求,或者放任不管、过度偏爱,这些都会对学生的学习心态造成不良的影响。父母对学习的态度、学习的行为习惯以及生活方式等都是孩子模仿的对象。家长勤学好问,子女自然也会乐学上进;而有的家长从不看书,不学无术,反对学习,即使他们对孩子的学习期望很大,要求很严,也不可能产生很好的效应。

学校恐怖症产生的原因.mp4

2. 办学理念的误区

在中国,中学教育以应试教育为主。忽视素质教育的办学思想,会使学生畸形发展,会使学生升学面临巨大的竞争压力,会使学生心理负担加重。教师不注重对教材、教学方法和学生心理方面的研究,教学方法守旧、单调,阻碍了师生间的情感交流,抹杀了学生的求知欲与好奇心,使学生于压抑中形成逃学、弃学、不愿意学等消极行为反应模式,厌学情绪越来越严重,最终导致学校恐怖症的形成。

3. 低俗文化的影响

由于青少年的年龄特征决定了他们的活泼好动,容易接受新事物,但又缺乏较强的是非分辨能力,因此,当低俗文化成为学生的追求时,他们必然会对学习失去追求和兴趣。

(三)学校恐怖症的干预策略

1. 进行正确的归因

学生对自己成就情境的不同归因,会引起不同的认知、情绪和行为反应。合理的归因可以增强自信与坚持性,而错误的归因会增加自卑和自弃等不良情绪和行为。比如,一次考试成绩不好,把原因归于强手如林,课程太难,高估了学习中的困难,低估了自己的学习能力,所以学习成绩才会很差。

2. 设置恰当的学习目标

设置一个适合自己的学习目标,刚开始目标不要过高,过高的目标容易使学生产生较大的心理压力,往往欲速则不达;目标太低则起不到应有的激励作用。所以目标要明确为中等难度,可以近期达到,这就要求家长不要给孩子施加过大的压力。

每个青少年都有不同的生活环境和生活遭遇,因此产生厌学的原因多种多样,父母因孩子成绩稍有下降就非打即骂,过度地追求孩子的分数,父母对孩子灌输了不正确的人生观、价值观,对孩子管束不严导致孩子结交了不良朋友,教师对孩子有歧视或教育方法不当等都可能使孩子产生厌学心理,所以解决的途径不是唯一的。但有一点是相同的,那就是,这些问题的解决需要家长、学校很好地配合和孩子自己的努力。

三、马虎

学生马虎,就是指对问题没有求真,一知半解。具体表现为:本来不该错的题却答错了,不该丢的题却丢了,不该写错的字却写错了。有时候即使提醒自己不能再马虎,但下次依然会犯不该犯的错误。

(一)出现马虎的原因

马虎是学习普遍存在的现象,从平时的作业到中考、高考,从小学生到中学生,甚至大学生,学习中尝过马虎苦头的学生不在少数。那么,学习中为什么会出现马虎的现象?

1. 不良的性格特征是产生马虎的基础

性格是一个人对现实的稳定的态度和习惯化了的行为方式。马虎是一种不良的行为习惯,是性格中态度特征的直接表现。中小学生是性格形成的关键时期,在此期间如形成做事匆忙、缺乏责任心、不认真的态度,其行为方式必然表现为粗心大意、不细致等不良习惯。性格特征导致的马虎在作业的审题、计算、格式及结果抄写中均有表现。审题马虎会出现丢题或多答,因此丢分或浪费宝贵的时间;在计算环节中,由于马虎而看错数字、符号、忘记换算单位或计算出现错误的现象,在学生作业中更是屡见不鲜。

2. 心理定势为马虎的形成提供了条件

定势是由先前的活动而形成的一种心理准备状态,它有决定同类后继心理活动态势的倾向。在情况不变的环境中,定势有助于迅速知觉刺激对象,在变化了的环境中,定势常使人的知觉出现错误,不利于问题的解决。学生作业中的错题,有一部分是由知觉定势导致的。如下列试题:8+2=10,5+3=8,4+3=7,7-2=9,显然,最后一题的错误,是由于前面三道加法题的影响形成了知觉定势，将第四题也按加法进行计算。这说明了刚刚发生的经验对刺激物产生的整合作用形成了知觉定势，从而歪曲了对客观事物的知觉，学生作业中将加法看成减法、将除法当作乘法而错题的事情非常普遍。

3. 认知方式是导致马虎的内在因素

认知方式是人在认知过程中所采取的方法，研究发现人的认知方式是有差异的，冲动型的认知方式比稳定型的认知方式在学习中更容易导致马虎。冲动型认知方式的学生在学习中表现为缺乏认知策略，知觉没有顺序，急于求成，为追求速度而忽视质量，考虑问题粗糙、急躁，易草率地过早下结论，解题中不愿按步骤逐层推导，经常跳过一些看似简单的环节，答题之后又不愿仔细检查，学习过程中的自控能力较弱。那些作业完成快，错题一大片的学生，其认知方式往往是冲动型的。

4. 注意力分散是造成马虎的直接原因

缺乏良好注意习惯的学生，学习中常常处于一心二用的注意力分散状态，他们一边做作业，一边做其他事情，想想这，摸摸那，心不在焉，注意力的稳定性与集中性很差。注意的稳定与集中是保障学习顺利进行的必要条件，如果学习过程中注意力处于分散状态，认知活动的正确性和有效性就失去了基本的保障，由此而抄错题、算错数、记错单词的马虎现象也就在所难免。

5. 情绪干扰是马虎的重要原因

情绪是重要的非智力因素，积极的情绪对学习具有激发、维持和促进作用，消极的情绪则能妨碍、中断和削弱学习活动的进行。比如，焦虑、恐惧、紧张、担忧、烦躁等不良情绪，都能破坏学生良好的心境，干扰正常的认知活动，形成心浮气躁、注意力难以集中、思想常开小差的心理状态。情绪干扰不仅影响学习效率，而且容易出现误看、误写等现象。此外，不良的学习习惯、骄傲自满以及不良环境的干扰等也都会导致马虎。

(二)消除马虎的对策

马虎是学生深恶痛绝的"瘤疾"，它耗费学习时间，降低学习成绩，考试中会给学生造成无法挽回的损失，有的学生甚至因马虎形成学习中的心理障碍。要消除学习马虎，必须培养学生良好的心理素质和健康的学习心理，从根本上消除引起马虎的心理因素，具体措施如下。

1. 培养良好的性格特征

性格特征是形成马虎的重要原因，要根治马虎，首先须从改造学生不良的性格特征入手。培养学生认真的态度、严谨的作风和高度的责任感是克服马虎不良习惯的首要条件。只有认真，学习才能一丝不苟；只有认真，知识大厦的基础才能牢固。要教会学生从一点一滴做起，培养认真严谨的行为习惯；从日常生活做起，要踏实，忌浮躁。字要一笔一画地写，不厌其烦地练，要求正确工整；作业要有理有据，有因有果，不能敷衍了事，不能赶任务。这样持之以恒，就能在潜移默化中养成良好的性格特征，改掉马虎的毛病。

2. 破除心理定势

破除心理定势，一方面，要培养学生良好的观察品质，有计划地训练学生，提高学生辨别事物或现象之间细微差别的精确性品质，发展观察能力，这是保障知觉的客观性、避免马虎、消除心理定势的有效措施。另一方面，培养求异思维习惯，使学生从不同角度思考问题，也有助于消除心理定势。

3. 培养良好的注意习惯

注意是心理过程的开端，它可为认知活动提供一个清醒的心理背景。注意力不集中，学习活动时的心理指向经常变化，注意对象得不到清晰而完整的反映，因此极易马虎错题。荀子的"目不能两视而明，耳不能两听而聪"，恰如其分地说明了一心不可二用的道理。注意集中稳定是学习成功的基础，也是高质量、高效率学习的保障，是每个学生必备的品质。注意力分散是马虎的先导，因此，培养集中注意的习惯对避免马虎是非常必要的。

4. 发挥成绩评定的作用

成绩评定可以使学生了解学习结果，了解学习进步或不足，并帮助学生分析产生差距的原因，从而提高学习热情，激发上进心，增强努力程度。教师可以结合思想教育，运用不同形式的成绩评定(如小组竞赛、红旗、红花、红星夺标等)，及时表扬那些作业认真、清楚、正确率高的学生，鼓励克服马虎有成效的学生，并与严格的要求紧密结合起来，如要求学生作业字迹工整、格式正确、卷面干净、不卷角、按时完成等，让学生在日常学习中逐渐养成良好的学习习惯。

5. 培养学生的元认知能力

元认知能力是一种高级的心理能力，是学会"如何学习"的能力。通过元认知指导调节学生的认知活动，实现对学习活动的自我意识、自我评价、自我监控和自我调节，是学生学会学习的有效途径。学生因冲动型认知方式马虎错题，从根本上说属于自我监控能力弱。因此，要加强元认知能力的培养，使学生善于监控自己的学习过程，从而减少出现马虎的机会。培养元认知能力，提高自控水平，可以从学生的审题、答题、检查、反思等环节下功夫。教师要教会学生如何审题、怎样作答、如何检查、怎样反思。这对学生消除马虎、培养良好的心理素质也有重要作用。

四、注意力分散

(一)注意力分散的表现

有些学生在学习过程中经常表现出感到厌烦、对什么都不感兴趣、注意力维持时间短等现象。上课时，目光游移不定，心思不定，不知自己在想什么也不知道老师在讲什么，无法把注意力集中在课堂上，当环境嘈杂或有干扰存在时，容易分心，无法正常学习。

(二)注意力分散的改善策略

针对学生学习中存在的注意力分散现象，建议从如下方面着手，来帮助学生集中注意力。

1. 激发学习动机

首先，应力求让学生感到学习内容有意思。就是说学习内容既要生动，富有哲理性、启迪性，又要有审美价值；既要源于学生的知识基础，又要高于学生的知识基础。其次，要力求使学习活动富有趣味性。教材处理、课堂组织、教学方式诸方面的艺术性，是课堂教学趣味性的前提，只有创设浓烈的教学感染情境，才能使学生的情感得到充分的满足与熏陶、意志得到充分的锻炼、才能得到充分的展示。最后，要使学生体验到学的知识有用。只有让学生认识到知与不知、知之较多与知之不多的巨大反差，才能激起学生的求知欲望。在学校教育情境中，我们不仅要注重知识系统的整体性、知识间的内在连贯性，还要突出所学知识、经验在解决问题中的多重作用，强调没有充分的知识经验准备，就无法顺利解决问题。

2. 运用积极目标法逐步训练

当给自己设定了一个要自觉提高自己注意力和专心能力的目标时，就会发现，在非常短的时间内，集中注意力这种能力有了迅速的发展。因此，可以借助这种方法训练注意力集中的能力。首先要有一个目标，就是从现在开始要比过去善于集中注意力。不论做什么事情，一旦进入，能够迅速地不受干扰，这是非常重要的。在军事上把兵力漫无目的地分散开，被敌人各个围歼，是败军之将。这与我们在学习和工作中一样，将自己的精力漫无目的的分散到很多事情上，永远是一个失败的人物。学会在需要的任何时候将自己的力量集中起来，这是一个成功者的天才品质。培养这种品质的第一个方法，就是要有积极的目标。

3. 排除干扰因素

毛泽东年青的时候为了训练自己注意力集中的能力，给自己立下这样一个训练科目，到城门洞里、车水马龙之处读书，以训练自己的抗干扰能力。一些优秀的军事家在炮火连天的情况下，依然能够非常沉着地、注意力高度集中地在指挥中心判断战略战术的选择和取向。因此，学生要具有这种抗环境干扰的能力，当然这种能力需要训练。同时学生还要善于排除内心的干扰，通常内心的干扰比环境的干扰更严重。环境可能很安静，在课堂上，周围的同学都坐得很好，但是，自己内心可能会受到一种干扰，有一种干扰自己的情绪活动，有一种与这个学习不相关的兴奋。对于各种各样的情绪活动，我们都要善于将它们放下来，予以排除。这时候，可以将自己的身体端正，并放松下来，将整个面部表情放松下来，也就是将内心各种情绪的干扰随同身体的放松都放到一边。

4. 节奏分明地处理学习与休息的关系

有很多学生是这样学习的：从早晨开始就好像在复习功课，书一直在手边，但是效率很低，一会儿干干这个，一会儿干干那个。12个小时就这样过去了，休息也没有休息好，玩也没玩好，学习也没有什么成效。这叫学习和休息的节奏不分明。正确的态度是学习和休息要分明，可以尝试从现在开始，集中一小时的精力，如背诵80个英语单词，看能不能背诵下来。学习完了，再休息，再玩耍。当需要再次进入学习的时候，又能高度集中注意力。这叫张弛有道。一定要注意训练这个能力，一定要善于在短时间内快速把注意力集中起来，高效率地学习。要这样训练自己：安静的时候，像一棵树，行动的时候，像电闪雷鸣；休息的时候，像流水一样"散漫"，学习的时候，像军事上实施进攻一样集中优势兵力。这样的训练才能使自己越来越具备注意力集中的能力。

五、正确使用学习方法

学习方法，就是学生在学习活动中所遵循的原则及采用的程序、方式、手段。现在，千千万万的学生在学习、在竞争，但他们普遍缺乏科学的学习方法和竞争方法。他们整天在题海中拼搏，在忙乱中跋涉。他们需要有秩序的有成效的学习，他们迫切地需要科学的学习指导方法。法国著名的生理学家贝尔纳(Bernard)曾说："良好的方法能使我们更好地发挥运用天赋的才能，而拙劣的方法则可能阻碍才能的发挥。"学习只靠用功不行，还要研究学习规律，掌握和运用科学的学习方法，这样才能既省时又省力，又能增强功效。不论是教师还是学生都应该重视学习方法，这是学习成才和教育成功的要诀。

(一)学习方法的种类和运用

学习方法从不同角度来划分，有许多种。概括来说，常用的学习方法有如下几种。

1. 整体学习法与部分学习法

整体学习法，就是把学习内容从头到尾反复学习的方法，即把学习内容当作一个整体，先求得一个概括、全面的了解，然后再学习具体的环节，从整体到部分，弄清它们之间的相互联系，也就是从综合到分析、以大带小的学习方法。部分学习法，就是把学习内容分成几个部分，按顺序分解来学习的方法，即把学习内容分解成几个具体的问题，每次集中学习一个问题，解决了一个问题再接着学习下一个问题，直到最后全部学完、问题全部解决为止。这两种方法各有其优点、缺点，学生可根据自己的接受能力和具体的学习内容来决定采用何种方法。二者结合便是最佳的学习方法。

2. 集中学习法与分散学习法

集中学习法又称无间隔学习法，就是不中断学习时间，连续学习。分散学习法又称间隔学习法，就是间隔一段时间的学习方法。两种学习方法的选择和运用也应根据每个学生的主观条件来定。一般来讲，学习比较复杂的材料，即逻辑性和连贯性较强或抽象难懂的材料，使用集中学习法较好。但实践经验表明，只要每次学习的时间不是太短，分散学习法效果较好。

3. 自我复述法

自我复述法又称自我测验法，就是在学习一段时间后，可以停下来检查一下自己掌握内容的情况。自我复述也可请别人协助进行。自我复述对记忆的保持具有重大作用。美国著名学习心理学家 A. 盖茨(A. Gates)早在 1917 年就对边复述边记忆的时间比例和再现量的关系进行了研究，结果表明，复述所花费的时间越长，再现量就越多。

4. 强化学习法

强化学习法，是指通过一些强化手段来使学习内容得以巩固，从而增强学习效果的一种方法。学习效果的增强，是经验和强化作用的结果，同时也可以增强联结作用。强化手段包括增加学习兴趣、增强学习意图,包括应学习什么和为什么要学,因此,每名学生都要提高对于学习目的和任务的认识,并在实践中不断加深对它的理解。高涨的学习热情也会强化学习,而学习环境、学习气氛与学习情绪有着极为密切的关系,能够激发起高涨的学习热情。

5. 过度学习法

过度学习法又可称为"过剩学习法",就是在把全部内容学会、学懂以后再继续学习一段时间。也就是说,在达到最低限度领会后,或在达到勉强可以回忆的地步后,继续学习,对于学习效果也有巩固作用。过度学习究竟学习到何种程度取决于学习材料的性质和学生本人的具体情况。

6. 迁移学习法

迁移学习就是先前的学习或训练的内容可以影响到以后相继而来的类似的学习或训练的内容,即已获得的知识、技能、方法、态度等分别对学习新的知识、技能、方法、态度等的影响,如"举一反三""触类旁通"和运用"比喻"等,就是利用迁移的方法进行学习。一切有意义的学习都是在原有的学习基础上进行的,都受学生原有的认知结构的影响。因此,一切有意义的学习都包含迁移,而决定迁移的实现及学习效果的重要原因是学生的认知结构。在读书期间必须踏踏实实地深入掌握和领会各门课的基本结构、基本原理和基本概念,将来在知识的学习和能力的发展上才能具有较强的生命力。

(二)正确的学习方法应遵循的原则

学习方法与学习的过程、阶段、心理条件等有着密切的联系,它不但蕴含着对学习规律的认识,而且反映了对学习内容的理解程度。在一定意义上,它还是一种带有个性特征的学习风格。学习方法因人而异,但正确的学习方法应该遵循以下几个原则。

1. 循序渐进

循序渐进就是学生按照学科的知识体系和自身的智能条件,系统而有步骤地进行学习。它要求学生注重基础,切忌好高骛远、急于求成。循序渐进的原则:一要打好基础;二要由易到难;三要量力而行。

2. 熟读精思

熟读精思就是要根据记忆和理解的辩证关系,把记忆与理解紧密结合起来,两者不可偏废。我们知道记忆与理解是密切联系、相辅相成的。一方面,只有在记忆的基础上进行理解,理解才能透彻;另一方面,只有在理解的参与下进行记忆,记忆才会牢固。"熟读",要做到"三到":心到、眼到、口到。"精思"要善于提出问题和解决问题,用"自我诘难法"和"众说诘难法"去质疑问难。

3. 自求自得

自求自得就是要充分调动自己学习的主动性和积极性,尽可能挖掘自我内在的学习潜力,培养和提高自学能力。自求自得的原则要求学生不要为读书而读书,应当把所学的知识加以消化、吸收,变成自己的东西。

4. 博约结合

博约结合就是要根据广博和精研的辩证关系，把广博和精研结合起来。众所周知，博与约的关系是在博的基础上去约，在约的指导下去博，博约结合，相互促进。坚持博约结合，一是要广泛阅读，二是要精读。

5. 知行统一

知行统一就是要根据认识与实践的辩证关系，把学习和实践结合起来，切忌学而不用。"知者行之始，行者知之成"，以知为指导的行才能行之有效，脱离知的行则是盲动。同样地，以行验证的知才是真知灼见，脱离行的知则是空知。

总之，学习方法是重要的，只有努力掌握科学的学习方法，才能获得最佳的学习效果。我们可以在自己的学习过程中，既学习前人总结出来的好的学习方法，也结合自己的实践，努力探索出行之有效的学习方法。

第二节 青少年交往心理的咨询与辅导

交往是指人与人之间的一种具有互通意味的彼此往来、信息传递、情感交流、思想沟通、相互作用和影响的社会活动。这种活动是一种"人类机能"，是人的一种存在方式。交往对青少年有着极为重要的意义。交往是青少年实现社会化的必经之路，是社会化过程中的一个重要动因；交往也是青少年个性完善的重要手段，与同伴、成人交往能促进青少年自我意识的发展；交往对青少年的人生观、价值观的形成有重要影响，青少年在交往活动中以自己独有的特性塑造着个体的人生观、价值观。然而，青少年的交往又不可避免地存在着一些需要给予指导的问题。

一、异性交往

异性交往是青少年交往的重要方面，是其社会化发展的"必修课题"。青少年阶段是人生社会化过程的重要时期，而青少年阶段的异性交往，又是实现其社会化过程中必不可少的链条。因为"人之生不能无群"，在社会中，青少年必然面对异性交往，只有学会与异性健康交往，才会形成良好的人际关系，使学习、生活正常进行。心理学研究表明，随着青少年生理和心理的发展，异性之间交往的愿望日益强烈，但由于其既缺乏异性交往的心理准备又缺乏相应的经验和技巧，难免产生心理和行为问题。因此，了解青少年异性交往的心理问题、指导青少年培养异性交往能力和积累异性交往经验、为其步入社会做好准备十分必要。

(一)异性交往的问题表现

由于社会转型、环境变化、教育不力，当前青少年异性交往存在不少问题。这些问题主要表现在以下几个方面。

1. 交友观不正确

部分青少年以异性朋友多为荣，借以炫耀，互相攀比，甚至有的学生交友是为了满足自己的私欲。

2. 超越友谊界限

一些青少年由于分不清友谊与爱情的界限，将异性同学之间的互相吸引和愉快相处当作"爱情"，把握不住自己的感情而陷入早恋的旋涡。

3. 交往方式不当

交往方式不当突出表现在青少年的随意性交往和隐蔽性交往增多。青少年交往的随意性较强，交往对象良莠不齐。

4. 择友标准不当

大多数青少年以学习好、能力强、思想品质高为择友时考虑的主要因素。但也有部分青少年在择友时注重时尚和时利，以"讲义气""出手大方""漂亮""有钱"等为择友标准。

5. "一对一"的异性交往带来的困扰

在同学的交往过程中，难免出现较为亲密、频繁的"一对一"的异性交往。这种交往即使是正常的交往，也会容易招来周围同学、老师、家长的猜疑和议论，给交往带来压力和困扰。

6. 爱情错觉

有的青少年因受到对方言谈举止的迷惑，或自己的各种主观体验的影响而错误地踏入爱河，或因自以为某个异性对自己有意而产生"被爱"的错觉，并因此感到困扰。

7. "心相近而形相远"的矛盾

由于生理和心理的发育，青少年产生了强烈的异性交往的愿望，但由于缺乏与异性交往的技巧，不安和害羞使部分青少年以反向的方式来表达自己对异性的关注，从而出现特殊的"心相近而形相远"现象。

8. 拒绝异性交往

拒绝异性交往并不是因为青少年违背异性相吸的自然法则，而是因为他们以往的生活经历形成了对异性的偏见。异性交往困难大多是由于个性心理障碍。这都可能使青少年厌恶、回避、拒绝乃至仇视异性。

(二)异性交往的正确做法

1. 更新观念，正确认识异性交往

青少年由于性的萌动，对异性产生渴慕，是正常的生理、心理现象，过分压抑自己对身心健康发展是不利的，不应该将与异性交往神秘化。青少年、教师、家长都应理解和认识到正常异性交往的必要性和可行性，将正常交往带来的益处和不适当交往、不健康交往或回避交往等所带来的弊端区分开来，摒弃"男女授受不亲""异性交往就是谈恋爱""异性交往没什么好处"等不正确的观念和"禁""堵"处处设防的被动做法。切忌将不恰当交往中出现的问题归咎于正常的异性友谊或异性关系，并由此全盘否定青少年的异性交往。同时，注重进行人生观、价值观、交友观、友谊观等的教育。人生观、价值观制约着人与人之间的心理距离的亲疏关系，是交往关系亲密性、深刻性和持久性的主要"调节剂"，能够不断净化、优化交往心理，使择友、交友从盲目的自然状态上升到自觉的理智水平。直接提倡男女生的交往，这既有利于减缓青少年对异性的神秘感，也有利于把异性的交往公开化。如此，一方面一定程度上利用了学生的逆反心理，另一方面也有利于我们对异性交往进行监控和引导。

2. 把握好异性交往的原则

在指导青少年进行正常异性交往时，要告诫或建议他们把握好自然和适度两个原则。自然原则，就是在与异性交往过程中，言语、表情、行为举止、情感流露和所思所想要做到自然、顺畅，既不过分夸张，也不矫揉造作。清除异性交往中的不自然感，是建立正常异性关系的前提。适度原则，是指异性交往的方式要恰到好处，应为大多数人所接受。把握好异性交往的度，包括广度、深度、适度，只有把握好这些交往的度，才不致因异性交往而过早地萌发爱情，又不因回避或拒绝异性对交往双方造成心灵伤害；既不过多地参与异性之间的"单独活动"，也不在异性面前如临大敌，拒不接纳异性的热情和帮助。此外，还应遵循平等互助、律己容人、诚实守信等原则。

3. 恰当使用交友方法

首先，要克服交往心理障碍，包括自卑、焦虑、冷漠、羞怯、猜疑、妒忌等障碍，树立自信心。其次，要讲究交往的基本礼仪，主要包括：说话和气、称呼得体、衣着整齐、举止大方、坦荡无私、以诚相待、相互信任等。最后，要注意培养交往的良好品德，包括谦逊诚实、宽宏大度、举止得体、自尊自爱等。

4. 提倡集体的异性交往

在健康的班集体里，积极向上的群体交往氛围，有利于培养异性交往的能力，便于掌握异性交往的原则、方法，能抑制异性交往出现的不良现象。在提倡集体的异性交往的过程中，积极地进行高尚的友谊教育，明确友谊的意义及友谊与爱情的界限。高尚的、高质量的友谊是消除不良异性交往的"清洁剂"。在集体交往中，难免会出现个别较为亲密的，甚至逐渐频繁的"一对一"的异性来往，对此，既不要过度紧张，也不要完全忽视，而是循循善诱，把离群的"雁"引回集体中来，采用个别辅导和集体感化相结合。在个别辅导时，最好用"冷冻法"加以处理，因为"冷"处理有利于质的转化，使还在潜伏的、不明朗的不良异性关系在冷静思考后得到处理，同时创造了转变的环境，切忌将之公开化和扩大化，否则，会适得其反。

5. 启动学生内部心理机制，教育青少年做感情的主人

人际交往实质上是心灵的碰撞、心理的交流，学校要重视启发学生的内部心理机制，用自己的意志和理智来调节自己的交往心理和行为。正如苏霍姆林斯基所说"用理智管住

自己的心"，加强意志锻炼，做感情的主人。青少年时期是异性交往的重要时期，教师、家长要加强指导和辅导，帮助学生处理好异性交往。帮助学生正确认识异性交往的意义，划清友谊与爱情的界限，掌握异性交往的原则、方法，树立正确的交往观，促进青少年个性的全面、健康发展。

二、师生交往

青少年正处于生理、心理迅速发展的时期，其个性发展表现出较多叛逆性、矛盾性和冲突性，这些必然会在师生交往中体现出来。一方面，他们把教师的教诲视为对自身发展的束缚，另一方面又希望能得到教师的认可，但有时候教师将他们当作孩子来看待，使他们觉得教师不理解自己，进而不愿意和教师交流，并对教师的意见表现出大的反抗性，师生关系明显受影响。

(一)师生交往问题表现

1. 师生之间常发生冲突

首先，随着学生个体身心的不断发展，学生个体自我意识、独立精神逐渐增强，尤其到了中学阶段，学生表现出强烈的成人感，出现过度自尊、反抗成人控制、固执己见等现象。如果教师不能理解学生的这一特点，就很容易导致冲突的发生。其次，学生的挫折感也会引发师生冲突。学生在学习上的困难，可能导致学生对学习过程和学习结果的焦虑和恐惧，引发挫折感，师生冲突往往成为学生宣泄挫折感的一种方式。最后，学生触犯角色"规范"的行为。学校或教师为了保障教学活动顺利进行，促进学生良好个性和道德品质的形成发展，制定了每个学生必须遵守的规范准则，但学生因无法做到产生故意违反管理制度的行为。

2. 师生之间缺乏沟通

一方面，在传统教育观念的影响下，一些教师抱着师道尊严的思想，不愿意与学生进行真诚的交流，特别是对一些学习成绩不好、表现较差的学生，更是不屑一顾，这让学生对教师敬而远之。有调查显示，绝大多数教师虽然在理论上接受了平等、民主等师生关系的理念，但在实践中认为不能无原则地与学生打成一片，必须树立与自己"教师"职位相吻合的形象，和学生保持适度距离。另一方面，青少年特殊的心理发展特点决定了他们的叛逆性较强，生活中遇到问题、困难时，更倾向于找同学交流，不愿意告诉教师。

(二)如何正确处理师生交往问题

1. 做好交往的准备

缺乏和教师交往经验的学生，在教师面前容易出现过度紧张、脸红、不知所措等不良反应，这有碍于师生关系的深入发展。若要克服这种现象，就必须做好一定的心理准备。

1) 培养自己的交往意识

相对学生来说，教师具有更丰富、更广博的知识，具有更多更深的人生阅历，也具有更为完整的人格和成熟的个性。因此，在与教师交往的过程中，学生可以获得教师的关心，学习教师的经验，接受教师的教诲，从而满足自己的情感需要，并使自己不断成长和完善。每个学生都应培养主动与教师交往的意识。

2) 做好谈话腹稿

由于教师与学生的特殊关系，初与教师交往的学生有些不适应，这是很正常的现象。有学生说，他每次和班主任谈心时都会出现思维短路，交谈的形式总是教师问一句他答一句，教师没话问了他也觉得无话可说了，这种情况让他很尴尬，几乎令他丧失交往的勇气。一般来说，和教师谈话都有一定的目的，或寻求学习上的帮助或解决心理上的困惑等。若在谈话前先想想自己要问什么，该说什么话，有备而来，就能有效地克服胆怯、紧张、口齿不清等问题，增强交往的信心。

3) 尊重教师的心理需求，给交往创造一个舒畅的心理环境

教师在与学生的接触中，更注重的是心理需求，即精神满足。聪明的学生懂得尊重教师的人格，交往时有礼有节，用自己的进步表现作为献给教师的礼物，实际上，这更能体现教师的人生价值，使教师获得精神上的满足。同时，注意在适当的时候对教师的优点和成就加以赞赏。渴望被赞赏是人最基本的天性，是一种普遍的心理需求，因此，在和教师交往时，不妨对其人品、教学等方面的优点加以适当赞赏。值得注意的是，这种赞赏应符合实事求是的原则，不能夸张，更不能无中生有，否则会给人以阿谀奉承、拍马屁的感觉。在交往中必须将心比心，站在教师的角度去思考、去体验，努力做到尊重教师的思想、理解教师的保守、包容教师的唠叨。

4) 掌握一些交往的技巧

人际交往既是一门学问，也是一门艺术，要想加强与教师的交往，还必须掌握一定的交往技巧。首先，了解教师个性，选择适当的交往对象。不同教师具有不同的个性，因此，最好在了解的基础上选择那些具有良好心理素质并且个性与自己特点相似或互补的教师作为交往对象。其次，掌握交往时机。有的学生喜欢中午按教师的门铃，有的学生没事也总爱在教师家里一待就是大半天。诸如此类行为严重打乱了教师的作息制度，这就难怪教师对他没有热情了。再次，讲究交往方式多样化。面谈是学生与教师交往的主要方式，但不是唯一方式，若能采取一些其他方式可能会得到出乎意料的效果，比如，和教师一起打球、散步、逛街等。最后，明白交往是双方的。因此，不能只想着从教师那里获得教诲，也应努力为教师提供一些新奇的或有益的信息，使师生在交往中得到共同发展和提高。

2. 勤学好问，虚心求教

经常听学生说"那个教师并不怎么样""他的水平太低了"，等他们长大以后才知道这种看法和想法是多么天真。就像作弊者从来都认为教师发现不了，其实，只要往讲台上一站，谁在下面干什么都一目了然。教师在年龄、学问、阅历上肯定是高于学生的，因此，学生向教师虚心求教、勤学好问不仅直接使学习受益，还会增进、加深和教师的交流，无形中缩短了与教师的距离，每个教师都喜欢肯动脑筋的学生。向教师请教问题是师生交往的第一步。

3. 正确对待教师的过失，委婉地向教师提意见

心理学的研究发现，人们会对没有缺点的人敬而远之。其实，根本不可能存在没有缺点的人。教师不是完美的，有的教师观点不正确，或误解了某个学生，甚至有的教师"架

子"比较大，或是太严厉，这都是可能的。发现教师的不足要持理解态度，向教师提意见语气要委婉，时机要适当。如果教师冤枉了你，暂且忍一忍，等大家都心平气和后再说。不管怎么说，教师是长者，学生应该尊敬教师，照顾教师的自尊心和面子。

4. 犯了错误要勇于承认，及时改正

有的学生明知自己错了，受到批评，即使心里服气，嘴上也死不认错，与教师搞得很僵；有的人则相反，受过教师一次批评心里就特别怕那个教师，认为他是对自己有成见。这都是没必要的，错了就是错了，主动向教师承认，改正就是好学生。教师不会因为谁一次没有完成作业、一次违反了纪律就认为他是坏学生，就对他有成见。相信教师是会全面、客观地评价学生的。与教师关系融洽既可以促进学习，又可以学到很多做人的道理，使你一生受益无穷。

三、友谊挫折

(一)友谊挫折问题表现

在与朋友的交往过程中，当好朋友又交了其他一些朋友而冷落自己的时候，就会有一种失意感、空虚感；在一些原则问题上，和朋友相持不下，导致友谊破裂；失去友谊则感觉世态炎凉、人生险恶，处处提防他人而不愿与人坦诚相对，影响学习、生活的情绪，饱尝遭受打击的痛苦。

(二)友谊挫折的种类及应对

1. 归属挫折

假如朋友又交了另一个朋友，扩大了你的友谊圈，你可能感到高兴。当然，只有在你的老朋友把你视为主要朋友时，这种欢快心理才能维持，如果这个新朋友部分甚至完全代替了你的地位，你就会有种不可言状的失意感、空虚感，这就是归属挫折。因为我们认识的朋友，不可能永远只和你厮守在一起。为了各自的学习、生活和发展，大家一定会有新朋友。特别是在现在信息开放的时代，人际的交往也是多方面和多层次的，谁都需要更多的朋友。但要注意，友谊的价值一方面是不干涉和伤害各自的独立性；另一方面是相互忠诚。有了新朋友而疏远旧朋友是不可取的，这必然会使双方产生归属挫折而使友谊夭折。友谊构成的妙方就是相同之处与不同之处的恰当调和，相同之处使朋友彼此理解，不同之处使朋友相互交流。

友谊挫折的种类.mp4

2. 错觉挫折

因事物的巧合或信息传递带有歪曲性以及外界的流言、挑拨，当事人对朋友不满意和产生怀疑，使双方的友谊受到影响，这就是错觉挫折。朋友之间出现了错觉挫折，一定不要性急或失去理智马上得出结论，不要轻易相信自己的主观判断，而要进行一番归因分析，即使出现了误会误解，也应以越早解开越好，越彻底解决越好。朋友之间既要做到"君子坦荡荡"，又要谨防因过于要面子而把话闷在心里。从维护友谊出发，应尽快消除错觉，错觉一旦消除，友谊会更升华一层，也显得更加纯洁牢固。

3. 分歧挫折

分歧挫折指由信仰分歧、观点分歧、行为分歧而引起的友谊挫折，这种挫折比较复杂，因为有些分歧是带有原则性的，有些则无原则性，有时这些分歧又错综复杂地交织在一起，所以朋友间的友谊就会时离时合，也可能会友谊中止甚至反目为仇。所以对待分歧挫折要认真区分。人们的生活习惯、交际方式等行为分歧在现实生活中是较常见的，有的喜欢安静，有的喜欢热闹，有的喜欢读书，有的喜欢打球，等等。这样的分歧只能求大同存小异，大可不必迁怒对方，如果发现对方行为的动机不纯，表现出低劣人品，就应批评劝告，乃至终止友谊。如果能说服对方，则还可以保持友谊。

4. 利害挫折

能不能经得起利害挫折是对真假友谊的最好辨别。在现实生活中，利益冲突是在所难免的，尤其是这种利益冲突涉及的人是你和朋友时，你就应该好好想一想，在这种利益冲突中我将得到什么、失去什么，这一得一失谁更宝贵。为了帮助朋友，有时需要牺牲些自己的利益。

四、代沟

代沟是因时代和环境条件的急剧变化、基本社会化的进程发生中断或模式发生转型，不同时代人之间在社会价值观念、行为取向的选择方面出现差异、隔阂及冲突的社会现象。不同时代人在"生活方式""价值观念""拥有的知识或能力""目标追求""拥有的地位或经验、行为方式"等方面都会存在代际差异。

(一)师生代沟

师生间的"代沟"是引起师生间心理冲突的原因之一。师生在年龄、社会阅历、文化程度和生活态度等方面存在着差异，形成认知的差异。同时，社会给予学生的影响是多方面的、多层次的，使学生的兴趣、情感、意志、期望等心理带上了时代的色彩。实际生活中，一些教师并没有注意到学生心理的时代特点，仅按照自己的理想设计去进行教育教学活动。由于这些教师的性格、兴趣、需求、意识与学生心理需求存在一定的距离，即师生之间对教育教学活动中的某件事、某个问题出现了认识上的分歧，从而难以产生心理上的共鸣。师生间代沟存在主要是师生角色地位的需求、师生年龄阶段、师生行为立场以及师生社会化背景的差异。在解决师生之间的代沟冲突上，建议从如下方面着手。

1. "换位"思考

当师生之间由于年龄、生活阅历、社会环境、成长经历、所受教育等，相互之间发生思想、观念、价值观等方面的矛盾冲突时，教师要将自己的角色暂时定位在学生视角，同时学生也要将自己的角色转化成教师。这样相互之间就会多一分理解，可以很好地交流、沟通，相互理解、相互谅解。

2. 在人格平等的基础上虚心学习

教师不要以"权威"自居。在传统的教师角色中，教师被视为知识、真理的化身，"师道尊严",教师就是权威。在当今信息化时代,有的青年学生获得信息和知识的能力及速度可能已远远地超过教师,这就要求教师放下"权威"的架子,虚心向学生学习,在人格平等的基础上与学生共同成长、与时代共同成长,这样就会减小师生之间的代沟。

3. 正视问题并积极应对

在师生交往过程中,出现矛盾和问题是正常的。当师生遇到这种情况时,师生双方都应该正视问题并积极应对,分析问题产生的原因,找到问题的症结所在,相互理解、相互沟通,想方设法予以解决,特别是有主导地位的教师更应如此。

(二)亲子代沟

现代家庭中普遍存在着代沟问题,如果父母在子女的成长过程中,与子女缺乏适当的沟通,代沟问题就可能会导致父母与子女之间的关系不和谐。相互之间轻则互不理解,重则抱有敌意。所以要构建和谐的亲子关系,必须通过沟通等手段让代与代之间曾经断裂的心理联系接续起来,从而达到交流的顺畅和相处的和谐。

大家不难发现,一个刚出生的婴儿,不同的人抱他,他会有不同的反应,多数情况下这取决于抱的人与婴儿之间是否有良好的沟通。一个婴儿都需要沟通、渴望沟通,更何况是那些处于青春叛逆期的学生?学生有自己的想法,他们又何尝不需要与别人沟通?要解决好亲子间的代沟问题,形成和谐互动的亲子关系,只有平等地对话、顺畅地沟通才能达到目的。

1. 要把孩子当成独立的生命体来看待

心理学家马斯洛曾提出"人有生存的需求,尊重的需求,自我发展的需求,自我实现的需求等"。尊重本质上是内心对孩子无限的重视,真正满足孩子的心理需要。因为只有尊重孩子,走进孩子的心灵世界,家长和孩子之间才有可能愉快地沟通,得到家长足够尊重和信任的孩子会发展出更多潜能。原苏联著名教育家马卡连柯曾说:"要尽量多地要求一个人,也要尽可能地尊重一个人。"因此,尊重孩子的人格是和孩子良好沟通的基本原则。

2. 家长要以民主平等的态度与孩子沟通,并学会欣赏孩子

父母只有以民主、平等的姿态了解孩子,知道孩子想什么,愿意做什么,才能对症下药,找到与孩子沟通的有效途径。只有父母主动成为孩子可以信赖的朋友,孩子才会真正地接受父母,尊重父母的意见和建议。尊重孩子的想法和意愿,引导孩子的过程就是发现和理解孩子的过程。孩子在逐步成长的过程中,慢慢就会形成自己独有的对人生、对社会的看法。同时要注意,尊重理解孩子要落实到引导上,留给孩子创造的空间,这样才能解放孩子的想象力和创造力。现在的父母工作都很忙,但无论多么忙碌,也应该想办法每天抽出时间与孩子交流。在与孩子交流对话时,父母要有耐性,做个有修养的听众,学会认同和分享,积极发现孩子的优点,并对孩子的优点进行发自内心的赞扬。

3. 家长要确立终身学习的理念,不断改变自我、完善自我

人是社会的人,孩子的世界紧紧跟随着时代的步伐与时俱进。作为家长,跨越代沟与

孩子顺畅沟通、构建和谐亲子关系，确立终身学习的理念特别重要。家长只有树立终身学习的理念，在对新事物认识水平上、在家庭教育观念上与时代合拍，才能真正懂得尊重孩子，倾听孩子真实心声，懂得欣赏孩子，切实改进不良的亲子关系模式和家庭教育方式，做到在孩子取得成绩时及时肯定，并鼓励他们再接再厉。在孩子遭遇挫折与失败时，努力帮助孩子找出原因，和孩子一起解决问题，一起成长进步。

跨越代沟，化解代沟，构建和谐的亲子关系，需要亲子间持久不断地相互关爱、理解与合作。这既是一门艺术，又是一门科学。必须付出真心真情，配之以科学、合理的方法，才能收到预期的效果。只有学会平等真诚沟通，学会热爱生活，才能跨越代沟，建立起和谐的亲子关系。

五、说话紧张胆怯

(一)说话紧张胆怯的表现

有些学生在大的场合就会紧张，语无伦次，要不就是总是讲不到重点，头脑空白，只有经过反复的想象才能好点。虽然也经常告诫自己不要紧张，但一到关键时候就不由自主了。

(二)改善紧张胆怯的有效做法

深受说话胆怯紧张之苦的青少年，不妨尝试从如下方面做起，努力改善这种紧张状况。

1. 树立自信心

树立自信心是改善紧张心理的关键。要从内心确认自己能行，自己给自己鼓劲。不要太在乎别人对你所说的话有什么看法，当然这要经过一段时间有意识的培养才行，哪怕与从前对比只有一点点不在乎，也要坚持。你只要有了自信心，什么困难都能克服，什么事情都难不倒你。

2. 多场合锻炼

要充分利用人多的场合，鼓励自己多说话，哪怕只说一两句，慢慢地增加说话内容。记住，一定要开口锻炼。

3. 寻找自己熟悉的面孔

把讲话中断几秒，从听众中寻找熟悉的面孔，调整呼吸，防止注意力集中在紧张感上。

4. 向听众坦言自己很紧张

以"尽管做了大量准备，但还是很紧张"做讲话的开场白。这样直言相告，听众就会在笑声中接受你。

5. 多动上半身

上半身用力的时候较多，很容易紧绷着并造成情绪上的紧张。所以，索性上下耸耸肩等。

6. 避开对方目光

很多场合紧张是因为对方目光，说话时要做到"目空一切"，就是不要盯住某个人或某处，要做到"虚看"。这样才会集中注意力讲话。

7. 把双手活动起来

脸上的紧张往往在手上表现出来。可以掰手指数数、用手势表现语言等，来缓和紧张情绪。

可能你性格内向，缺乏自信，和人不敢大胆说话，时间长了会影响情绪，因而感觉到精神压力带来的沉重负担，所以觉得身心疲惫，非常自卑和心情压抑。你不必在意他人会怎么说，学会自信，学会调适自己，大胆与人交谈。等你能大胆说话，你的心理就更成熟了。

第三节 青少年恋爱与性心理的咨询与辅导

爱情是什么？这是一个古老而常新的话题，是指异性之间在生理、心理和环境因素交互作用下互相倾慕和培植感情的过程。恋爱就是一对相互倾慕的男女共同追求、培育及实施爱情的过程。对于青少年来说恋爱与性是两个不可回避的话题。

一、青少年恋爱心理咨询与辅导

心理学家依据恋爱中对爱情的追求，进一步把爱情分为健康的和不健康的两大类。

爱情的分类.mp4

健康的爱情有以下表现。①不痴情过分，不咄咄逼人，不显示自己的爱情占有欲，能够充分尊重对方。②将爱情给予对方比向对方索取爱情更使自己感到快乐，并以对方的幸福为自己的满足。③认为爱情是彼此独立的个性的结合。

不健康的爱情有以下表现。①过高地评价对方，将对方的人格理想化。②过于痴情，一味地要求对方表露爱的情怀，这种爱情常有病态的夸张。③缺乏体贴怜爱之心，只表现自己强烈的占有欲。④偏重外表的追求。对于处于青春期的青少年来说，往往会在恋爱这个问题上表现出一些问题。

(一)早恋心理咨询与辅导

早恋，是指远在婚龄期以前的异性青少年之间的恋爱行为。早恋要以年龄为划分的界限，但也不能机械地"一刀切"，而是应该具体情况具体分析。一般来讲，有两个因素可供参考：一个是生活自理的程度，另一个是谈恋爱的年龄与法定最低婚龄相差的程度。用这两个标准来衡量，高中以及高中以下的学生谈恋爱，就应该算是早恋了。因为他们的生活还不能完全独立，他们的年龄在18岁以下，离法定的最低婚龄还有一段距离。目前，青少年早恋现象普遍存在。

1. 早恋的原因

青少年发生早恋的原因多种多样。除了生活水平提高，营养状况普遍改善，身高、体重增长较快和性成熟期提前外，还与以下一些因素有关。

(1) 青春期的提前，产生了对爱情的需求。青少年产生了"我已长大成人了"的自我意识，认为"既然是大人，谈恋爱当然是无可非议的事了"。

(2) 逆反心理。越是压抑和禁锢的事情，就越会激发起人们的好奇心。处于青少年阶段的中学生，是禁止谈恋爱的。越是禁止谈恋爱就越激发起他们的好奇心，想谈恋爱的心情也就越来越迫切了。

(3) 朦胧的性意识开始转变成自觉的追求。当前，青少年正处在信息传播十分发达的时代，这些客观因素使中学生的社会视野扩大，通过阅读、观看有恋爱情节的小说、影视剧，他们原本朦胧的性意识开始落实在行动上，形成自觉的追求，从而出现早恋。

(4) 公共场所的不良刺激。有些成年人在表达对异性的感情时，常常不分场合，做出过分亲昵的举动，有意无意给青少年耳濡目染的不良感官刺激，触发和加强他们对异性的渴望，促使他们产生尝试爱情生活的冲动。

(5) 家庭影响。有的青少年因家庭住房拥挤，晚上偶尔发现父母或兄嫂间的亲昵举动行为，受此影响开始早恋。有些青少年是受了家长"早恋爱，早结婚，早生子，早享福"的旧思想影响而开始早恋的。

(6) 不健康文化的熏染。许多文化产品，如电影、电视、报纸杂志等存在着精神糟粕，如裸体镜头、色情描写等，这些对青春发育期的青少年来讲，都会产生不良的诱发作用，从而发生早恋。

2. 早恋的预兆表现

早恋的青少年也会出现一些预兆表现。通过调查统计，这些预兆表现可归纳为以下几点。

(1) 爱打扮，十分注重修饰，常对着镜子左照右照、前照后照，还时常要求父母为其添置时髦服装。

(2) 原先学习成绩较好，"无原因"出现学习成绩下降、上课时注意力无法集中的现象。

(3) 原先是活泼好动的，现在变得沉默，不愿和父母说话，脾气也急躁起来。

(4) 在家坐不住，找借口往外跑，瞒着父母去公园、看电影、唱卡拉 OK，不愿在家与父母看电视，有时还说谎。

(5) 放学回家后爱一个人躺在房内，沉默寡言，常想心事，时常走神发呆。

(6) 情绪起伏大，变幻莫测，有时兴奋，有时抑郁，有时烦躁不安。做事没头脑，丢三落四，缺乏耐心。

(7) 对描写爱情的文艺作品感兴趣，对影视剧中的接吻、拥抱等镜头尤为关注，目不转睛地看。

(8) 喜欢打听男女之间的"隐私"，对儿女情长的事情尤感兴趣。

(9) 背着家长写日记或写信，看到家长后急忙掩饰，慌慌张张，手忙脚乱。

(10) 电话、信件较多，信封上是异性笔迹，而且不留寄信人姓名和地址，大多署名"内详"字眼。

早恋，是人到了一定年龄的自然流露表现，同时又是一件不适时的事情。对早恋中的青少年，要尊重他们的感情，对他们不宜采取压制、打击行为，更不能采取"记过""开除"等极端处分。应对他们循循诱导，进行性教育，帮助他们消除性神秘感，区分友谊和爱情的关系，处理好理智与冲动的关系。绝大多数青少年都是通情达理、想要进步的，只要对他们讲清楚道理，指点迷津，他们是能够理解和接受，并能够正确处理早恋问题的。

3. 早恋的干预策略

正确处理早恋问题，可以从如下几个方面入手。

1) 正视早恋

要让青少年清楚地认识到早恋的危害，用理智战胜这种不成熟的感情。早恋最直接的危害是严重干扰学习。要让他们知道由于整日整夜满脑子想着自己喜欢的那个异性，会没有心思去学习，觉得学习没多大意思，上课注意力难以集中，学习成绩会越来越差。有人说：事业的引力、爱情的驱力、歧视与压迫的反作用力，是人生的三大动力。因此，早恋处理得好，可以产生"合动力"。有关统计材料表明，那些在中学时代就耳鬓厮磨、如胶似漆地恋着的，结果大都是学业荒废、爱情失败，甚至有的由"爱得深"变为"恨得切"。相反，那些把爱深深埋在心底、一心向学的青少年，多数不仅事业有成，而且能够赢得爱情。因此，青少年要把眼光放得远一点，要用理智战胜自己的感情。毅力的真谛是战胜自己，战胜自己便会摆脱早恋。

2) 正面引导

性成熟带来的好奇的探究，是引发早恋的心理前提条件，应有步骤、审慎地对青少年进行健康正面的性教育，打破性的神秘感。如果强行禁止甚至斥责，青少年对性的好奇感反而会被不正常地强化，对性充满一种神秘与不安的罪恶感，这是十分不利于青少年身心健康的。因此，要正确处理早恋和男女生正常交往的关系。每个步入青春期的少男少女，随着生理的逐步成熟，都会开始关注异性同学，并希望了解他们，与他们交往，这是一种正常的心理现象。青少年对异性的依恋并不是一件丢人和见不得人的事，且与道德品质无多大关系。绝大多数青少年都"早恋"或"单恋"过一个自己很喜欢的异性。关键是青少年如何正确处理早恋和男女生正常交往的关系，不要过分敏感。

3) 活动宣泄

如果青少年总被束缚在单调、枯燥的学习之中，其精神文化生活和社会交往需要受到抑制，他们的生理性需要就会被激发起来，从而发生"早恋"现象。因此，多些活动或运动，使青少年把集聚的能量合理、有意义地释放出去，在有益的活动中既满足青少年自我实现的需求，又引导他们学习社会伦理要求和集体活动的规则，学习生活艺术，形成良好的心理品质，培养素质优良的知、情、意、行，对青少年健康的心理发展是十分必要的。引导他们多参加集体活动，分散独自喜欢一个异性的注意力。参加有意义的集体活动，可以帮助他们陶冶情操、树立远大的理想，并获得同学的帮助和友谊。同时，这样做能分散早恋的注意力，减轻烦恼。

4) 设法摆脱早恋

青少年如果正面临早恋困扰，可以尝试采取如下方法来摆脱。

(1) 转移法：把精力转移到学习上去，用探求知识的乐趣来取代不成熟的感情。

(2) 冷处理法：逐步疏远彼此的关系，以冷却灼热的恋情。
(3) 搁置法：终止恋情，使双方的心扉不向对方开启，而保持着纯洁的、珍贵的友谊。

青少年应该注意陶冶情操，多参加集体活动，增加多种喜好，从自我心理中解放出来，要清楚地认识自己、认识他人，体验和理解自己与他人的感情，正确区分友谊与爱情。应该清醒地看到自己所处的年龄阶段的特点——"暴风骤雨，瞬息万变"。由于青少年还会不断地成长变化，因此所谓的爱情也是不牢固的。

(二)失恋心理咨询与辅导

1. 失恋的消极心理表现

失恋是指一个人被其恋爱对象抛弃。失恋引起的主要情绪反应是痛苦和烦恼。大多数失恋者能正确对待和处理好这种恋爱受挫现象，愉快地走向新的生活。但对于一些青少年来说，通常失恋后，会变得生不如死，好像天都要塌下来了。常常出现以下几种消极心态。

1) 自卑心理

失恋者陷入自卑和迷惘，心灰意冷，走向怯懦封闭，甚至绝望、轻生，成为早恋的殉葬品。

2) 虚荣心理

虚荣心理是指失恋者为了维护个人的自尊心而寻求各种各样的理由来为自己的失恋事实辩护，尽管有些理由在旁人看来近乎荒唐。失恋者对抛弃自己的人一往情深。对爱情生活充满了美好的回忆和幻想，自欺欺人，否认失恋的存在，从而陷入单相思的泥潭。也有人会出现一个特殊的感情矛盾——既爱又恨，不能自拔。

3) 报复心理

失恋者或因失恋而绝望暴怒，失去理智，产生报复心理，造成毁坏性的结局；或从此愤世嫉俗，怀疑一切，看什么都不顺眼，爱发牢骚；或从此玩世不恭，得过且过，寻求刺激，发泄心中不满。

2. 失恋的消极心理调适

失恋的种种不良心态会严重影响青少年的身心健康，甚至会导致一系列社会问题。所以，正为失恋而痛苦缠身的不幸者必须学会自我调整、自我拯救。这里提供如下方法。

1) 倾吐

失恋者精神遭受打击，被悔恨、遗憾、急怒、失望、孤独等不良情绪困扰，应该找一个可以交心的对象，一吐为快，以释放心理的负荷。可以用口头语言把自己的烦恼和苦闷向知心朋友毫无保留地倾诉出来，并倾听他们的劝慰和评说，这样心情会平静一些。也可以用书面文字，如写日记或书信把自己的苦闷记录下来，或给自己看，或寄给朋友看，这样便能释放自己的苦恼，并寻得心理安慰和寄托。

2) 移情

及时适当地把情感转移到失恋对象以外的人、事或物上。比如失恋后，与同性朋友发展更密切的关系，交流思想，倾吐苦闷，求得开导和安慰；积极参加各种娱乐活动，释解苦闷，陶冶性情；投身到大自然中去，把自己融化到大自然的博大胸怀中，从而得到抚慰。当然密切自己与其他异性的交往，也不失为一个合适的途径，但要注意把握好度。

3) 疏通

疏通指的是借助理智来获得解脱，用理智的"我"来提醒、暗示和战胜感性的"我"。要想想，爱情是以互爱为前提的，不可因一厢情愿而强求，应该尊重对方选择爱人的权利。也可以进行反向思维，多想对方的不足点，分析自己的优势，鼓足勇气，迎接新的生活。还可以这样设想，失恋固然是失去了一次机会，却让你进入了另一个充满机会的世界。正如海伦·凯勒所言："一扇幸福之门对你关闭的同时，另一扇幸福之门却在你面前打开了。"

4) 立志

失恋者积极的态度会使"自我"得到更新和升华，全身心地投入工作中去，许多失恋者因此而创造出了辉煌的成就。像歌德、贝多芬、罗曼·罗兰、诺贝尔、居里夫人、牛顿等历史名人，都饱受过失恋的痛苦。他们可谓用奋斗的办法更新自我、积极转移失恋痛苦的楷模。

(三)异性恐惧心理咨询与辅导

小伟(化名)是一名16岁的男生，性格内向。见到女同学就脸红，心里"怦怦"乱跳，有时甚至不敢正视对方。偶尔走在一起，他也想方设法地与她们保持距离。有时与女同学接触时，会浑身发抖。由小伟的表现来看，可能是患了在青春期发病率较高的一种心理疾病，即精神医学上常称的"异性恐惧症"。此问题多出现于青少年身上，是他们在潜意识中对异性产生了一定的"好感"诱发的。特别是对于性格内向、比较怯弱的青少年来说，更容易产生女孩子注意自己的错觉心理，他们往往在行为上表现为与女孩子说话害羞、紧张，甚至躲避等，陷进了精神紧张→害怕→越紧张→越害怕的怪圈中不能自拔，从而产生异性恐惧。

青少年时期正是性生理与性心理走向成熟的阶段，与异性接触和交往的愿望已经萌动，并从朦胧逐渐走向鲜明。但是，由于观念上的束缚以及生活中的一些特殊经历，一些青少年难以像其他人那样自然地与异性同学交往与交流，有的甚至远离异性，自我封闭，使心灵变得扭曲。

1. 产生异性恐惧的原因

产生异性恐惧主要有以下三方面。

1) 早期原因

一般而言，童年时期，如果受到父母粗暴的虐待，或者父母婚姻不和、经常争斗，子女就会逐渐形成错误的异性观和对异性的恐惧心理。有些父母从小向孩子灌输"男女授受不亲"的思想，使孩子将正常的异性交往也视为不好的行为，从而形成异性交往恐惧症。

2) 成长原因

青春期是异性意识发展和形成的时期。由于第二性征的发育，性激素的分泌，产生对异性的爱慕和希望与异性交往的欲望。一些在儿童期曾接受过错误异性观教育的青少年，到了青春期如果能顺利地开展与异性的交往，那么大部分人的异性恐惧感会慢慢消失。如果青春期失去了异性交往实践，青年期就会产生对异性的陌生感、恐惧感，甚至罪恶感。

3) 个体原因

凡有下面两种性格的人容易产生异性恐惧：一种是怯懦与自卑，表现为胆小、懦弱、自卑、孤僻、害羞、沉默寡言、不爱交往和缺少知己；另一种是疑虑和刻板，表现为多思多虑、极为敏感、遇事举棋不定、优柔寡断、办事呆板和过于克己。这两种性格类型都是妨碍人际交往的不良品质，在上述几种因素的作用下，就会对异性产生恐惧感。那么，怎样摆脱异性恐惧症呢？心理医生认为进行行为矫正治疗是目前的最佳方法之一。

2. 异性恐惧的矫正方法

1） "忘我"行为

对异性恐惧者多是人际态度敏感者，一般都过于关注别人对自己行为的评价，故平时常采取刻板、拘谨、程式化的行为方式。要知道，人的理念过于压抑感情，就会导致心理的忧郁，进而出现感情与行为上的变异。因此，纠正的第一步是利用一切机会来改变自己原来的社会形象。忘掉过去的我，大胆地去与人交往，如在公共场所学着与异性侃侃而谈，或在陌生人面前与小朋友玩耍嬉戏。这样做刚开始可能比较勉强，但它能使你产生从未有过的胆量和无忧无虑的心境，这是战胜异性恐惧很重要的一步。

2）行为作业

患者给自己规定作业，如去和异性营业员讨论一分钟商品问题，每周三次向陌生的异性问路，学着在公共场所同不讲理的异性争辩，等等。每完成一次作业，都做详细的记录，写下胜利的体验，并不断创造新的行为方式。刚开始时心理可能是被动的，但换取了行为上的主动。这样在不知不觉中，便获得了一个新自我——自信、无畏的人。

3）重建信念

异性恐惧的发生，在时间上最敏感的是开头一刹那的情绪状态。常见的心理是"又碰见她了""肯定像上次那样糟糕"，随之头脑发怵，恐惧症状按程序依次出现。这说明开始瞬间的心理状态决定了交往全过程的行为方式。为此，在接近异性之前，应做到全身放松，深呼吸4～5次，并自我暗示："我今天特别从容镇定，情绪好极了！"还可回想生活中得意的一件事，并喜形于色。还应想好要讲的第一句话，见面时慢条斯理地讲出这句话。总之，要重建自信。

(四)单相思心理咨询与辅导

单相思是青少年常见的一种心理障碍。单相思就是一种单一的爱。单相思者误认为某异性爱上自己或明知某异性不爱自己而自己却深爱着对方。单相思者所爱的是一个不爱自己的人，因此也就得不到爱的回报、没有爱的补偿。所以，单相思者内心非常烦躁、苦闷。

单相思者通常有三种类型，要先分析一下属于哪种类型单相思者，再根据实际情况区别对待。

1. 爱情错觉型

爱情错觉型是指误认为某异性爱上自己。产生这种错觉的人，往往因为自己爱着对方，于是时时处处都想着对方也一定在爱自己。常常自觉不自觉地把对方的言谈举止都纳入自己的主观愿望范畴来解释。看他一举一动好像在对自己表示好感。例如，某A从宿舍到校外去走一条路，而恰好某B也走了同一条路，于是某A就误认为某B对自己有意思。要排除这种爱情错觉就必须客观地看待对方的言行。必要时，也可以请自己最知心的朋友帮助自己分析对方的言行是否有什么特别。一定要有勇气承认客观事实，只有勇于承认自己产生了爱情错觉，才有可能用坚强的意志力去转移自己的情感。

2. 爱情固着型

爱情固着型是指明知某异性不爱自己，自己却一往情深地爱着对方。要打破这种爱情固着心理，就必须先从感情上否定对方。要不断地想：既然对方不爱自己，自己为什么要爱他？我为什么要爱一个不爱我的人呢？爱情是两颗美好的心灵撞击的火花，不是一颗心对另一颗心的敲击，否则，即使两个人最终结合了，也会为后来的生活罩上阴影。然后要用坚强的意志力去克制自己，设法回避对方，尽量减少与他见面。把自己的这份爱转移到学习、工作、生活或其他工作中去，自己要更加勤奋地学习、努力地工作、积极参加各种文体活动，深信未来一定会有更好的人爱自己，从而树立起爱的信心与勇气。

3. 爱情迷惘型

爱情迷惘型是指自己深深爱着对方，却又不知对方的感情，又怯于表白，从而苦苦思念。此种情况下，青少年也应积极地进行自我调节，如多参加集体活动来转移注意力，把自己的精力更多地放在学习上。

二、青少年性心理咨询与辅导

(一)青少年性心理咨询工作的基本要求

1. 基本宗旨

性心理咨询工作的宗旨：要依据科学的原则，对人类性行为做出本质的说明，以便帮助求助者将自己的性行为由"自为"转向"自觉"，从愚昧转向文明；借助对性行为的科学认识，排除自己的种种性心理障碍，澄清种种性道德的混乱；从而使自己从苦闷、冲突与迷惑中解放出来。

2. 基本原则

在性心理咨询中坚持性道德、性法律、性心理、性生理、性医学五位一体的结合。吴阶平曾经指出(1993)，在宣传普及性知识教育的时候，坚持性知识教育与性道德教育以及性法制教育的统一应当是一个重要原则。可以说，没有法制及文明道德观念约束的"纯性知识教育"，可能腐蚀危害社会，甚至人类自身。相反，否定性知识教育的必要性，试图划出禁区，单纯依靠法律或道德观念代替性知识教育，则可能禁锢人们的思想，影响到人类本应享有的健康文明、和谐美满的生活。因此，在性教育中如何正确选择宣教内容很重要。以法代教的简单做法固然不好，无视人类共同的道德标准，迎合少数人猎奇寻觅、追求刺激的低级趣味，更是有害的。

(二)青少年性心理咨询的内容

青少年期是身、心发生重大变化的时期。性机能的初步成熟，第二性征的出现，使他们处于困惑不解的状态。相对而言，由于性知识缺乏，很容易犯性错误。据有关资料分析，12～15岁，是首次犯性错误的高峰期。在少年女性的初潮和少年男性的遗精出现后，迅速加深了他们对性的好奇。此时如受到外界不良因素的刺激，就会引起较强的性冲动，以致酿成不可挽回的严重后果。为此，尽早对少年进行必需的性科学教育和辅导，对防止青少年的性过失，具有重要意义。

1. 性道德咨询

在4岁以前，道德教育是以道德行为培养为主；4岁及以后，可以使用道德观念进行道德教育。为此，少年期的性道德教育，可以通过"晓之以理"的方式进行。以"尊重他人""羞耻感""不应以强凌弱"等道德观念作为性道德基础教育，进而以"男女有别""尊重女性""自律精神""循规蹈矩""组织纪律性"等规范，进行自我约束教育，再进一步进行理解教育，以生动事例说明什么是"高尚"，什么是"卑劣"，等等。性道德教育不是孤立的，它只有在一般道德教育基础上才能有效地实施。在心理咨询时，面对有性行为失误的少年，不能无情地批判，只能循循善诱地进行性道德教育。

2. 性法律咨询

少年，特别是步入正轨教育期的青少年，法律教育应是重要的一课，性法律教育则是其内容之一。比如，性侵犯的违法性质，应在这类教育中给予充分说明。少年时期，如果有超过性道德范畴并触犯法律，除了受到必要的法律惩治之外，更重要的是对当事人及其监护人员进行性法律教育。

3. 性生理和性医学知识咨询

性生理咨询主要包括性器官的解剖知识和性生理发育的知识。孩子一进入青春期，成人就应主动向他们介绍有关性器官的解剖和生理发育的知识，使他们对自己面临的性生理现象有一定的心理准备，防止不良心理的产生。同时，还可发现他们在性方面的身、心发育是否健康。性医学教育，主要是性生理卫生知识的讲解，特别是关于艾滋病的相关知识，必须及时地予以讲解。另外，还要讲解如何处理性生理变化和保护正常的性发育的知识，等等。进入青春期时，也是上述问题开始出现的时期，在这时，性生理和性医学的咨询，也显得十分必要。

4. 性心理知识咨询

随着性生理的成熟，青少年逐渐意识到两性的差别和两性的关系，并随之产生了一些特殊的心理体验。由于青少年的思维水平尚低，自控能力还较弱，在与异性交往时往往理智的成分低于情感的成分，他们可能只凭感情的冲动去接近异性，在不考虑后果的情况下，与异性发生性行为。出现这类问题后，要及时进行心理咨询和辅导，不能一味地进行惩罚。临床上有许多案例证明，这一时期由于性过失而遭受严厉惩治的青少年，会形成"情结"或"不良认知模式"，这对后来的心理发展或人格形成会产生严重不良影响。

关于青少年的性心理咨询问题，除了上述内容外，成人的言传身教亦起着潜移默化的作用。因此，改善成人的性教育状况，增强成人的性知识教育，是搞好青少年性咨询和性心理卫生工作的重要环节。

(三)青少年性心理问题

1. 手淫

青少年时期，性意识的觉醒会产生性冲动，部分青少年为了获取性冲动的满足常常采用手淫行为(自慰行为)，久而久之形成不良习惯。这种习惯不会对青少年的身体产生直接影响，它主要危害青少年的心理健康。长期的手淫会造成青少年心理的挫伤，他们会感到懊悔、惶恐、羞耻，内心充满罪恶感，承受巨大的心理压力。手淫在青少年中普遍存在，它所造成的危害远不如人们对手淫的恐惧和将手淫的后果夸大所带来的危害大。将手淫的危害估计过高，甚至渲染到能引起精神疾病的程度，这是误导人的错误观念。

基于以上的知识，老师、家长和社会对青少年手淫应采取客观理智的态度，正确地进行指导，青少年也应该积极地进行自我心理调适，培养健康向上的生活情趣，把手淫行为控制到最低限度，进而根除。可以采取以下几种措施。

(1) 出现手淫行为后，不要惊慌失措、烦恼自责，要科学地认识这种行为，努力保持积极、健康的心理。

(2) 及时转移手淫带来的不良情绪，积极参加各种新颖、有趣的活动，尝试一些新的社交方式，为工作学习制定新的目标等。

(3) 勤洗澡、勤换内裤，保持身体特别是生殖器官的清洁，穿宽松的内衣内裤，务必使身体轻快、心情舒畅。

(4) 个别手淫特别严重或持续时间较长的青少年，要求助专业医生，或者到心理门诊进行咨询，检查是否有精神发育迟缓和精神障碍的问题。

2. 性早熟

性早熟是指在青少年阶段产生了成年人的性欲、意向和行为。众所周知，性的成熟除了受生物学基础，尤其是神经内分泌因素的影响外，与环境因素(家庭养育方式)和其他社会因素关系更密切。例如，父母对子女的过度的亲昵行为或较大年龄女孩仍和父亲同床睡，较大年龄的男孩仍在吸吮或玩母亲的乳房或与母亲同床睡，有的男孩子青春发育阶段还要母亲为其洗澡等。这些肉体接触和过分亲密的行为对男孩是过度的刺激，会使其性早熟。其他环境因素，如因同室居住，孩子看到父母过分亲密行为，以及孩子受到色情影视、书刊的不良影响，均可产生性兴奋。其结果可能促使他发生早恋或过早性行为，以及心理异常。由此可见，家庭、学校对青少年的性教育至关重要。

3. 青春期性幻想

性幻想是指人在清醒状态下对不能实现的与性有关事件的想象，也指自编、自演的带有性色彩的连续故事，其内容不着边际，是不由自主地幻想自己投入浪漫的爱情或与异性发生性行为的一种性心理活动。由于性幻想过程如同做梦，因此又称为"性白日梦"。

性幻想在青少年中大量存在。据国外一些资料报道，大约有27%的男性和25%的女性肯定他们在完全没有性知识时就有了性幻想，28%的男性和25%的女性在青春期前就有这种性幻想。据国内调查，在19岁以下的学生中，有性幻想的占68.8%，幻想的内容丰富多彩，各不相同。有的是阅读了某部文艺作品或观看了某部影视片后，把其中青年男女的浪漫情节进行追忆与组合，加以回味和改变，虚构出自己与爱慕的异性在一起的种种情景，如约会、嬉戏、抚摸、拥抱等；有的是随意编造，按照自己的想象而发挥，虚构出以自己为主人公的恋爱故事。性幻想通常会给青少年造成烦躁不安、厌恶感、苦恼或相当严重的紧张焦虑等，从而影响其生活、学习以及与异性的正常交往。

4. 性识别障碍

在日常生活中，我们经常看到这样的现象：有的男生处处模仿女生，导致男不男、女不女；有的女生则以"假小子"自称。这说明青少年在认识自己的性身份、性角色时出现了意识偏差，表现为男生具有女性气质和行为倾向，女生具有男性气质和行为倾向，均不喜欢甚至厌恶自己的自然性别。比如有的初中女生对于自己的性别十分不满，很想做一个男孩子，表现为留男式发型、穿男式服装，甚至模仿男孩子踢球、打架、称兄道弟等。究其原因，是这个时期的女孩子突然发现身边的男孩子身上发生了巨大的变化，他们对于男孩子的某些个性特征，如坚毅豪爽的男子气概等产生了莫名的羡慕，于是对自己的性别角色产生怀疑，羡慕男孩子，希望自己身上也具有一些男孩子的特点。青少年过分异性化的表现往往会受到周围人的排斥，同性朋友也会渐渐与之疏远，造成人际关系紧张。这会给他们的学习和生活带来沉重的心理负担，由此产生严重的紧张和焦虑。

5. 身体关注

儿童很少注意自己的外在形象，如身高、美丑、生殖器发育情况等，但到了青春期，几乎所有青少年都开始关注身体特征和身体的变化。青少年随着性心理的发育，对自己身体的适当关心并不为过，但缺乏生理卫生知识的过分担忧是不必要的。如果在担心之余，进一步采取幼稚的可能损害自己健康的行动则更不可取。例如，某些女生为了减肥拼命节食，这对发育期的女生来说，可能会对健康造成永久性的损害。青少年对自己的身体或身体变化有疑虑时，不妨先请教医学专家，切忌私下采取行动或暗暗忧虑。

6. 遗精恐怖和初潮焦虑

一些青春期男生之所以焦虑，一是因为他们对"黏糊糊的液体"的突然出现缺乏了解，二是偏听了民间流传的遗精有损健康的谬论。事实上，正常遗精的精液损失对身体健康并无损害，对遗精缺乏正确认识的男生，不能理解这种正常的生理现象，又因其来自阴部，羞于启齿，便焦虑不安，久而久之，出现继发性神经衰弱症状，如头痛、失眠、记忆力下降、无力等。一旦他们懂得遗精完全是正常的生理现象，一切惊恐、疑惧也就荡然无存了。

青春期女生月经初潮的头几年，经量通常不恒定，会时多时少，周期也不规则，或一月来几次，或几个月来一次，一般情况下，都属正常现象，这与体内神经内分泌不稳定有关。对生理卫生缺乏正确认识的女孩，也会感到恐慌、烦恼，且比男孩更害羞，不知如何是好。这种情况的出现，与社会、学校和家庭长久以来对性教育的缺失有关。

(四)青少年性心理问题辅导要点

1. 及早进行性知识和性道德教育

在南太平洋的洛摩亚群岛上居住的人们，有个传统的社会风俗，就是孩子长到10岁左右便由父母教给结婚生育常识等。他们长大以后，并不把男女关系看得神秘莫测。在调查中，很少发现青少年有性问题的烦恼。他们通过早期的性教育，获得了"后天的免疫性"。因此，要预防青少年性心理问题，家长、学校要及时地对青少年进行性教育，培养青少年健康的性心理。目前我国青春期教育现状不容乐观。最新公布的一项对北京市初中生的调查,其结果显示:有近半数的初中生缺乏对性知识的正确认知,并缺乏最基本的性卫生保健常识。调查发现,有32.8%的母亲在其女儿第一次来月经前,没有告诉过孩子如何进行处理。进一步调查表明,有76.6%的学生认为"学校里讲授有关性的知识应该跟讲授语文和数学一样重要""如果能在学校里接受科学的性教育,长大了会对性问题做出更聪明的决策"。这在一定程度上表达出他们渴望得到青春期教育的主观愿望,而在谈及目前学校开展的性教育现状时,有47.7%的初中生表示了不满,认为"当前学校性教育太保守"。青春期性教育不能再等了,家长、学校一定要引起高度重视,科学、规范的性教育,使青少年形成对性的自然态度,树立起健康、积极、科学的性观念。

2. 净化社会文化环境

不可否认,青少年性心理问题的发生,与当今社会不良的文化环境有密切的关系。大众传媒的快速发展,一方面丰富了人们的生活,方便了人们的工作,加快了整个社会现代化的进程。但另一方面大众媒体中涌现的"黄色狂潮""色情文化",严重毒害青少年的心灵,使部分青少年沉溺其中不能自拔,有的甚至坠入罪恶的深渊。据司法部门统计,当前青少年犯罪中,60%以上的与各种媒体所传播的黄毒有关。各种媒体所渲染的"黄流"毒害给青少年的身心健康以极大的摧残。因此,加强对青少年性心理问题的防范,必须净化社会环境,控制传媒污染,创造适宜青少年健康成长的优良文化环境。

3. 培养青少年健康的情趣

青少年正处于急剧的生理和心理变化时期,他们机体能量激增,精力充沛,因而在学习之余还有过多的能量需要释放。因此,家长和老师应引导青少年发展对健康有益的兴趣爱好,培养高尚的生活情趣,多参加有益于身心健康的活动。学校可在学生中广泛开展丰富多彩的文化娱乐活动,比如,科技活动、体育活动以及琴棋书画比赛等。这些喜闻乐见的活动,既能陶冶青少年的性情,充实他们的生活,又可以抑制青少年的性生理冲动,分散青少年对性的注意力,可谓一举多得。

4. 引导青少年学会与异性相处

进入青春期的青少年,对异性的探究意识增强,自身性别角色意识进一步确立,与异性交往的需要也进一步加强。异性间的良好交往,会满足青少年的这些心理需要,使青少年产生愉悦的情绪体验,使青少年群体出现和谐融洽的心理气氛。这不仅能够激发青少年的生理潜能,提高其抗御疾病的能力,而且对青少年心理的健康发展和个性的完善有积极的影响。因此,要引导广大青少年树立健康的交往意识,掌握异性交往的原则,学会与异性同学相处。

5. 加强学校心理健康教育

青春期性意识的觉醒给青少年带来了许多烦恼和困惑,但由于他们的闭锁心理,很少向家长、老师吐露,只能在压抑中任其自然发泄或增长,久而久之,就有可能发展为严重的心理障碍。针对这一情况,学校应加强心理健康教育,设立专门的心理辅导机构,并配备心理辅导专职教师。学校开展心理健康教育,一方面,可面向全体学生开设心理健康教育课程,让学生系统了解青春期身心发育的知识,了解自身的心理特点,学会自我心理保健方法，以及遭遇心理困惑时如何寻求帮助；另一方面，可针对学生不良情绪和问题行为开展心理辅导，使学生出现的一些心理问题能够得到及时的疏导。

第四节　青少年网络心理问题咨询与辅导

21世纪是一个网络化的时代，随着互联网技术的迅猛发展，网络技术正以惊人的速度向社会生活的各个领域渗透，并进而改变我们的生活、学习、工作乃至思维方式。敏感好奇而易于接受新生事物的青少年一代更是冲锋在前，大踏步迈进了虚拟的网络世界。值得注意的是，网络是一把"双刃剑"，它在给青少年带来丰富知识信息以及心灵的挑战与愉悦的同时，网络中大量的"垃圾"和"黄毒"等消极因素也无情地吞噬着自控能力、识别能力不强的青少年，使他们在心理和行为等方面出现诸多异常，严重地影响着他们的健康成长。

一、青少年网络心理问题表现

(一)畸形网恋

有人说"网恋像雾像雨又像风，它的美丽与危险同在""网恋是一朵美丽却含剧毒的情花"；还有人这样提出：网恋=无聊的人+网络+感性的冲动。从一定意义上说，这些有关网恋的描述代表了众多青少年网民的普遍心态。很多中学生网民是一"网"情深。他们被网上虚幻的爱情迷得神魂颠倒，一旦发现"网"不住真正的爱，便陷入深深的绝望之中，甚至想到了自杀，可谓自投罗"网"。目前，由网恋引发的中学生早恋问题已成为一个困扰中学生的较为严重的问题。在中学生群体里，他们经常会讨论交流自己的网上"情人"，中学生网恋之普遍由此可见一斑。

青少年一旦陷入网恋，他们将会利用一切可能挤出来的时间上网，从时间和精力方面来看，他们无法同时兼顾学业，最终往往导致学业荒废。相对于网恋，其他活动对他们来说变得毫无意义，网络已经成为能够代替其他一切活动的嗜好。青少年在网络中无拘束地放纵自己的情感，却不为人世间的情感所动，使他们逐渐沦为毫无情感的机器。

(二)网络成瘾

一般来说，"网络成瘾"(internet addiction disorder，IAD)也称"病理性网络使用"(Pathological Internet Use，PIU)，是因过度使用网络所导致的一种明显病态行为和认知适应不良的心理行为障碍。网络成瘾行为已成为"精神性成瘾行为"中最为普遍而突出的一类表现，有"网络海洛因""电子鸦片"之称。美国心理学家K. S. 杨格(K. S. Young)提出诊断"网络成瘾"的10条标准。

(1) 上网时全神贯注，下网后总念念不忘"网事"。
(2) 总嫌上网的时间太少而不满足。
(3) 无法控制自己的上网行为。
(4) 一旦减少用网时间就会焦躁不安。

(5) 一上网就能消散各种不愉快。
(6) 上网比上学做功课更重要。
(7) 为上网宁愿失去重要的人际交往和工作、事业。
(8) 不惜支付巨额上网费。
(9) 对亲友掩盖频频上网的行为。
(10) 下网后有疏离、失落感。

杨格认为，上述10种情况，一年间只要出现4种，即可判断为网络成瘾。

从目前国内的心理卫生工作实践以及相关调查来看，我国青少年网络成瘾者主要呈现以下六个特征：网络色情瘾癖，即迷恋网上所有的色情音乐、图片以及影像等；网络游戏瘾癖，即沉迷于网上各种游戏，他们或与网友联机对抗，或与电脑较量；网络恋情瘾癖，即沉醉于虚无缥缈的网恋之中，而且深陷其中，欲罢不能；网络聊天瘾癖，即利用各种聊天软件或网站开设聊天室，长时间聊天，有的一聊而不可收拾，通宵达旦，废寝忘食，达到忘我的境界；网络收集信息瘾癖，即强迫性地从网上收集各类无关紧要的或无用的信息，并以积聚和传播这些信息为乐趣；网络制作瘾癖，即无休止地下载使用各种软件，追求网页制作的完美性以及以编制各种程序为嗜好。以上六个特征在青少年"网瘾"者身上或单独出现，或多种特征同时出现。

(三)网络孤独症

上网者本打算借网络这一纽带和工具，通过电子商务、网络娱乐、网络交友、网络采集信息等来提高或改变自己，但上网后并未解除孤独感，甚至加剧了原有的孤独感，或因频繁上网而对它产生依赖，从而引发了孤独感这一不良心理状态。

网络孤独症.mp4

经常上网的青少年，长时间将自己关在室内与电脑独处，足不出户，这必然使他们与身边的同辈群体交往时间大大减少，同时也少了很多进行社会比较和社会适应的机会。当他们从虚幻、热烈的交流气氛中回归到平静而又单调的现实生活中后，强烈的心理反差使得他们不可避免地陷入"现代孤独"。还有些青少年本打算通过上网交友、聊天、娱乐等来排遣现实中的孤独感，因为在网上他们可以在隐匿姓名、年龄、性别、身份等的情况下尽情地、毫无顾忌地向网友宣泄自己内心的苦恼或烦心事，以求得网友的心理支持。但这往往只能是图一时之快，当他们回到线下，一切又回到从前，孤独依旧。此类患者往往容易陷入一种恶性循环之中，即孤独—上网排解—下网后孤独升级—延长上网时间—下网后孤独感再度升级。如此循环往复，即会形成严重的网络孤独症。

(四)网络依赖型人格障碍

网络依赖型人格障碍，是指有的上网者没有一定的理由，无节制地花费大量时间和精力在互联网上持续聊天、浏览以致损害身体健康，并在生活中出现各种行为异常、人格障碍、交感神经功能部分失调。这种障碍的典型表现包括：情绪低落、兴趣丧失、睡眠障碍、生物钟紊乱、食欲下降和体重减轻、精力不足、精神运动性迟缓和激动、自我评价降低和能力下降、思维迟缓、有自杀意念和行为、社会活动减少、大量吸烟、饮酒和滥用药物等。

在网络依赖型人格障碍的早期，患者先逐渐感受到上网的乐趣，然后上网时间不断延长，由此出现记忆力下降，有些患者晚上起床上厕所时都会情不自禁地打开电脑或手机到网络上"遛达遛达"。开始是精神上的依赖、渴望上网，后来发展为躯体依赖，表现为每天起床后情绪低落、思维迟缓、头昏眼花、双手颤抖、疲乏无力和食欲不振，只有上网精神状态才能恢复至正常水平。该症状晚期，患者出现与生理因素无关的体重减轻，外表憔悴，每天连续长时间上网，一旦停止上网，就会出现急性戒断综合征，甚至有可能采取自残或自杀手段，危害个人和社会安全。

二、青少年网络心理问题产生的原因

青少年为什么会出现上述网络心理问题？原因是多方面的，既有客观的也有主观的，是网络情境的特点、外部客观环境和青少年的心理特点等多种因素共同作用的结果。

(一)网络的虚拟性与开放性

虚拟性是网络最主要的特征。在网络环境下，人与自然或社会的联系是间接发生的，人与人之间缺乏面对面的直接交流，彼此看不到对方的相貌，只是冰冷的数字符号。由于网络交往的中介性，人与机器接触的机会远远大于人与人的正常接触的机会。长此以往，人将被机器左右，产生冷漠孤独感；网络监督与自律程度发生变化，放任心理容易膨胀，从而易产生成瘾症，甚至网络犯罪。

网络的开放性打破了国家之间或地区之间的相对封闭。不同国家有不同的文化和传统、不同的价值观，在网络上没有一个统一的主流意识。信息的多元化易使青少年的原有价值观受到冲击。同时网络具有互动性、双向性，这使网络是信息的宝库同时又变成信息的垃圾场，内容鱼龙混杂，而青少年缺乏辨别信息的能力，自制力、约束力不强，意志薄弱，就容易成为不良信息的俘虏。

(二)青少年的心理特点

青少年求知欲强，渴望了解知识、获取消息，而且有很强的猎奇心理。但在信息认知处理方面，缺乏信息辨别力、免疫力。面对浩瀚的信息海洋，易受黄色、暴力等信息的迷惑，造成认知迷失。

青少年情感丰富强烈，渴望与人交往。青少年的社交面窄，网络给他们提供了一个交流的空间，他们渴望在网上找到情感的寄托。但由于感情起伏较大，人际交往能力欠缺，比较敏感，容易产生孤独感，而且由于网络交往关系的不稳定性和脆弱性，许多青少年往往会缺乏信任感、安全感，从而对网络交往产生迷茫，结果感到更加孤独。

青少年有一定的自制、自律能力，要求摆脱别人的控制约束，自主行事，但又缺乏较强的自我控制能力。特别在网络情境中缺乏熟人眼光的监督，青少年容易放纵自己，从而造成自制失控。

青少年处在人生的转型时期，自我意识往往表现为理想的我和现实的我的分离。出现逃避现实、退却理想的自我心理倾向，引起个体内心的混乱。在网络虚拟的空间里，每个人都可以不考虑自己的身份、年龄、性别，由于身份的变动性和匿名性及角色扮演的转换，许多青少年在网络中找到了自由发挥的空间，他们可以忘掉生活中的烦恼，在网络中找到一个替身——理想的我。这个替身在网络中可以失败，失败了可以重新开始，可以为所欲为，而无须承担责任，现实中的我却不能，于是理想的我和现实的我发生了矛盾，产生了网络双重人格，当他们回到现实时便会分不清是虚幻还是现实，甚至把网络中的我带到现实中。

(三)客观环境因素

客观环境因素的影响包括家庭、学校和社会三方面。从家庭来看，主要是由于缺乏正确的家庭教育，或由于家庭残缺、家庭不和，青少年会产生自卑、孤僻、压抑心理。表现在网络上就可能产生心理障碍。从学校来看，由于应试教育下升学和考试的压力，人际关系的紧张，为了逃避生活或获得自我实现的成就感，青少年转向网上寻求一种寄托。从社会来看，主要是网络环境净化、监管力度不够。许多程序制作者和网吧经营者素质低下，以致造成网络环境的污染。

青少年沉溺于上网，影响了他们正常的认知、情感和心理定位，产生了精神阻碍和异常等心理问题和疾病。严重者不能进行日常生活和学习，必须加以积极教育、引导。

三、青少年网络心理问题干预策略

(一)尊重青少年的合理需要，与他们平等交流沟通

青少年学生正处于意气风发的时期，好胜心强，然而社会、学校和家庭容易忽视青少年的这种心理，让青少年按它们铺设的轨道行驶，使青少年有一种被摆布的感觉，从而沮丧、自卑，只能到网络中、游戏中表现与肯定自己。所以，社会、学校和家庭应关心、尊重、重视青少年学生，创设机会发挥他们的潜能，挖掘其优点，让他们对自己的能力、本领、独立充满自信。应积极与他们进行平等的交流沟通，加强对他们的精神关怀，去了解他们的内心世界、他们的所需所想，给他们以精神上的关怀、理解与安慰，如家长可经常与孩子聊孩子感兴趣的事情，共同参与孩子感兴趣、有意义的活动，尊重孩子的认知，满足孩子对精神之爱的需求，减少孩子上网的欲望。

(二)积极采取措施转移青少年的注意力，将他们的求知欲引向正确的轨道

家长、老师应设法引导青少年的求知方向，从青少年积极向上的心理特性出发，帮助其树立起远大的目标，培养其高尚的情操，加强其自控力。比如，学校可以开展一些健康有趣的课外活动，培养青少年学生多方面的兴趣，满足他们友谊社交、独立自由活动、发挥特长等的需要，调动他们的热情，让他们更多地投入真正的活动中去，以减少青少年学生对网络的痴迷。

(三)开展正常的性知识教育，消除青少年对性的神秘感和性苦闷

家长和老师可通过适当方式，对其进行一些性知识的教育讲解。对于孩子在成长过程中出现的性生理现象和性困惑，切不可因觉得不便谈而应付了事。在性教育方面，学校应及时开设正式的性知识教育课，以消除青少年对性的神秘感和性苦闷，使青少年学生拥有健康的性观念，消除其对黄色网站的热衷，顺利地度过青春发育期。

(四)青少年应加强自身的心理品质与控制力

青少年应树立一个坚定正确的奋斗目标，以此为动力培养自己的控制力与忍耐力。加强自身情操的陶冶，对生活中的困惑，积极与外部沟通，寻求父母、老师、朋友等外部支持。青少年如想上网，可转移目标，如找本书看看，参加一些自己热爱的活动。如果不能立即戒掉网瘾，可逐步地减少上网的次数与时间。上网时，要有意识地克制自己的好奇心和欲望，不上黄色网站。如果自己难以控制自己，可让家长参与进来监督自己。

(五)家庭和学校应进行经常性沟通，建立起有效的监控系统

家庭和学校共同控制有网瘾的孩子的作息时间，以此构建一个良好的外部小环境。从心理学角度来说，外部环境对青少年的性格形成与发展有重大影响，而对于有严重网瘾的青少年来说，找心理医生也是必不可少的。

(六)开展心理辅导

针对迷恋网络的青少年所产生的各种心理问题，社会和学校应开展相应的心理健康教育和心理辅导，提供心理咨询和必要的心理治疗，帮助青少年学生消除心理障碍，恢复心理平衡。网络永远是一把"双刃剑"，它有利于我们适应竞争日益激烈的社会，但也会对我们身心健康产生危害与威胁，因此，当青少年自己不能走出网络的心理误区时，社会、家长、老师等都有责任去积极引导他们，采取各种有效的手段去缓解他们的网络压力，形成健康向上的心态，提高他们的网络心理素质，最终使青少年走向网络心理的健康之路。

1. 什么是发展性心理咨询？
2. 举例说明青少年常见的学习心理问题有哪些。
3. 对于患有学校恐怖症的青少年如何干预？
4. 举例说明青少年常见的交往心理问题有哪些。
5. 如何看待早恋？怎样帮助早恋的青少年澄清认识？
6. 试分析青少年常见的网络心理问题及成因。

参 考 文 献

[1] 彭聃龄. 普通心理学[M]. 5版. 北京：北京师范大学出版社，2019.

[2] 李淑莲，吴连涛. 发展心理学新究[M]. 北京：中国农业出版社，2017.

[3] 张文霞. 团体心理辅导[M]. 北京：清华大学出版社，2022.

[4] 孙崇勇，李淑莲. 中学生心理特征专题研究[M]. 北京：经济管理出版社，2019.

[5] 孙崇勇，李淑莲. 认知负荷理论及其在教学设计中的运用[M]. 北京：清华大学出版社，2017.

[6] 夏凤琴，姜淑梅，等. 教育心理学[M]. 北京：清华大学出版社，2015.

[7] 纪国和，张文霞，李淑莲. 从理论走向实践：心理与教育的融合研究[M]. 长春：吉林出版集团股份有限公司，2021.

[8] [美]简妮·爱丽丝·奥姆罗德. 教育心理学精要：指导有效教学的主要理念[M]. 3版. 雷雳，等译. 北京：中国人民大学出版社，2013.

[9] [美]理查德·格里格，菲利普·津巴多. 心理学与生活[M]. 19版. 王垒，等译. 北京：人民邮电出版社，2016.

[10] [美]罗伯特·斯莱文. 教育心理学：理论与实践[M]. 10版. 吕红梅，姚梅林，等译. 北京：人民邮电出版社，2016.

[11] 林崇德. 教育与发展——兼述创新人才的心理学整合研究(修订版)[M]. 北京：北京师范大学出版社，2013.

[12] [美]斯腾伯格，威廉姆斯. 教育心理学[M]. 张厚粲，译. 北京：中国轻工业出版社，2003.

[13] 张厚粲. 大学心理学[M]. 北京：北京师范大学出版社，2001.

[14] 陈琦，刘儒德. 当代教育心理学[M]. 3版. 北京：北京师范大学出版社，2019.

[15] 陈琦，刘儒德. 当代教育心理学[M]. 北京：北京师范大学出版社，2007.

[16] 张大均. 教育心理学[M]. 2版. 北京：人民教育出版社，2011.

[17] 张大均，江琦. 教师心理素质与专业性发展[M]. 北京：人民教育出版社，2005.

[18] 皮连生. 教育心理学[M]. 4版. 上海：上海教育出版社，2011.

[19] 皮连生. 学与教的心理学[M]. 3版. 上海：华东师范大学出版社，2003.

[20] 叶一舵，严由伟. 心理健康教育[M]. 厦门：福建教育出版社，2008.

[21] 叶一舵. 新课程背景下的公共心理学教程[M]. 北京：高等教育出版社，2004.

[22] 刘晓明. 关注学生的心理成长：做学生心理发展的促进者[M]. 长春：东北师范大学出版社，2014.

[23] 路海东. 学校教育心理学[M]. 长春：东北师范大学出版社，2010.

[24] 刘亚秋. 从集体记忆到个体记忆——对社会记忆研究的一个反思[J]. 社会，2010，30(5)：217-242.

[25] 路海东. 心理学[M]. 长春：东北师范大学出版社，2015.

[26] [美]马克·约翰逊. 发展认知神经科学[M]. 徐芬，等译. 北京：北京师范大学出版社，2007.

[27] 全国十二所重点师范大学联合编写. 心理学基础[M]. 北京：教育科学出版社，2002.

[28] 黄希庭. 心理学导论[M]. 重庆：西南大学出版社，2021.

[29] 付正大. 心理健康教育[M]. 北京：北京师范大学出版社，2010.

[30] 李新旺. 心理学[M]. 北京：科学出版社，2003.

[31] [英]M.艾森克. 心理学——一条整合的途径[M]. 上海：华东师范大学出版社，2000.

[32] 闫杰. 儿童心理理论研究[M]. 北京：中国政法大学出版社，2019.

[33] 刘文. 心理学基础[M]. 南京：南京大学出版社，2018.

[34] 席爱勇，李宾. 数学多元表征学习的理论与实践[M]. 南京：南京大学出版社，2018.

[35] 马芳，王聿泼. 教育心理学[M]. 2版. 南京：南京大学出版社，2017.

[36] 勾训，黄胜等. 心理学新编[M]. 成都：西南交通大学出版社，2018.

[37] 施晶晖，陈浩彬，胡忠光. 教育心理学[M]. 南昌：江西高校出版社，2018.

[38] 林金霞，胡永萍. 高等教育心理学[M]. 南昌：江西高校出版社，2010.

[39] 汪丽梅. 知识观变革：教学方法改革的内在推动力[M]. 武汉：华中师范大学出版社，2018.

[40] 岑海兵. 任务复杂度和工作记忆对中国英语学习者口语产出的影响研究[M]. 武汉：武汉大学出版社，2018.

[41] 舒曼. 心理咨询师与你同行[M]. 北京：中国人民大学出版社，2015.

[42] 马莉，杜琳娜. 教育与心理学的理论实践探索[M]. 北京：新华出版社，2014.

[43] 杜琳娜，马莉. 教育与心理学的实践价值研究[M]. 北京：新华出版社，2014.

[44] 牟书，宋灵青. 现代技术与教育心理学[M]. 南京：东南大学出版社，2014.

[45] [美]爱德华·桑代克. 教育心理学简编[M]. 张奇，译校. 北京：中国人民大学出版社，2015.

[46] [德]阿莱达·阿斯曼. 记忆中的历史：从个人经历到公共演示[M]. 袁斯乔，译. 南京：南京大学出版社，2017.

[47] 滕妍，姚雯雯. 教育心理学理论与实践研究[M]. 北京：新华出版社，2014.

[48] 王健. 运动技能与体育教学——大中小学学生运动技能形成过程的理论探讨与实证分析[M]. 北京：北京体育大学出版社，2009.

[49] 罗明东等. 心理学：基础教育心理学原理与应用[M]. 昆明：云南大学出版社，2011.

[50] 杜高明等. 咨询心理学[M]. 成都：四川大学出版社，2013.

[51] 王刚，黄海龙. 大脑功能模型构想[M]. 成都：四川大学出版社，2015.

[52] [美]劳拉·施赖布曼. 追寻自闭症的真相[M]. 贺荟中，等译. 上海：上海人民出版社，2013.

[53] 伍新春. 高等教育心理学(修订版)[M]. 北京：高等教育出版社，2010.

[54] 杨维东，贾楠. 建构主义学习理论述评[J]. 理论导刊，2011(5)：77-80.

[55] 孙士梅. 青少年学业情绪发展特点及其与自我调节学习的关系[D]. 济南：山东师范大学，2006.

[56] 高湘萍. 隐性知识的获得及其显性化的心理途径[J]. 全球教育展望，2003，32(8)：27-29.

[57] 赵美娟. 深度学习视域下高中思政课对话式教学的运用[J]. 课程教学研究，2021(10).

[58] 殷恒婵. 青少年注意力测验与评价指标的研究[J]. 中国体育科技，2003(3)：52-54.

[59] 吴建祖，王欣然，曾宪聚. 国外注意力基础观研究现状探析与未来展望[J]. 外国经济与管理，2009，31(6)：58-65.

[60] 陈思怡，陈祥彬，李忠如. 基于核心素养的小学数学教学目标设计策略[J]. 西南师范大学学报(自然科学版)，2022，47(7)：118-124.

[61] 费岭峰. 学校教学常规"发生式"管理[J]. 基础教育课程，2022(13)：22-27.

[62] 朱张莉，饶元，吴渊等. 注意力机制在深度学习中的研究进展[J]. 中文信息学报，2019，33(6)：1-11.

[63] 中国心理学会：中国心理学会临床与咨询心理学工作伦理守则[J]. 心理学报，2007(5)：1314-1322.

[64] 中国心理学会：中国心理学会临床与咨询心理学专业机构和专业人员注册标准[J]. 2版. 心理学报，2018，50(11)：1303-1313.

[65] 文秋芳. "产出导向法"与对外汉语教学[J]. 世界汉语教学，2018，32(3)：387-400.

[66] 庞维国. 论体验式学习[J]. 全球教育展望，2011，40(6)：9-15.

[67] 王红，史金钏，张志伟. 基于注意力机制的 LSTM 的语义关系抽取[J]. 计算机应用研究，2018，35(5)：1417-1420，1440.

[68] 梁斌，刘全，徐进，等. 基于多注意力卷积神经网络的特定目标情感分析[J]. 计算机研究与发展，2017，54(8)：1724-1735.

[69] 刘全，翟建伟，章宗长，等. 深度强化学习综述[J]. 计算机学报，2018，41(1)：1-27.

[70] 卜彩丽，冯晓晓，张宝辉. 深度学习的概念、策略、效果及其启示——美国深度学习项目(SDL)的解读与分析[J]. 远程教育杂志，2016，34(5)：75-82.

[71] 练宏. 注意力竞争——基于参与观察与多案例的组织学分析[J]. 社会学研究，2016，31(4)：1-26，242.

[72] 赵炬明. 论新三中心：概念与历史——美国 SC 本科教学改革研究之一[J]. 高等工程教育研究，2016(3)：35-56.

[73] 吴建祖，肖书锋. 创新注意力转移、研发投入跳跃与企业绩效——来自中国 A 股上市公司的经验证据[J]. 南开管理评论，2016，19(2)：182-192.

[74] 雷亚国，贾峰，周昕，等. 基于深度学习理论的机械装备大数据健康监测方法[J]. 机械工程学报，2015，51(21)：49-56.

[75] 练宏. 注意力分配——基于跨学科视角的理论述评[J]. 社会学研究，2015，30(4)：215-241，246.

[76] 钟佳涵，李波，刘素贞. 团体正念认知训练对大学生焦虑水平的影响[J]. 中国健康心理学杂志，2015，23(7)：1067-1071.

[77] 孟祥增，刘瑞梅，王广新. 微课设计与制作的理论与实践[J]. 远程教育杂志，2014，32(6)：24-32.

[78] 姜蔺，韩锡斌，程建钢. MOOCs 学习者特征及学习效果分析研究[J]. 中国电化教育，2013(11)：54-59，65.

[79] 汤闻励. 非英语专业大学生英语学习"动机缺失"研究分析[J]. 外语教学，2012，33(1)：70-75.

[80] 段金菊，余胜泉. 学习科学视域下的 e-Learning 深度学习研究[J]. 远程教育杂志，2013，31(4)：43-51.

[81] 胡铁生. 中小学微课建设与应用难点问题透析[J]. 中小学信息技术教育，2013(4)：15-18.

[82] 马秀麟，赵国庆，邬彤. 大学信息技术公共课翻转课堂教学的实证研究[J]. 远程教育杂志，2013，31(1)：79-85.

[83] 安芹，贾晓明，郝燕. 网络心理咨询伦理问题的定性研究[J]. 中国心理卫生杂志，2012，26(11)：826-830.

[84] 余胜泉，杨晓娟，何克抗. 基于建构主义的教学设计模式[J]. 电化教育研究，2000(12)：7-13.

[85] 刘献君. 论"以学生为中心"[J]. 高等教育研究，2012，33(8)：1-6.

[86] 张跃国，张渝江. "翻转"课堂：透视"翻转课堂"[J]. 中小学信息技术教育，2012(3)：9-10.